Jede Seite ist der Anfang, jede Seite das Ende... Diese Leseempfehlung kommt von Giuseppe Gioacchino Belli, dem Satiriker und Moralisten aus Rom (1791–1863). Ein Buch also, das man auch hinten anfangen kann oder wo immer man möchte. Man mag ein, zwei Seiten lesen und liest immer richtig. Lektüre für beschauliche Minuten an lauten oder auch stillen Orten und Örtchen, daher ein überaus praktisches Buch. Wie alles Praktische, muß man's nur gebrauchen lernen: Wer es sich leichtmachen will, der lese zuerst nur die wenigen Seiten des Nachworts, und schon ist er mitten drin.

Spaß aus dem vorigen Jahrhundert: Spaß mit Bart? Nein! Denn der Bart war schon ab, als der fromme päpstliche Untertan Belli daran ging, sich seine Empörung über die kaum glaublichen Zustände im Kirchenstaat von der Leber zu schreiben – »Zustände wie im alten Rom«. Daher wimmelt es auch von Kraftwörtern, und es wurde früh davor gewarnt, die Verse in Salons oder vor Damen hören oder sehen zu lassen. Früh – das war ziemlich spät, viele Jahre nach des Dichters Tod. Vorher hätte niemand Anstoß nehmen können, denn Bellis Sonette gingen erst posthum in Druck. Sauber vom bösen Obszönen gereinigt. Dem alten Belli selber waren seine Originale suspekt, und so hatte er sie fürs Feuer bestimmt. Ein geistlicher Herr, Bischof gar, bewies Herz und Verstand und rettete sie. Auch das gab es im Kirchenstaat.

Übrigens müssen auch wir vor diesen Versen warnen, all jene nämlich, die in Ehrfurcht versinken, wenn sie nur an Rom denken: Sie werden die frechen Wahrheiten des G. G. Belli nur schwer verdauen, zumal die meisten von so fataler Aktualität sind. Gut, die Zeiten haben sich geändert, nicht aber die Menschen – die Akteure der Blackouts in Bellis römischer Komödie erkennt man an allen Ecken und Enden wieder. Untugenden sind eben unsterblich.

Otto Ernst Rock, Publizist, lebt und arbeitet in Rom und München.

insel taschenbuch 754

Belli

Wahrheiten

*G. G. Belli als Fünfzigjähriger*

# *Die Wahrheiten des G. G. Belli*

Römer, Huren und Prälaten
Eine Auswahl seiner
frechen und frommen Verse
Vorgestellt und aus dem Italienischen
übertragen von Otto Ernst Rock

*Insel Verlag*

Umschlagabbildung:
»Der Mund der Wahrheit«, Rom

insel taschenbuch 754
Erste Auflage 1984

Vertrieb durch den Suhrkamp Taschenbuch Verlag
Umschlag nach Entwürfen von Willy Fleckhaus
Satz: Otto Gutfreund, Darmstadt
Druck: Nomos Verlagsgesellschaft, Baden-Baden
Printed in Germany

1 2 3 4 5 6 – 89 88 87 86 85 84

# *Die Wahrheiten des G. G. Belli*

*von Otto Ernst Rock*

# AUTHENTISCHE EINFÜHRUNG

Unter dem Datum »Mittwoch, 5. Oktober 1831« schrieb der italienische Dichter Giuseppe Gioacchino Belli aus Terni an seinen Freund Francesco Spada, er werde bald wieder nach Rom zurückkommen, »voll beladen mit Volksversen« (carico di versi da plebe).

Das erste Konzept zu einer Einführung in die römischen Sonette trägt das Datum »1. Dezember 1831«. Belli hat es dann am 4. Januar 1832 an seinen Freund Giacomo Ferretti geschickt. Der begleitende Brief lautete:

»Mein lieber Ferretti, hier die Einführung. Lies sie und sag mir Deine Meinung; an Deinem Urteil liegt mir viel. Ich füge zwei neue Sonette bei... Ich werde alles am Montag, dem 9., um halbvier bei Dir abholen, wenn das Wetter nicht allzu schlecht ist... Dein Freund Signor Avelloni wird wahrscheinlich über einige meiner poetischen Bildchen schockiert sein; wiederhole ihm das Motto des Ausonius: ›lasciva est nobis pagina vita proba‹[1]... Bitte, all dies soll (wenigstens vorläufig) unter uns Freunden bleiben. Sie sollen mir, und vor Allen Du als der Liebste von ihnen, den Gefallen erweisen, nur im Gedächtnis etwas davon festzuhalten, damit niemand als Gott es ihnen fortnehmen kann. Ich umarme Dich, Dein Belli.«

Karl Vossler hat in seinem Essay von 1898 längere Auszüge aus der Bellischen Einführung übersetzt und veröffentlicht. Sie seien hier wiedergegeben, ergänzt durch weitere Teile, auf die

1 Ausonius (römischer Dichter des 4. Jahrhunderts n. Chr.) hat in dem Gedicht »Cento nuptialis« (D. M. Ausonii opuscula, Bibl. Teubneriana, Leipzig 1886, S. 218) mit diesen Worten – singgemäß übesetzt: wir schreiben frech, doch wir leben sittsam – den römischen Satirendichter Martial namentlich zitiert (»ut Martialis dicit«) und daneben den römischen Satirendichter Juvenal, der sich im ähnlichen Sinne gegen die Heuchler wandte; Belli hat nicht, wie verschiedentlich behauptet, geirrt, als er Ausonius zitierte und damit dessen Schlußfolgerungen aus den Zitaten Martials und Juvenals (s. dazu Rob. Vighi »Belli romanesco«, S. 10/11).

Vossler nur kurz Bezug nimmt, die aber der Herausgeber in eigener Übersetzung und im vollen Wortlaut hinzufügen möchte.[2]

»Ich habe mir vorgenommen, ein Denkmal zu hinterlassen von der sogenannten ›plebe di Roma‹. Dieser Plebs[3] wohnt sicherlich eine gewisse typische Originalität inne. Ihre Sprache, ihre Ideen, ihre Seele, ihre Sitten und Gebräuche, ihre Anschauungen, ihre Vorurteile, ihr Glaube und Aberglaube, kurz alles, was ihr eigen ist, trägt ein Gepräge, das sich stark abhebt von jedem anderen Volkscharakter. Diese Plebs konstituiert eben doch einen Teil jenes gewaltigen Roms voll feierlicher ewiger Erinnerungen. Außerdem schmeichle ich mir, dass meine Idee neu ist. Ein so farbreiches Bild, wie ich es gebe, mag man über das Sujet denken, wie man will, hat bisher seines Gleichen noch nicht.

Unser Völkchen besitzt so wenig als jede andere Plebs weder eine rhetorische noch eine poetische Kunst. Alles entquillt spontan seiner lebhaften und kräftigen Natur, wie sie in ihrer Echtheit sich hat frei entwickeln können. Von ihren Anschauungen, ihren Sitten und ihrer Sprache gilt etwa dasselbe wie von ihren Physiognomieen. Warum sind diese beim niederen Volke so verschieden von den Physiognomieen der höheren Klassen in ein und derselben Stadt? Deshalb weil die Gesichtsmuskeln, von Erziehung und Anstand zur Bewegungslosigkeit verdammt, hier ungehindert der Gewalt der Leidenschaften und den Regungen des Affekts sich überlassen, und darum eine andere Entwicklung nehmen, meist in der Weise, daß die Physiognomie sich dem Geist anpaßt, der im Körper lebt, und Formen gibt. So wird das Antlitz zum Spiegel der Seele... Das niedere Volk hat also keine Kunst, und somit auch keine Poesie. Wenn es jedoch eine solche anstrebt, so ist das ein forcierter Versuch, die Kunstpoesie nachzuahmen, und dann ist der

2 gesetzt in ((---))

3 im alten Rom Bezeichnung der untersten, besitzlosen Schichten, hat »plebs« noch heute den Sinn der klassischen Bezeichnung.

Plebejer nicht mehr er selbst, er wird zu einer schlecht und tölpisch verkappten Gliederpuppe. Eine ihm eigene Poesie besitzt er nicht. Das haben alle diejenigen verkannt, die bisher in romanesken Gedichten sich versuchten. In ihren Leistungen offenbart sich das ganze Ringen der Kunst und die schließliche Niederlage der ersteren.

Die tägliche Umgangssprache des Römers ganz so, wie sie aus seinem Munde kommt darzustellen, ohne Schmuck, ohne die geringste Änderung, ohne auch nur eine syntaktische Inversion, oder eine Apokope, die dem Römer nicht geläufig wäre[4], kurz, aus dem einzelnen Fall eine Regel, aus dem Sprachgebrauch heraus eine Grammatik aufzustellen – das ist mein Ziel. Ich will nicht etwa eine Poesie des Volks, sondern die Konversation des Volks in meinen Sonetten geben. Rhythmus und Reim müssen sich gleichsam zufällig ergeben aus einem scheinbar natürlichen Zusammentreffen unstudierter Phrasen und alltäglicher Ausdrücke. Nichts korrigiertes, nichts modelliertes, nichts, was uns nicht schon im Ohr läge. Verse, die mit solchem Kunstgriff gegossen sind, müssen uns vorkommen, als erweckten sie statt neuer Eindrücke nur alte Erinnerungen. Und sollte es mir gelingen, mit diesen Mitteln des heimischen Colorits die Moral und das bürgerliche und religiöse Leben unseres Volks von Rom darzustellen, dann glaube ich ein Bild geschaffen zu haben, das dem vorurteilsfreien Auge nicht ganz wertlos erscheinen wird.

Nicht züchtig und nicht immer fromm, sondern eher bigott und abergläubisch wird Inhalt und Form sich zeigen. Aber so ist das Volk und dieses kopiere ich; weit entfernt ein Muster aufstellen zu wollen, entwerfe ich nur ein getreues Bild von

---

4 Apokope bezeichnet das Weglassen eines Endlauts. Hier hat Vossler sehr frei und ein wenig zu philologisch übersetzt. Belli schreibt wörtlich: »… ohne willkürliche Auslassungen außer jenen, die beim Sprechen des Romanesco üblich sind.« Der Herausgeber und Übersetzer muß das klarstellen, weil er selber reichlich von der Apokope Gebrauch macht, wie sie im Umgangsdeutsch üblich ist.

etwas Bestehendem, das obendrein ohne Hoffnung auf Besserung dahin gegeben ist.

((Nichtsdestoweniger mache ich mir keine Illusionen über die Aufnahme, die meine Arbeit finden würde, wenn sie jemals aus ihrer Verborgenheit den Leuten zu Gesicht käme. Ich sehe schon deutlich voraus, wie viel furchtsame und schamvolle Seelen, wie viele eifernde und geduldige Untertanen Gottes Fluch herabwünschen würden auf den zuchtlosen und liederlichen Geist, der da und dort durchscheint, als hätte ich mich selbst in hinterlistiger Weise hinter der Maske des einfachen Mannes verborgen, um ihm meine Ansichten und Prinzipien aufzudrücken und um so mein eigenes Gift unter dem Mantel der Verleumdung auszuströmen. Und mir würde auch nicht das Wort des Ausonius helfen, um mich damit gegen die Anschuldigungen zu verteidigen, auch nicht, wenn ich ihn meinem Buch[5] als Bekenntnis voranstellte...

Ich wende mich lieber an die wenigen wirklichen Kenner, in deren Hände meine Schriften vielleicht eines Tages kommen, und ihnen sage ich: ich habe die Wahrheit gezeichnet,))...

((Und ich zeichne hier die Ideen eines zwar unwissenden, doch in großen Teilen erfinderischen und scharfsinnigen Volks, ich zeichne es, möchte ich sagen, mit immer wieder neuen Eigenheiten einer entarteten und verdorbenen Redeweise, einer Sprache, die nicht Italienisch oder Römisch ist, sondern Romanesco. Diese Schwachköpfe (idioti) wissen nichts oder fast nichts: und das bißchen, das sie aus Überlieferung lernen, macht ihre Unwissenheit nur noch deutlicher: alles ist in dunklen Trug gehüllt. Sie bringen keine Gedanken hervor, begrenzt sind Ausdrucksweise und Wortschatz. Sie helfen sich mit Gemeinplätzen und Wiederholungen.))...

((Jeder Stadtteil Roms, jeder einzelne seiner Bürger aus den

---

5 Belli dachte damals daran, die Sonette zu veröffentlichen und zwar nicht unter seinem vollen Namen G. G. Belli, sondern unter dem Kryptogramm »996«; dabei standen »99« für »gg« und die »6« für »b«.

mittleren Schichten bis zur untersten hat mir Stoff für die Episoden meines Dramas geliefert.))

Beim Charakter unseres Volks, der zum Sarkasmus, zum Epigramm, zu kurzem sprichwörtlichem Ausdruck neigt, bei seiner raschen schlagfertigen Art braucht es keine langen regelmäßig expositiven Diskurse. Ein eindringlicher, rascher und energischer Dialog, eine abgerissene und scharfe Exposition, ((alle Augenblicke einmal Zweideutigkeiten und Doppelsinniges, das gehört zu ihren Bedürfnissen und Gewohnheiten, es entspricht ihren Neigungen und Fähigkeiten.)) ...

Jede Seite ist der Anfang des Buchs, jede Seite das Ende.«[6]

---

6 Die uns vorliegende Fassung der Einführung – wie auch Vossler sie kannte – hat Belli später mehrfach überarbeitet; Schriftvergleiche im Manuskript lassen den Schluß zu, daß er die letzten Änderungen in den Jahren 1843 bis 1847 geschrieben hat. Damit gewinnt die Einführung an Bedeutung: zuerst als Programm konzipiert, ist sie nach Vollendung des Werks vom Autor bestätigt worden.

Im Januar 1832, als Belli seinen Entwurf der Einführung an Spada schickte, ahnte er nicht, welchen Umfang sein römisches Drama einmal annehmen würde. Er hatte bis dahin dreihundert Sonette geschrieben. (1818/19: 1 – 1820: 1 – 1827: 2 – 1828: 3 – 1829: 2 – 1830: 79 – 1831: 216. Von Anfang 1832 bis Ende des Jahres 1837 schrieb er mehr als eintausendsechshundert Sonette. Der Rest verteilt sich auf die Jahre 1838 bis 1849).

# PIUS DER ACHTE

*Pio Ottavo*
*1. April 1829*

Da haben sie 'nen Papst gewählt, verflucht!
Es tut mir leid: so sieht der Rebbe aus.
Wenn den ein Kind sieht, nimmt es gleich Reißaus,
Da hab'n sie einen Buhmann ausgesucht!

Kein Zahn mehr, einen Herpes im Gesicht,
Er schielt und läuft auf krummen, kurzen Beinen,
Alt wird der nicht, ich fürchte für die Seinen,
Die gehen leer aus, die versorgt er nicht.

Sowas wird heute Christi Stellvertreter,
Leck' mich am Arsch, das war ein Meisterstreich!
Die krummgestopfte Wurst Papst in Sankt Peter!

Des Goldschmieds Küchenmädchen hat ihn jetzt
Gesehn und meinte: »Hätten sie doch gleich
'ne Vogelscheuche auf den Thron gesetzt!«

Che fior de Papa creeno! Accidenti!
Co rispetto de lui pare er Cacamme.
Bella galanteria da tate e mamme
pe fà bobo a li fiji impertinenti!

Ha un èrpeto pe tutto, nun tiè denti,
è guercio, je stracineno le gamme,
spènnola da una parte, e buggiaramme
si arriva a fà la pacchia a li parenti.

Guarda lí che figura da vienicce
a fà da Crist'in terra! Cazzo matto
imbottito de carne de sarcicce!

Disse bene la serva de l'orefice
quanno lo vedde in chiesa: »Uhm! cianno fatto
un gran brutto strucchione de Pontefice.«

Dies ist eines der ersten Sonette der großen Reihe: Belli spricht nicht selbst, sondern aus einer Figur des Volks von Trastevere. Vigolo: »Hier hat Bellis Menschliche Komödie ihr Incipit.«

Belli hat das Sonett mit dem Datum versehen, das den Tag nach der Wahl des neuen Papstes angibt. Dieser Tag war es, an dem der Neugewählte in feierlicher Prozession vom Quirinalspalast zum Vatikan und nach Sankt Peter zog. Der 68jährige Kardinal Graf Castiglioni, nun Pius VIII., war krank und machte keinen guten Eindruck auf das Volk. Massimo d'Azeglio (italienischer Staatsmann und Schriftsteller, 1798–1866) schrieb in seinen ›Erinnerungen‹: »Ich stand ganz in der Nähe, als sie ihn die Stufen von Sankt Peter hinauftrugen… Der neue Papst, sehr fett *(grasso grasso)*, mit Hängebacken, dankte der jubelnden Menge und weinte, er tat sich selbst leid, nehme ich an…« Wiseman, der Kardinal, schrieb: »Eine Schwäreninfektion am Hals, die chronisch war, zwang ihn, den Kopf gebeugt zu halten, und gab seinen Bewegungen einen uneleganten, ja ungeschickten Charakter. Auch verhinderte sie, daß man ihm ins Gesicht sehen konnte. Das war jedoch nicht das Schlimmste. Er schien und war immer von solchen Schmerzen geplagt, daß sein Gesichtsausdruck und der Ton seiner Stimme stets gereizt waren.«

2. *Zeile:* die wörtliche Übersetzung des Originals wäre: »Bei allem Respekt vor diesem: er sieht wie der Chacham aus.« Chacham = (hebr.) Weiser, in bestimmten jüdischen Gemeinden auch der Rabbiner; Belli machte daraus im Mund des respektlosen Römers einen Kalauer durch den Anklang an das

Wort *cacca* = Kacke; damals war den nahe dem Getto wohnenden Trasteverinern der Chacham ein Begriff.

*7. und 8. Zeile:* Anspielung auf den üblichen Nepotismus, die Vetternwirtschaft, die auch entferntere Verwandte sowie Freunde des Papstes (und seiner Kardinäle) zu Ämtern, Würden und Pfründen führte. Belli hatte mit seiner Voraussage recht: Pius starb ein Jahr später. Welche Blüten der Nepotismus trieb, schildert Stendhal; er gibt die Erzählung eines ›Abbate‹ (in Italien Anrede junger Kleriker, später ausgeweitet) wieder, der ihm aus seiner Jugend im Jahre 1778 berichtete: »Pius VI. regierte seit drei Jahren. Fast der ganze Bürgerstand trug die Soutane [das geistliche Gewand]. Ein Apotheker... der nicht als Abbate gekleidet war, lief Gefahr, die Kundschaft seines Nachbarn, des Kardinals zu verlieren. Das geistliche Gewand war billig und sehr angesehen, denn sein Träger konnte ein allmächtiger Mann sein; das ist der Vorteil der fehlenden Abzeichen. Es gab in Rom ebenso viele Hofhaltungen wie Kardinäle. Wurde ein Kardinal Papst, so wurde sein Arzt Hofarzt und sein Neffe Principe [Fürst]. Dieses große Los machte alle Angehörigen des Hauses reich... Man sagte sich 1778 immer wieder, daß der Patron ein Mensch sei, der sich alle acht Jahre einmal empfiehlt, um aus vierzig Nieten den einzigen Treffer zu ziehen [dabei rechnete man mit einer durchschnittlichen Regierungszeit eines Papstes von acht Jahren und mit 40 Kardinälen, die aus ihrer Mitte den neuen Papst wählten], und dieser Treffer ist ein Thron. Man spricht täglich von den Krankheiten des regierenden Papstes. Diese Unterhaltung ist grausam, traurig und langweilt mich; man versteigt sich bis in chirurgische Details.« Die Zustände zu Bellis Zeiten waren nicht anders; 1829 hatten 55 Kardinäle gewählt.

Württembergs Geschäftsträger im Kirchenstaat von 1817 bis 1833, von Kölle, schrieb über den in Rom herrschenden Aberglauben, der Tod des Papstes sei einfach zu errechnen: »Wenn man nämlich die Zahlen hinter dem Namen des Papstes und dem seines Vorgängers zusammensetzt und das Zeichen des Todes ›X‹ hinzusetzt, so erhält man das Todesjahr... (Pius) VI + (Pius) VII + X = 23. – (Pius) VII + (Leo) XII + X = 29. – (Leo) XII + (Pius) VIII + X = 30...«

Die genannten Päpste starben 1823, 1829 und 1830.

Stendhal hat eine Schilderung der römischen Geistlichkeit aus jenen Jahren hinterlassen: »Der französische Klerus ist ernst und fromm, er flößt Respekt ein; in Rom sind die Abbati die Glücklichen des Jahrhunderts, sie sind heiter, komisch und manchmal sogar Hanswurste... Sie sind nicht wie unsere kleinen nach Ambra und Moschus duftenden Abbés...: die Italiener legen nicht solche delikate Sorgfalt auf ihre Person... Der Abbé Alfonsi, der 1812 starb, ließ nie sein Bett machen und schlief darin mit seinem Hunde. Sein Schlafzimmer war seit zwanzig Jahren nicht ausgekehrt; durch den fußhohen Schmutz führte ein Steig von der Tür zum Bette. Alle zwei bis drei Jahre, wenn er Geld übrig hatte, ging er ins Getto und kaufte sich ein Hemd, ein Beinkleid und einen Rock usw. und ließ dem Trödler sein altes Gewand. Er kleidete sich nie aus... In seiner Jugend war Alfonsi nicht nur sehr sauber, sondern elegant gewesen.«

Den neuen Papst erkannte Stendhal an: »Mit diesem Papst haben die Tugenden den Thron bestiegen. Er lebte während der ganzen napoleonischen Zeit, von 1809 bis 1814, zwischen Mantua, Mailand und Pavia. Er scheint ein hochgebildeter Theologe zu sein. Er war Consalvi sehr eng verbunden... Leider ist er von schwacher Gesundheit.«

Der Marchese Consalvi (1757–1824) war Geheimkämmerer Pius' VI. und wurde 1798, ebenso wie der Papst, von den Franzosen aus dem Kirchenstaat verbannt.

Der Nachfolger Papst Pius VII. erhob ihn 1800 zum Kardinal; 1801 schloß er ein Konkordat mit Napoleon, fiel aber 1806 als Befürworter der politischen Unabhängigkeit des Kirchenstaates in Ungnade; 1809 weigerte er sich, die vom Papst mißbilligte Scheidung Napoleons von Josephine Beauharnais gutzuheißen und wurde in Reims interniert; 1814 wurde er päpstlicher Gesandter beim Wiener Kongreß und erreichte die Wiederherstellung des Kirchenstaates (Restauration), dessen äußere und innere Angelegenheiten er bis zum Tode Pius' VII. leitete.

Die Wirren dieser Jahre haben Schicksal und Entwicklung des jungen Belli entscheidend beeinflußt.

## GEFÄHRLICHE PINKELEI

*La pisciata pericolosa*
*13. September 1830*

Gestern abend, ich war grad beim Pantheon,
Mußt' ich mal pinkeln und stand an der Wand,
Da sah ich, daß hinter mir einer stand...
Ein Schweizer, im Dienst, schöne Situation!

Bloß weg mit dem Pint! war die Reaktion,
Und vor lauter Schreck bin ich weggerannt,
Ihn, Hut und Hosenlatz in der Hand,
Denn der Kerl rief: Bleib stehn, wart', ich krieg'
dich schon!

Und ich hör' den Teutonen dicht hinter mir,
Wie er keucht: Der Taifel, Freund, bleib doch stehen!
Dann noch was auf Türkisch, was ich nicht kapier',

Bis er sagt, und das war gut zu verstehen:
Du Dummkopf, komm doch ein bißchen mit mir,
Wir wollen ein Gläschen Wein trinken gehen!

4. *Zeile:* Schweizer – Angehöriger der Schweizergarde des Papstes; sie besteht seit 1505/06 und tut noch heute Wachdienst in der Vatikanstadt. – Leo XII. (Papst 1823–1829) hatte aus

Anlaß des Heiligen Jahres 1825 bestimmt, daß vor jeder wichtigen Kirche ein Schweizer Wache zu halten hatte, seine Waffe war die Hellebarde. Er hatte auch innerhalb der Kirche für Ordnung zu sorgen, häufig war er damit beschäftigt, die Hunde hinauszujagen; außerhalb hatte er darauf zu achten, daß niemand dort sein Bedürfnis verrichtete (s. Seite 46).

*9. Zeile:* Teutone – Belli verwendet das Wort »*froscio*« und erklärt es in der Fußnote mit »*tedesco*« = Deutscher. Das Wörterbuch von Chiappini sagt zum Stichwort: »Frocio = Deutscher. So bezeichnet man im Romanesco gewöhnlich die Deutschen, weil viele von ihnen eingedrückte Nasen und somit weit auseinanderstehende Nasenlöcher [= *froce,* aus dem Vulgärlatein] haben.« Später bezeichnete man im Romanesco alle Ausländer so oder einfach Inglesi = Engländer.

*Frocio* wird auch vom deutschen Frosch abgeleitet, ebenso vom lateinischen Wort fluxus = schlapp. Heute ist *frocio* in Rom allgemeine Bezeichnung für einen Homosexuellen.

Der Übersetzer wählte das Wort Teutone, weil es heute vielfach, auch in der Presse, in herabsetzendem Sinne für den Deutschen (auch für Schweizer und Österreicher, die Deutsch sprechen) verwendet wird.

*10. Zeile:* Bei Belli in phonetischer Nachahmung des entsprechend verstandenen deutschen Ausrufs: Tartàifel.

*11. Zeile:* für einfache Leute war jede fremde Sprache einfach Türkisch; heute ist es kaum anders.

Es gab auch im Rom Bellis öffentliche Bedürfnisanstalten, allerdings nur sehr wenige; ihre genaue Zahl ist unbekannt. Sie wurden seit alters her – wie noch heute – *vespasiani* genannt; Vespasian (69–79) hatte die ersten Bauten dieser Art errichten lassen und bezog daraus Abgaben (»*Non olet*«*:* das Geld stinkt nicht). Im antiken Rom gab es 144 öffentliche Abortanlagen, im heutigen Rom sind es 105. In den antiken gab es darin 20 und mehr Sitze, nicht abgeteilt und nicht nach Geschlechtern getrennt; die Anlage am Palatin unter dem Haus der Flavier, im sogenannten Domus transitoria des Kaisers Nero, hatte an die sechzig Marmorsitze; sie sind heute ebenso zu besichtigen wie die ehemals öffentlichen Aborte in Ostia Antica, nahe den Thermen beim Forum. Im alten Rom hatten die Häuser keinen Anschluß an Wasserleitung und Kanalisation; die öffentlichen Aborte lagen meist über der um 500 v. Chr. erbauten – und noch heute benutzten – Cloaca Maxima; deren Abfluß in den Tiber beim Ponte Rotto, der zerbrochenen Brücke, ist von der Westseite des Ponte Palatino aus zu sehen.

Die Türken waren damals nicht nur für das einfache Volk Roms geheimnisvoll (s. Sonett Seite 39); sie waren, vor allem, Heiden, und so nannte man gern alle Heiden Türken (s. Sonett Seite 61).

## ERZIEHUNG

*L'Aducazzione*
*14. September 1830*

Merke dir eins, mein Sohn, und halt' dich dran:
Von andern darfst du dich nicht unterkriegen lassen,
Und sollte einer dir ein Ding verpassen:
Gib's ihm zurück, zeig's ihm, du bist ein Mann!

Hör' nie auf andere, das hat keinen Zweck,
Will so ein schlauer Blödmann dich belehren,
Sag höflich: Du kannst dich zum Teufel scheren,
Kümmere dich um deinen eigenen Dreck.

Wird mal gespielt, spiel mit, und geht's ans Saufen,
Sauf mit, laß keinen Tropfen in der Flasche,
Solln sich die Andern eine neue kaufen!

Bleib nur ein guter Christ und sei es ganz.
Drum trage immer in der Hosentasche
Das scharfe Messer und den Rosenkranz.

Belli hat sich im Zibaldone (s. Anmerkung S. 302) Notizen aus John Lockes Werk über die Erziehung gemacht, das ihm in französischer Übersetzung vorlag: »De l'éducation des enfants«, Lausanne 1760.

Hugo Schuchardt hatte in seinem Essay über Belli dieses Sonett vor Augen, als er (1871) schrieb: »Glich nicht Belli ein wenig seinen Trasteverinern welche Hostie und Messer zusammen tragen, jetzt *›mannaggia la Madonna!‹* [verflucht...!] rufen, und eine halbe Stunde später andachtsvoll zur heiligen Jungfrau beten, vor dem Papste sich demüthig in den Staub werfen und im Aufstehen ein Witzwort über ihn auf den Lippen haben?«

Das wurde ihm schon 1878 von einem deutschen Benediktinerpater angekreidet: er bedauerte nämlich, daß man bei dem »hochgelehrten Herrn Schuchardt« leider lesen müsse Trasteveriner(n) welche *Hostie* und Messer in *einer* Tasche tragen« anstatt richtig »Rosenkranz und Messer«. Über den Pater berichtet Paul Heyse. In seinem Essay von 1905 hebt er zunächst hervor, wie sehr Manzoni Belli bewundert habe und Italiener genug gewesen sei, die Genrebilder Bellis nicht zu verdammen, da sie »bei aller humoristischen Keckheit durch keinen Hauch aus Pietro Aretinos Kloake vergiftet sind«. Dann fährt er fort: »Ein noch bedeutenderes Zeugnis aber für den Eindruck, den Bellis dichterisches Naturell selbst auf geistlich gestimmte Gemüter zu machen wußte, erhielt ich durch einen deutschen Ordensgeistlichen, mit dem mich die gemeinsame Vorliebe für italienische Literatur vor Jahren in München zusammenführte... Er sprach eingehend von der berühmten Manzonischen Ode [zum Tod Napoleons], erwähnte das Mißverständnis Goethes in seiner Übersetzung derselben [*percossi valli* – durchwimmelte Täler, richtig: besetzte oder heimgesuchte...] und verließ mich plötzlich mit einem stummen Gruß, ohne mir seinen Namen genannt zu haben. Nicht lange nachher, als mein Aufsatz über Belli erschienen war [1878], sah ich ihn wieder auf der Straße daherkommen... um mir die

Hand zu schütteln. Es habe ihn sehr gefreut, daß ich mich mit dem römischen Poeten eingelassen; er habe seine Gedichte ebenfalls kennen gelernt, da er in Rom in der Propaganda erzogen worden sei; er stelle ihn über alle italienischen Dialektdichter... er habe sogar kürzlich etwas über ihn geschrieben, was er sich erlauben werde mir zuzuschikken. Daß ein Zögling der Propaganda es gewagt hatte, seine Kenntnis dieses berüchtigten antipäpstlichen Dichters nicht nur einzugestehen, sondern durch eine eigene Arbeit sogar zu dessen Verbreitung beizutragen, war merkwürdig genug. Vollends erstaunte ich, als ich das Schriftchen erhielt und sah, daß es als Schulprogramm des Maximilians-Gymnasiums [in München] für das Semester 1877/78 in leicht fließendem Italienisch verfaßt und gedruckt war unter dem Titel: Alcune poesie in dialetto romanesco di G. G. Belli scelte ed illustrate dal P. Daniele Olckers O. S. B. Monaco 1878. Über den bedenklichen Punkt, die politische Gesinnung des Dichters, war der Verfasser nun freilich behutsam hinweggeglitten. ›Geboren in einer Zeit der Revolution und nach dem Tode des Vaters ohne Stütze, konnte Belli sich dem Einfluß der damals herrschenden revolutionären Ideen nicht entziehen, was den Anstoß gab zu gewissen Sonetten.‹ (*certi sonetti*, in der Tat! die Kleinigkeit von 244 gegen Pabst und Clerus!), ›die er später, da er zu besserer Einsicht gekommen war, gern zurückgenommen hätte.‹ Immerhin bezeugt der Umstand, daß der treffliche Ordensmann und Lehrer der Jugend [an dem genannten Gymnasium] in seiner Schulschrift Gedichte veröffentlicht und mit sorgfältigen Commentaren versehen hatte, die in Morandis Ausgabe fehlen..., wie große Liebe er dem Dichter bewahrt hatte... Und er verleugnete diese Liebe und Bewunderung auch nicht, so oft der Zufall uns wieder zusammenführte.«

Kurz vor Pater Olckers' Tod besuchte Heyse ihn in seiner Klosterzelle und berichtete ihm, er werde versuchen, noch mehr von Belli zu übersetzen: »... die trüben Augen glänzten auf … *Era un gran poeta!* sagte er vor sich hin.« (Er war ein großer Dichter).

Mit »Propaganda« meint Heyse das römische »Collegium de propaganda fide« = Kolleg zur Verbreitung des Glaubens, lateinisch, M. K. von 1905 ein Kolleg »zur Ausbildung eingeborner Missionare in den Heidenländern«. Zu diesen gehörten damals in Europa neben England, Skandinavien und der deutschen Schweiz – um nur einige zu nennen – in Deutschland auch Schleswig-Holstein, Sachsen, Mecklenburg und die Freien Städte.

## DIE VORSEHUNG

*La Providenza*
*29. September 1830*

Glück wollt ihr haben, immer Glück, 'ne Schande!
Glück brauchen Kandidaten fürs Schaffott,
Ein Christ muß sagen: »Hilf mir, lieber Gott,
Damit ich nicht in der Verdammnis lande!«

Ich hab' dir das schon hundert Mal erklärt
– Ein Stummer könnte es längst wiederholen –
Du Arschkriecher kennst nichts als die Parolen
Von deinen Kumpels, und die sind nichts wert:

»Gott und die Polizei…« Quatsch, sei bloß still!
Gott unser Herr allein gibt uns den Segen,
Kein Blatt bewegt sich, wenn er es nicht will.

Schreib dir mal Glauben, Demut hinters Ohr,
Dann schadet dir kein Sturm mehr und kein Regen.
Wo Gott die Tür schließt, öffnet er ein Tor.

## DIE FICKEREI

*»L' inciciature«*
*17. September 1831*

Was für ein Stoßen, Stechen, Stöhnen, Spritzen!
Und jeder Schuß ins Schwarze, daß es bumst,
Schön raus- und reingerammelt, daß es rummst,
Wie Katzen, wenn sie aufeinandersitzen.

Mit glasigen Augen und mit irrem Blick
Zunge an Zunge, Haar in Haar, verkrallt...
Es kommt, gleich kommt's, mach's mir, nein, wart' noch, halt!
Steck' ihn ganz tief rein, stoß mich, mach', stoß', fick!

Je länger, desto besser ging es, ja,
Dann war's vorbei, wir hatten unser Teil
Und lagen fertig, wie die Steine, da.

Ach, ist das Vögeln schön! Nur rundrum, ganz
Möcht' ich's mal haben, das wär herrlich geil:
Die Gertrud nichts als Fotze, ich ganz Schwanz!

Das Titelwort des Originals kommt von cicia (diminutiv), von uccellina = Vögelchen, Kosewort für die Geliebte oder auch stellvertretend für den weiblichen Geschlechtsteil.

Zu Morrovalle s. Seite 307. Vigolo (Saggio sul Belli) nennt dies eines der gewagtesten, gesalzensten (spinto) aus der Zahl der etwa 150 erotischen Sonette. Er schreibt: »... wie trotz der betonten Erotik des Themas alles sich auflöst in einen Orchestersatz von Wörtern mit der für Belli so typischen Freude an rhythmischen und lautlichen Crescendi, an Alliterationen, an skandierten und gehämmerten Wortfolgen im Stil eines Motetts; wie dieses Sonett schließlich, vom ersten bis zum letzten Vers, lautmalerisch das Bild einer leidenschaftlichen Umarmung zeichnet... Man kann wohl sagen, daß nach mehrmaligem Lesen der erotische Stoff des Sonetts völlig nebensächlich wird, so stark herrscht seine formale, sprachliche, tönende, plastische Kraft vor. Wir glauben nicht, daß der Leser hier überhaupt sinnlich angeregt wird; er wird vielmehr gepackt vom ästhetischen Vergnügen, das ihn eher erheitert; das Komische spricht ihn an und läßt exzessiv Materielles hinter befreiendem Lachen zurück. Hier könnte für Belli gelten, was Jean Paul sagte: daß das Stachelschwein, Symbol des Satirendichters, im Gegensatz zu allen anderen Lebewesen spanische Fliegen fressen kann, ohne sich zu vergiften.« Carlo Muscetta (»Cultura e poesia del Belli«) weist in seinem grundlegenden Werk (er steht als Belli-Kenner neben Vigolo, wenn auch vielfach in gegensätzlicher Position) darauf hin, daß der Erfinder der saftigen realistischen Sprache in der Dichtung unter Verwendung des »Anstößigen« Pietro Aretino war (1492 bis 1556); nach ihm gab es lange keinen anderen Dichter von Bedeutung, der mit Erfolg Ähnliches geschrieben hätte; dabei sei Aretino zwiespältig gewesen, ein Opportunist ohne Charakter. Belli habe seine Lektion von Aretinos neuem Naturalismus gelernt und in freier Sprache gedichtet, was bei Aretino kunstvoll blieb, mögen sich dessen Kurtisanen auch über geschraubten Petrarkismus lustig machen (Francesco Petrarca, großer Gelehrter seiner Zeit und einer der größten Dichter Italiens, 1304–1374, schrieb in idealisierendem Pathos, das sich die Dichtung später jahrhundertelang zum Vorbild nahm; die Petrarkisten verabscheuten Realismus und Naturalismus). Die Art Aretinos zu erzählen, sagt Muscetta weiter, dabei von Ereignis zu Ereignis zu springen und von Figur zu Figur, um schließlich ein dramatisches Geschehen bildhaft zu beschreiben, sei der Kunst Bellis ähnlich. Ganz sicher habe dieser von Aretino die Kraftwörter zu gebrauchen gelernt, was in der Dichtung einmal als unmöglich galt. Gegenüber dem hemmungslosen Aretino habe Belli die Sprache zu zügeln verstanden, Folge seiner humanistischen Bildung; und dabei war eben diese, entsprechend dem allgemein niedrigen Bildungsstand im Kirchenstaat, nur oberflächlich, betont Muscetta. Die Ideale eines Belli seien Aretino immer fremd geblieben, der für den Tag schrieb und für jeden, der ihn bezahlte. Dagegen sei Belli schon Boccaccio ähnlicher, der ernst und nachdenklich war.

Aretino schrieb von sich selber: »Nur der Stachel der Not bekleckst mir das Papier, nicht der Sporn des Ruhms.«

Egon Erwin Kisch (»Klassischer Journalismus«, neu München 1974) sagt von ihm, Aretino sei der erste gewesen, der die Gabe des Schreibens und die Druckerpresse für selbstsüchtige Zwecke auszunutzen verstand.

Hier nun Bellis Originalfassung im Romanesco:

Che scenufreggi, sciupi, struci e sciatti!
Che sonajera d'inzeppate e secco!
Igni botta, peccrisse, annava er lecco:
soffiàmo tutt'e dua come du' gatti.

L'occhi invetriti peggio de li matti:
sempre pelo co pelo, e becc'a becco.
Viè e nun vieni, fà e pija, ecco e nun ecco;
e daje, e spigne, e incarca, e strigni e sbatti.

Un po' più che durava stàmio grassi!
Ché dopo evé finito er giucarello
restàssimo intontiti come sassi.

E' un gran gusto er fregà! ma pe godello
più a ciccio, ce vorìa che diventassi
Giartruda tutta sorca, io tutt' uccello.

Einige Wörter und Begriffe seien erläutert:

*12. Zeile:* gran gusto = große Lust, bei Belli oft genießerisch verwendet für die beiden Dinge, die er am schönsten fand: die Liebe und das Reisen.

*14. Zeile:* sorca (vulgär) = weiblicher Geschlechtsteil, eigentlich Ratte.

uccello und cazzo sind die bei Belli, und im Romanesco, häufigsten Bezeichnungen für den männlichen Geschlechtsteil. Es gibt viel mehr Bezeichnungen, und Belli kannte sie. In einem aus lauter einschlägigen Hauptwörtern bestehenden Sonett mit vier Terzetten zählt er 55 auf, sein Titel ist »Der Vater der Heiligen« (Er padre de li Santi), geschrieben am 6. Dezember 1832; am gleichen Tage entstand das Pendant »Die Mutter der Heiligen«, mit drei Terzetten, und es sind 44 Synonyme aufgezählt. Mario dell'Arco, sonst überzeugter Bellianer, findet in beiden Sonetten kein Ruhmesblatt für den Dichter (»Gioachino Belli Ritratto mancato«, Rom 1970): »Oh Gott, da sind noch diese Dutzend-Sonette... Kompositionen, bei denen der Philologe den Dichter zum Teufel gejagt hat.«

Roberto Vighi erklärt deren Entstehen so: Belli wollte, gewiß nur aus einer Laune, sein Vorbild Carlo Porta imitieren, der auch im Aneinanderreihen von Hauptwörtern den Reichtum des mailändischen Vokabulars dargetan hatte; auch war es damals Mode in der Dichtung: Bleibendes ist daraus nicht entstanden.

## DIE GITTERCHEN

*Li Cancelletti*
*2. Oktober 1831*

Zum Teufel! Jesuschristus! Jetzt diktiert
Doch dieser Heilige Vater, was uns nützt,
Indem er uns vor Gottesgaben schützt:
Sie werden hinter Gitterchen serviert!

Wie war das abends schön! Man kam verschwitzt,
Mit trockener Kehle auf die Kneipenbank,

Wo man mit Freunden friedlich einen trank,
Nur dafür ist man doch am Tag geflitzt!

Das nennt nun dieser Heil'ge große Taten!
Für seine teuren Ahnen soll er beten,
Die Gott sei Dank schon in der Hölle braten!

Ich stänkere nicht, er ist der Chef. Nee, nee,
Ich will dem Mann gar nicht zu nahe treten,
Aber wenn er krepierte: Gitterchen ade!

*Cancelli* = Gitter, auch Klappen, Türchen. – Papst Leo XII. hatte am 31. März 1824 ein Dekret erlassen, das in Rom wie eine Bombe einschlug; darin stand: »Der Innenraum der Schenken [*bettola*] wird [für die Gäste] geschlossen, und die Bedienung bleibt im Inneren, derart, daß sie mit den draußen befindlichen Kunden durch die zur Straße gehende Tür in Verbindung ist; diese Tür wird in der Höhe von 4 Spannen über dem Boden durch ein großes Brett verschlossen, auf dem Becher und Meßkrüge stehen.« In der Begründung hieß es, die Maßnahme richte sich gegen Tagediebe, die Trunksucht und schlüpfrige Gesellschaft von Männern mit sittenlosen Frauen. Das traf die Männer von Trastevere; von nun an gab es nur ein Gesprächsthema: die *cancelletti*. Es gab noch mehr Grund zur Empörung: jede Tür der Schenken mußte mit einer kleinen Klappe versehen werden, die nur von außen zu öffnen war und zu der nur die Polizei Schlüssel hatte: sie mußte jederzeit feststellen können, ob nicht etwa doch Gäste im Schankraum saßen. Wer dort angetroffen wurde, riskierte drei Monate Zwangsarbeit, der Wirt verlor die Schankerlaubnis. Daß draußen aus Protest mehr getrunken wurde als vorher drinnen, interessierte nicht. »Ein Wunder, daß es nicht zu einer Revolution kam«, schreibt Ermanno Ponti.

Der englische Kardinal Nicholas Wiseman, er lebte von 1802–1865, der in Rom vier Päpsten diente, schrieb in seinen

*In der Osteria*

Erinnerungen (»Recollections of the last four popes«, London 1858), wie sehr er die Maßnahme verurteilt und – vergeblich – bekämpft habe. Deren rigorose Durchführung bewirkte – so Ponti – eine radikale Veränderung im Leben der Stadt. Auch Stendhal schreibt in den »Römischen Spaziergängen«: »... alles war 1828 verändert; der Römer, der sonst gern in der Taverne saß und trank, mußte dort vor der Tür stehen, wollte er nicht zu Stockhieben auf dem Bock (s. Sonett Seite 125) verurteilt werden.«

Der Nachfolger Leos XII., Papst Pius VIII., schaffte noch an seinem Krönungstag, dem 5. April 1829, die *cancelletti* ab; es war eine seiner ersten Amtshandlungen; sofort verzieh ihm das römische Volk sein wenig ansprechendes Äußeres (s. Sonett Seite 15) und sah ihn mit anderen Augen. In allen Stadtteilen wurden sofort Klappen und Gitterchen herausgerissen und in Freudenfeuern verbrannt.

Zur Ehre Leos muß festgestellt werden, daß sein drakonisches Dekret nicht gar so unsinnig war: es gab damals in Rom über 700 Osterien. Bei einer Einwohnerzahl von weniger als

150000 kam so auf zirka 200 Römer eine Kneipe; da Tische drinnen wie draußen standen, hätten die Schenken ganz Rom zur gleichen Zeit bedienen können. Sie hatten auch sonst ihr Gutes: sie sorgten, ebenso wie die erleuchteten Heiligenbilder an den Hausecken, für bessere Straßenbeleuchtung: jede Osteria mußte bei Dunkelheit ein Licht vor die Tür hängen; die französische Besatzung (mit Unterbrechungen von 1798 bis 1814) hatte außerdem dafür gesorgt, daß tausend Straßenlaternen aufgestellt wurden.

*Das erste Terzett lautet wörtlich so:* hat dieser Heilige Vater an nichts anderes zu denken, er kann seine toten Scheißverwandten gern haben und diese heilige Fotze seiner Mutter. »A li mortacci tu(o)i!« ist noch heute eine der krassesten Verwünschungen eines Gegners; nicht feiner ist auch die andere, die sich streitende Autofahrer gern zurufen: »Va'a morì ammazzato!« = Geh und stirb ermordet!

Wenn Ponti schreibt, daß es »um 1824 ziemlich viele und gutbesuchte Schenken gab und daß Unmäßigkeit und Exzesse schwerwiegend gewesen sein müssen«, eine Feststellung, die auch von Kölle trifft, so hatte sich das fünfzig Jahre später entweder sehr geändert oder es erschien einem kenntnisreichen Beobachter als geringfügig: der Romreisende und Schriftsteller Hermann Allmers aus Bremen schrieb in sein Tagebuch (»Römische Schlendertage« 1869 Oldenburg): »Das eigentliche Zechen und Kneipen im wahrsten und besten Sinne des Wortes verstehen unter allen Völkern der Erde [A. war ein weitgereister Mann] nur einzig und allein die Germanen und unter diesen wieder vorzugsweise wir Deutsche. Wir allein haben das nöthige ruhige Sitzfleisch – nein, nur wir Germanen können kneipen.« Im übrigen gefiel ihm Italien.

Von Kölle meint, die Deutschen hätten zu Unrecht in dem Ruf gestanden, Säufer zu sein: »Dieses, besonders in Rom lächerliche Vorurtheil hat seinen Ursprung erstens darin, daß hier die Mehrzahl der Deutschen entweder Schweizer der päpstlichen Leibwache, oder Handwerker sind, welche eines großen Aufwands an Körperkraft bedürfen. Diese müssen zuweilen den Durst löschen, verdienen hier viel, und sind gewöhnt, den Wein als köstliche Feiertagsfreude zu schätzen. ... Zweitens aber können sie die tückischen römischen Weine nicht führen, wie der gemeine Römer, betrinken sich daher sogleich, fangen an zu singen, ihre Sprache fällt auf, und nun heißt's sogleich: *Sono tutti ubriaconi* [Alle sind Säufer].«

Die Römer tränken mehr als die Deutschen, vertrügen eben nur ihren Wein besser. Nach der Einrichtung der Gitterchen: »Da wurde nun auf der Straße und vor Hausthüren gesoffen, wie zuvor, oder man ließ sich den Tisch decken, und aß zu acht ein hartes Ei zum Weine [und hatte so das Sitzverbot umgangen].«

## DER HERR, ODER SAGEN WIR: GOTT

*Er Signore, o volemo dí: Iddio*
*3. Oktober 1831*

Was unser Herr ist? Wer kann das schon sagen,
Es wär' auch Sünde, wir sind viel zu klein,
Das zu begreifen, das geht uns nicht ein
In unsern Kopf, glauben muß man, nicht fragen.

Zehn Jahre war ich, und ich hab' gefragt,
Und mein Kurat erklärte es mir auch:
Er ist ein Lüftchen, sagte er, ein Hauch,
Ein Fünkchen ist er, das man nie erjagt.

Dann nahm er Spiegelchen, neun oder zehn,
Und stellte sie im Halbkreis vor sich hin.
Wie man Gott findet, sagt' er, sollst du seh'n.

Schau her, was siehst du in den Spiegeln blinken?
Ganz viele Nasen zeigen sich darin,
Aber nur ein Kurat ists und ein Zinken.

6. *Zeile – Kurat:* vom lateinischen curare = sorgen, ein Geistlicher. Der Kurat ist heute noch in Bayern und Berlin bekannt, früher auch in Schlesien. Eine sogenannte Kuratie wird auch Rektorat genannt. Kurat und Rektor sind nach katholischem Kirchenrecht Priester, denen die Seelsorge über einen bestimmten Sprengel (ursprünglich der Weihwasserwedel, später der geistliche Amtsbezirk, dann auch der von weltlichen Behörden) obliegt. Meist ist es ein Kaplan, der die Seelsorge unter Aufsicht eines Bischofs ausübt, wenn das Seelsorgegebiet von der Pfarrei abgetrennt und selbständig ist. – In Italien nennt man heute noch vielfach den Hilfsgeistlichen einer Pfarrei curato, eine altertümliche, aber volkstümliche Bezeichnung.

9. *Zeile – Spiegel:* Belli hatte Vorbilder für seinen Vergleich: Seneca (römischer Philosoph und Dichter, 4 v. Chr. bis 65 n. Chr.) verweist in seiner Schrift »Naturales questiones« (in Übersetzung neu erschienen, Paris 1961) auf den Effekt mehrerer, in bestimmten Winkeln aufgestellter Spiegel vor einer Person; auch Dantes Verse im »Paradies« (»Göttliche Komödie« XXIX, 142) haben zur Idee beigetragen:

Sieh die Erhabenheit jetzt, sieh die Weite
Der ew'gen Kraft, da sie so viele Spiegel
Sich hat gebildet, drin sie sich zerteilt,
In sich die eine, wie vorher, verbleibend.

## DIE ERSCHAFFUNG DER WELT

*La creazzione der monno*
*4. Oktober 1831*

Als Jesus unsere Welt geknetet hat,
Nahm er sich Teig, gleich reichlich und ein Pfund,
Und machte sie ganz groß und grün und rund,
So wie Melonen sind, schön dick und glatt.

Er fabrizierte Sonne, Mond und Sterne,
Landkarten, daß man alles finden kann,
Machte die Tiere, pflanzte Pflanzen an,
Und sprach am Ende: Schluß jetzt, habt mich gerne!

Er schuf den Mann, das hätt' ich fast vergessen,
Dazu ein Weib, Adam und Eva, dann
Sagt' er, sie sollten keinen Apfel essen.

Und als er sah, sie hatten ihn genommen,
Schrie er die Welt mit Donnerstimme an:
Verdammt sind all die Menschen, die noch kommen!

Jesus war – und ist – populärer als der Vater im Himmel, also ließ man ihn auch die Welt erschaffen; die Vereinfachung der Bibel durch das Volk ist Gegenstand zahlreicher Sonette; siehe in dieser Auswahl Sonette Seite 49, 66, 67, 144, 156, 173 f.

Vossler: »Belli hatte in der That Recht, wenn er sagte, dass es klinge wie eine frivole Satire und Travestie der heiligen Schrift. Aber, ich glaube, man muß sich hüten, dem Dichter selbst eine derartige satirische Absicht unterzuschieben, er ist nichts anderes als der treue Interpret der Vorstellungen eines ignoranten, aber scharfsinnigen Volks.«

Muscetta erläutert den Übergang vom Komischen ins Grausige: nie ist Belli vom christlichen Pessimismus losgekommen, vom Gedanken an die ewige Verdammnis, an die Erbsünde, die schon die ersten Menschen aus dem Paradiese vertrieb und die Geburt, Tod und Hoffnungslosigkeit in einen unbegreiflichen Zusammenhang bringt; die Verzweiflung darüber hat sein ganzes Leben überschattet; sie erklärt viele Widersprüchlichkeiten in Werk und Leben des Dichters. Belli habe an den Mythen des Christentums gezweifelt, so auch an der Dreieinigkeit und an der Sünde des Fleisches; er sei nie müde geworden, biblische Gedanken auf komische Weise zu entzaubern; wenn es um die Legende von Adam und Eva und um die Erbsünde gehe, spüre man deutlich, daß er seine Lektion von Voltaire gelernt habe: der ließ in »Les oreilles du Comte de Chesterfield« den Atheisten Sidrac im Gespräch mit dem frommen Dr. Goudman von der Erbsünde sagen: »...der enormste und abscheulichste aller Widersprüche...« (s. Sonett Seite 114)

## DIE SÄULE AUF DER PIAZZA COLONNA

*La colonna de Piazza-Colonna*
*23. Oktober 1831*

Nicht leicht, so Wendeltreppenbilder, nein,
Da muß so'n Steinmetz schon sein Handwerk können.
In Wachs brauchst du sowas nur reinzubrennen,
Ganz einfach, aber press' das mal in Stein!

Die da in Gala sind Karikaturen,
Die zeigen, was antike Leute taten.
Maurer war'n sie und Schleifer, auch mit Spaten
Und Sägen arbeiten ein paar Figuren.

Gabeln sind da und Musikinstrumente,
Du siehst, wie sie heiraten, alles wie jetzt,
Auch die sieben anderen Sakramente,

Und alles stimmt, wie vom Teufel hingesetzt.
Ein Meister Anton hat nach der Legende
Den Kram in zehn Tagen da draufgesetzt.

*Zum Titel:* Colonna = Säule. Auf der Piazza steht die Säule des Marc Aurel mit den spiralförmigen Reliefdarstellungen der Siege des Kaisers über die Germanen.

Belli hatte dem Sonett zuerst den Titel »Die Diener des Fürsten Piombino am Fenster bei der Betrachtung der Säule auf der Piazza Colonna« zugedacht. Der Palast des Fürsten stand früher da, wo heute die Galerie an der Via del Corso ist.

Belli läßt den einen, schon recht einfältigen Diener zu einem noch einfältigeren Kollegen reden; solche Art unbefangener Kunstbetrachtung durch einfache Leute hat ihn immer gereizt; man gibt sich aus totaler Unkenntnis völlig falsche, aber alle Zuhörer befriedigende Erklärungen: die Bilderbänder werden zu Wendeltreppenbildern, der Künstler wird zum simplen, aber begabten Steinmetzen, der auch noch seine Reliefs einfach, aber gekonnt in den Stein einpreßt, es wird noch ein Sakrament zu den sieben gezählt und aus dem Beinamen des Kaisers, Antoninus, wird ein mystischer Meister Anton.

Die Wache an der Säule war lange Zeit einem der auf dem Platz tätigen Schuhputzer anvertraut, der für ein kleines Trinkgeld das Pförtchen öffnete und Besuchern erlaubte, die 190 Stufen im Inneren der 42 Meter hohen Säule hinauf zu steigen; dabei wünschte er den nach seiner Ansicht Verrückten *»a morì ammazzato«* (s. Anmerkung Seite 31). Tatsächlich gab es viele tödliche Stürze von der kleinen Plattform (Raffaele de Cesare *»Roma e lo Stato del Papa«*, Mailand 1970).

Wie in den Komödien Molières, die Belli kannte (seine Aufzeichnungen beweisen es), haben auch in den Sonetten immer wieder die Diener ihre Rollen; s. Sonette Seite 62, 177f., 204f., 254, 255, ferner die Seiten 72 und 170.

Die Bilderbänder der Säule, von der Piazza aus sehr schlecht zu erkennen, stehen in Gipsabgüssen im »Museo della Civiltà

Romana« im Stadtteil EUR (gesprochen Eh-Uhr, Abkürzung der Bezeichnung einer von Mussolini geplanten Weltausstellung, die durch den Krieg nie zustandekam) direkt vor dem Auge des Besuchers; sie – und das ganze Museum – sind eine Sehenswürdigkeit, die sich die meisten Rombesucher entgehen lassen.

Die Figur oben auf der Säule stellt nicht Marc Aurel, sondern den Heiligen Paulus dar.

## BEVOR DU EINE FRAU NIMMST, DENK' GUT NACH UND ÜBERLEG' ES DIR EIN JAHR UND EINEN TAG

*A pijà moje pénsece un anno e un giorno*
*12. November 1831*

Ich sag' dem Rindvieh: Mann, wer ledig bleibt
Und noch 'ne Mutter hat, braucht sich nicht schinden.
Er hört nicht. – Wer ein Loch sucht, der soll's finden,
Sag' ich. Jetzt hat er's, jetzt ist er beweibt.

Die Alte zetert wie der Satanas,
Die Junge hat im Arsch 'nen Hummelschwarm,
Und er, dazwischen, stumm, daß Gott erbarm',
Sitzt mit den Weibern auf dem Pulverfaß.

Die eine will es so, die andere so,
Die will das Kalb, die andere das Rind,
Die eine will's gekocht, die andere roh.

Sie streiten sich wie wildgeword'ne Tiger
Schlimmer als Hund und Katz, na ja, sie sind
Wie halt die Schwiegertochter und die Schwieger.

## SO LÄUFT DIE WELT

*Accusí va er monno*
*14. November 1831*

Du bist die heil'ge Einfalt in Person!
Die Welt geht abwärts, ja, das ist ihr Lauf.
Bildest du dir denn ein, du hältst sie auf?
Das schaffst du niemals, also laß sie schon.

Was geht denn dich die Welt von morgen an?
Wenn die mal da ist, bist du längst krepiert.
Wer lebt und liebt und sich gut amüsiert,
Der ist für die Scheißwelt der richtige Mann.

Jesus hat auch den Lauf der Welt beklagt
Und wollt' uns retten, Blut hat er geschwitzt.
Umsonst, sie haben ihn davongejagt.

Für den, der alt wie Noah werden möchte,
Gibt es nur ein Rezept, das wirklich nützt:
Nimm Dr. Leckmich's Medizin, die echte!

Die 3. Zeile im Original wörtl. = was geht es dich an?

*fregare* = reiben, oft bei Belli und in der Vulgärsprache verwendet (und z. T. schon in die Hochsprache eingedrungen) und Bezeichnung für die Tätigkeit des Masturbierens;

*non me ne frego* (so im alltäglichen Sprachgebrauch in ganz Italien) hat die Bedeutung: darüber rege ich mich nicht auf.

*fregatura* = lästige Sache, Schaden, Betrug, Intrige;

*menefreghismo* (daraus entstand das künstliche Hauptwort) = Gleichgültigkeit, Wurstigkeit.

## DIE NEUERUNGEN

*Le cose nove*
*17. November 1831*

Erfindungen gibt's! Täglich, überall
Erscheint was Neues, daß wir das erleben!
Tausenderlei soll es fürs Reisen geben,
Fliegen kann man im aufgeblasenen Ball,

Man fährt zig Meilen ganz bequem im Sessel,
Kein Pferd, kein Steuer, nichts von all dem Scheiß.
Kohlen machen auf Schiffen Wasser heiß,
Dann fahr'n sie mit dem Dampf vom Kaffeekessel.

Das werden Reisen! Stell dir vor, ein Christ
Setzt sich in so ein Boot, bis er entdeckt,
Daß er auf einmal bei den Türken ist,

Eh' er was tun kann, findet er sich mitten
Unter den Heiden auf den Pfahl gesteckt
Und merkt jetzt: and're Länder, and're Sitten.

*13. Zeile:* beim Pfählen wurde dem Verurteilten beim After ein spitzer Pfahl in ganzer Länge durch den Körper getrieben, so daß er bei der Schulter wieder herauskam; in einigen Ländern noch bis um 1900 üblich.

1783 war Montgolfier in Frankreich zum ersten Mal im Ballon (mit Heißluft) aufgestiegen; zu Beginn des neuen Jahrhunderts wurden allenthalben neue Versuche gemacht und viel diskutiert.

1825 war vor allem dank Stephensons Vorarbeit in England zwischen Stockton und Darlington die erste Eisenbahn mit Lokomotiven eröffnet worden, ein Ereignis, über das die ganze Welt sprach. Erste Eisenbahn im Kirchenstaat war die Linie

Rom–Frascati; sie wurde am 6. Juli 1856 eröffnet und durchfuhr die 24 Kilometer lange Strecke in 28 Minuten; für die Öffentlichkeit wurde sie am 12. Oktober 1856 freigegeben; ein Jahr später war die Gesellschaft bankrott.

Es gab noch mehr Erfindungen. In ihrer Beilage vom »17 Junius« 1830 berichtet die AZ:

*Erfindungen*

Ein Schwede hat die überaus nüzliche Erfindung gemacht, die Zimmer ohne Anwendung des Holz- oder Kohlenfeuers zu erwärmen. Diese Erwärmung wird nemlich durch eine einfache Maschine hervorgebracht, welche zwei parallel laufende Räder bildet. Diese Räder drehen sich durch eine künstliche Vorrichtung mit äußerster Schnelligkeit, in entgegengesetzten Richtungen, und verbreiten durch die Reibung rings umher eine Wärme, welche jener der Ofenhize ziemlich gleich kommt. Diese Maschine dürfte in holzarmen Gegenden als eine große Wohlthat zu betrachten seyn.

Ein Franzose hat ein Mittel in Vorschlag gebracht, dringende Briefe ohne Courier auf eine bisher unerhört schnelle Weise weiter zu befördern. Die Telegraphen können sich nur auf Mittheilung kurzer Notizen beschränken. Ein eben so schnelles Mittel zur Transportirung langer wichtiger Schreiben sind kanonenartige Wurfmaschinen. Die Kugel ist ein Behältnis, worin die Schriften verschlossen werden. Diese Wurfmaschinen werden in gewisser Entfernung reihenweise aufgestellt, und die Kugel wird mit Hülfe der Pulver- oder Dampfkraft bis zu dem Orte der Bestimmung weitergeworfen. Ob dieser Vorschlag ausführbar ist, wird die Folge lehren.

Eine Transportmaschine anderer Art hat ein Deutscher, in Liverpool ansäßig, in Vorschlag gebracht. Dieselbe besteht in doppeltem Eisendraht, welcher in der Luft auf Pfeilern von einem Ort zum andern als Bahn gezogen wird. An dem Drahte befinden sich Briefbehältnisse, die sich durch eine sinnige Vorrichtung sehr schnell vorwärts und rückwärts bewegen. Bei günstigem Winde läßt sich an dem Behältnisse auch eine Segel aufspannen, wodurch die Bewegung eine ungemeine Verstärkung erhält.

Unter der Benennung: Uhrlichter, hat ein Chemiker zu Aix Kerzen erfunden, welche nach jeder Viertelstunde einen Knall von sich geben, nach jeder Stunde aber zusammen. Diese Kerzen verdienen jenen Personen besonders anempfohlen zu werden, welche in den langen Winterabenden sich die Zeit mit Romanen- und Almanach-Lektüre verkürzen wollen, beim Lesen aber vom Schlafe überfallen werden.

Der Schneidermeister Wildgans aus Mainz hat einen Anzug erfunden, der Halsbinde, Weste, Beinkleid, Ueberrock, Gamaschen in einem Ganzen enthält, und ungemein zweckmäßig ist, sich schnell damit zu bekleiden. Man hat kaum eine Minute nöthig, alle diese Gegenstände komplet am Leibe zu haben. Er bewirbt sich um ein Patent auf diese glükliche Erfindung.

In Neapel fertigt ein gewisser Nicolo Rainoldo sogenannte *Dintenstifte* an, mit welchen man ungefähr ein Jahr lang, ohne sie zu füllen, schreiben kan.

Um den Schnupftabak kühl zu erhalten, macht man in Holland Dosen aus Glas, nach unten mit einem doppelten Boden. Darein wird kleingehaktes Eis in Salz gelegt, und hermetisch verschlossen. Diese Kühldosen werden auch schon in Frankreich nachgeahmt.

In der Schweiz hat ein Schumacher ein Traumloteriespiel erfunden, das in der That sehr ergözt. Eine große Anzahl Kugeln sind mit Bildern bemahlt, welche auf einer Tafel, worauf die neunzig, über Höhlungen geschriebenen Nummern befindlich sind, nach Angabe der Träume roulliren. Z.B. Es hatte jemand von Jagd geträumet, so ziert die Kugel ein Schild usw. Nun wird mittelst einer Vorrichtung die Kugel geschnellt, die Zahl, nach welcher sie fliegt, ist die Nummer des Traums, und die Nummer mag der Lottospieler wagen.

Man macht jezt in Lyon Sonnenuhren, die man in der Tasche tragen kan. Damit ist ein Solometre verbunden, der genau anzeigt, in welcher Richtung die Uhr gehalten werden soll, um von den Sonnenstrahlen die völlige Bestimmung der Stunden bis auf Minuten zu erfahren.

### *Für Feinschmeker*

In Straßburg macht man seit diesem Jahre eine besondere Gattung von Pasteten. Man nennt sie Ragouts d'Ananas und sie haben die Eigenschaft, daß sie nach allen Lekerbissen der Erde schmeken.

Aus Kartoffeln macht man außer Branntwein jezt auch eine Gattung Meth, der aber so berauschend ist, daß der stärkste Trinker nicht ein Glas voll davon ertragen kann.

In Toulon hat man sogenannte Algerier-Klöße verfertigt. Drei sind so nahrhaft, daß acht Matrosen für 12 Tage damit genug haben. Sie sollen, ehe sie gekocht werden, so hart seyn, daß, wie eine französische Zeitung bemerkt – würden den Belagerern die Kanonenkugeln zu Ende gehn – die Raubstaaten mit solchen »Knödeln« beschossen werden könnten.

In der Lausanne fabrizirt man einen neuen Käs, der mit Champagner vermischt wird. Die Zeitung für Köche in Paris bemerkt, daß bisher noch immer etwas gemangelt habe, was als *Käs* einem großen Gastmahl mit Ehren beigesetzt werden könnte. Diese Erfindung hätte dem Uebelstand abgeholfen.

In Neapel wird ein Gefrorenes bereitet, das an Lieblichkeit alle bekannten Eis-Lekereien übertrift. Es wird aus frischen Feigen, Erdbeeren und Muskatlunel bereitet.

In Epernays wird Champagner fabrizirt, der selbst, nachdem die Bouteille 8 Tage geöfnet und der Luft ausgesezt wurde, noch im Glase moussirt. Man nennt ihn Champagner gran merite royal privé. Die Bouteille kostet 15 Franken.

## DER TOD IST SICHER, UNGEWISS DIE STUNDE

*Morte certa, ora incerta*
*22. November 1831*

Zwei dicke Katzen maunzten auf dem Dach,
Ich saß an meinem Fenster, ganz nah dabei,
Da ließ das Miauen mit einem Mal nach,
Und schon spielten sie friedlich Aus-zwei-mach-drei.

Unten sah ich den Jungen aus dem Café,
Und ich merkte, jetzt macht er sich einen Witz,
Schon gab's einen Knall, der tat mir im Ohr weh,
Die zwei Katzen sausten weg wie der Blitz

Und fielen und rollten das Dach hinunter,
Ich sah in den Hof, der Lümmel lief weg,
Es flogen die Katzen, die eine, ganz munter,

Machte es so, wie man's bei Katzen kennt:
Sie fiel auf die Beine und verschwand ums Eck,
Die andere war tot, ohne Sakrament.

Der Spruch stand auf erbaulichen Traktaten, die Bettelmönche oder die Straßenmission verteilten. Belli behandelt das Thema zwar mit leichter Hand, doch ohne jegliche Ironie (M.T. Lanza). Leben und Lebensfreuden beunruhigten ihn: überall kann der Tod lauern, das Ende kommt unerwartet und unerbittlich, ewig ist nur der Schmerz und am Ende die Verdammnis: »Der christliche Pessimismus Bellis geht über den eines Calvin oder Pascal hinaus, es fehlt ihm völlig die Hoffnung auf Gnade.« (Lanza).

Wie Belli so stand auch das Volk von Rom dem Tod nahe. E. Ponti erzählt, wie die Römer an den schönen Oktobertagen,

»*ottobrate* genannt, vor den Toren Roms auf dem Monte Testaccio [Hügel aus antiken Scherben nahe der Cestius-Pyramide] feierten und bis in den Abend hinein tranken und tanzten, bis es auf großen Wagen heimwärts ging. Während nicht wenige Männer kindisch gröhlten, sangen sich die Frauen, begleitet von Tamburinen, von Wagen zu Wagen lustige ›*stornelli*‹ zu [nach bestimmter Form und Melodie gesungene, oft aus dem Stegreif gedichtete Reime, auch Spottverse, entsprechend dem Schnaderhüpfel oder Gstanzl], angestimmt von der Schönsten oder Witzigsten, die sich fand, und die – nach der Regel – oben beim Kutscher stehen mußte. ...Aber bei aller Fröhlichkeit, im Dunkel der Nacht ... senkte sich über die leichtsinnige Gesellschaft ein Vorgefühl des nahen, bleichen Todesmonats... Der November schien seine blassen Schatten vorauszuwerfen und ein vages Gefühl der Furcht, aber Alle ... sangen schallend das Stornell

Ein Hoch der Schönen!
Morgen kommt der Tod und wird sie krönen!«

## UNNÜTZE VORRICHTUNG

*L'ordegno spregato*
*24. November 1831*

Es ist schon tragisch: dieses beste Stück,
Das Jesuschristus Vater Adam gab,
Ist alles andere als ein Zauberstab:
Wenn wir es brauchen wollen, bringt's kein Glück.

Die Eine will nicht oder will die Ehe,
Die Andere hält die Hand auf und will Kohlen,
Bei der und jener kann man sich was holen.
Und immer lauern Pfaffen in der Nähe.

*Heimfahrt vom Herbstfest*

Wie haben es doch unsere Hunde fein!
Die lassen sich das Leben nicht verbittern,
Wo und mit wem sie's tun, kümmert kein Schwein,

Im Beichtstuhl können sie's ohne Gefahr,
Und brauchen nicht, wie Christen, immer zittern,
Den Teufel schert sie Hölle und Vikar.

*Zum 2. Terzett:* Hunde waren tatsächlich in der Kirche keine Seltenheit; Schweizer, die sie verjagten, gab es erst seit 1825 (s. Sonett Seite 19).

Wie es in Roms Kirchen zuging, beschreibt Charles Dickens (»Italienische Reise«) in seinen Aufzeichnungen aus den Jahren 1844/45: »...da gibt es das gleiche Gemisch von Ehrfurcht und Respektlosigkeit, von Glaubenseifer und Gleichgültigkeit: man kniet auf dem Steinfußboden nieder und spuckt darauf; man steht vom Gebet auf, um zu betteln oder sonst etwas Weltliches zu verrichten, kniet dann aufs neue nieder, um die zerknirschte Bitte an dem Punkt wieder aufzunehmen, wo sie unterbrochen wurde. In einer der Kirchen erhob sich eine knieende, ins Gebet versunkene Dame, um uns eine Empfehlungskarte als Musiklehrerin zu überreichen. In einer anderen Kirche unterbrach ein sehr würdiger Herr mit einem dicken Spazierstock seine Andacht, um seinen Hund durchzuprügeln, der einen anderen angeknurrt hatte und dessen Gewinsel und Geheul noch durch die Kirche hallte, nachdem sein Gebieter wieder seine Andacht aufgenommen hatte, ohne allerdings den Hund dabei aus den Augen zu verlieren.«

Von Raumer besuchte am 30. Juni 1839 die Basilika S. Giovanni in Laterano: »Ein Dragoner verwickelte sich mit seinen Sporen so in das Gewand eines Bischofs, daß sie sich kaum loswickeln konnten; ein Symbol der Wirren zwischen Kirche und Staat. Mein Überrock, sagte mir ein Soldat, hindere mich an einer Stelle weiter vor zu gehen [der Rock war wohl zu farbenfroh]; in demselben Augenblick fuhren aber ein Paar

Hunde zwischen uns hindurch in das Allerheiligste; sie hatten allerdings nur Leibröcke an.« (sie hatten nichts an).

*Pianciani:* »Die Pfarrer in Rom haben ungeheure Macht; sie haben jederzeit überall Zutritt unter dem Vorwand, sie müßten die Sitten und die Einhaltung der religiösen Gebote im Hause prüfen. Die Polizei befolgt ihre Anweisungen; sie können sich militärischer Hilfe bedienen. Sie haben amtliche und private Spione und... können... Verhaftungen wegen Ketzerei etc. anordnen. Ihre Aussage gilt vor Gericht als bewiesen.« (s. Sonette Seite 174f. und 184). L. Pianciani »La Rome des Papes«, Basel 1859.

## WAS FÜR CHRISTEN!

*Che cristiani!*
*25. November 1831*

Die Messe hören, die Regierung achten,
Die Seele retten... das sind deine Pflichten!
Vergiß nicht, Christus kommt und wird dich richten,
Und du wirst ewig in der Hölle schmachten.

Nimm doch Vernunft an, Mann, und laß dir sagen:
Man kann sich nicht vorm Höllenfeuer drücken.
Im Winter wird dir das vielleicht noch glücken,
Im Sommer geht es dir dann an den Kragen.

Der arme Jesus! Der ist angeschmiert
Und findet Scheißdreck, wo er Heilige sucht,
Dafür kommt er als Brot und Wein maskiert!

Bei Gott, die Frau'n sind Huren, jede Frau,
Die Kerls sind Lumpen, alle sind verflucht,
Wer schert sich noch um Christus? Keine Sau.

*1. Zeile:* die Regierung war 1831, sechzehn Jahre nach der Restauration durch den Wiener Kongreß, wieder in Gefahr: überall brodelte es, und der Kirchenstaat, der seit dem Jahre 800 bestand, hatte noch knapp 50 Jahre zu leben. Die zweifache Funktion des Papstes als weltliches Staatsoberhaupt und Oberhaupt der Kirche hatte zu seltsamen Folgen geführt: denn den Herrscher haßte das Volk, während es den Pontifex Maximus liebte (die aus der heidnischen Antike Roms entlehnte Bezeichnung für den obersten Priester, der die Brücken = lateinisch pontes zwischen den Welten schlagen sollte, wurde früh für den Papst übernommen). Der Volkszorn war 1831 auf seiner Höhe, als die letzten Karnevalstage wegen der drohenden Revolution verboten waren (s. Sonett Seite 239); weil aber zugleich das geistliche Amt von der Rebellion bedroht war, brachte das Volk dem Papst eine Ovation: ein Zug »armer Leute und Handwerker« zog mit Fahnen zum Vatikan, um Seiner Heiligkeit, nicht dem Herrscher, »ihre Ergebenheit zu bezeugen«, wie die AZ am 22. Februar berichtete: »Der Zug machte auf dem Petersplaze, bei dem Obelisken, Halt, und sie baten, der heilige Vater möchte ihre Fahne segnen. Der Papst, von der Sache unterrichtet, trat ans Fenster und ertheilte die gewünschte Benediction, worauf ein großes Jubelgeschrei ertönte. Als aber darauf Seine Heiligkeit in ihren Wagen stieg, stürzte das Volk hinzu, küßte ihm Gewand, Hände, Füße, spannte die Pferde aus, und zog ihn im Triumphzug von dannen. Das Gedränge vermehrte sich aber auf dem Wege zu Tausenden, und, um der bei solchen Fällen unvermeidlichen Verwirrung zuvorzukommen, befahl der Papst, als der Zug bei der Chiesa nuova angekommen war, umzukehren, worauf er dann nach dem Vatikan zurückgezogen ward, und die Menge sich verlief.« Dieses Beispiel ist typisch und mag manchen scheinbaren Widerspruch in Bellis Sonetten erklären (s. auch Sonette Seite 68 und 223 f.).

*7. und 8. Zeile:* die Sterblichkeit war im Sommer höher als im Winter.

*1. Terzett:* durchaus ernstgemeinte Simplifizierung des Meßopfers in den kath. Kirchen, bei dem der Priester Brot und Wein in Leib und Blut Christi verwandelt.

*13. Zeile – … Lumpen (… ladri…):* Belli hat dem Sonett zu dieser Stelle den Vermerk zugefügt: *»Iperbole non secondo l'opinione dell' autore.«* (»Dichterische Übertreibung, nicht Ansicht des Autors.«).

## DER TAG DES GERICHTS

*Er giorno der Giudizzio*
*25. November 1831*

Vier riesige Engel mit Posaunen stehen
An den vier Ecken, blasen das Signal,
Und eine Donnerstimme wie aus Stahl
Ertönt: »Ihr, die wir suchen, laßt euch sehen!«

Und aus der Erde steigt's in sonderbaren
Reih'n: Skelette, erst auf allen Vieren, dann
Nehmen sie die Gestalt von Menschen an,
Die sich wie Küken um die Glucke scharen,

Und diese Glucke wird der Herrgott sein,
Er trennt die weißen von den schwarzen Schafen
Und teilt sie streng für Dach und Keller ein.

Wie Glöckchen klingt's zum Schluß, es kommt mit Pracht
Die Schar der Engel, und als ging' man schlafen,
Macht sie die Lichter aus und … Gute Nacht.

Vigolo dazu in seiner Fußnote: »Wuchtige Verse von dumpfem Klang mit all den geschlossenen und akzentuierten o, die wie das Echo eines Donnergrollens durch die Reime hallen. Das Bild der vier Riesenengel ist im Ton jener barocken Architektur gehalten, die der Römer überall vor Augen hat, in Tabernakeln wie an den Ecken der Paläste... Das Sonett ist extrem typisch für den surrealen Belli, mit einem Stil und Geschmack, der seiner Zeit weit voraus war ... hier das über die Maßen Gigantische und gewissermaßen von kindlicher Fantasie Geträumte, dort die fabelhafte Einfalt, zugleich von beißender Ironie, die am Ende den Dichter von seiner Imagination trennt wie bei einem Spiel, das plötzlich in nichts endet.«

Carlo Muscetta (Cultura e poesia del Belli) widerspricht Vigolo und sieht nichts Surreales, Träumerisches. Für ihn ist Belli ein Realist, der gar nichts anderes habe sein können angesichts der harten Realitäten seiner Zeit, die ihn bedrängten und formten. Muscetta begründet das tiefer: ganz sicher habe Belli seine Meisterschaft gefunden, als er einen neuen Weg beschritt, nämlich den des Realismus. »Belli gehörte von Haus aus zu den Traditionalisten, sein Ehrgeiz war es, anspruchsvolle Verse in Hochsprache zu schreiben. Er glaubte wohl in den Jahren 1830–40 (in dieser Zeit schrieb er die Mehrzahl seiner 2279 Sonette) immer noch daran, nur hier könne er zu Ruhm kommen und wußte selbst nicht, daß er mit den Sonetten im Romanesco bereits auf dem Weg zum Nachruhm war.« Ihn beeinflußten allerdings, meint Muscetta weiter, wie auch Goethe, Manzonis (eher realistischer) Roman »Die Verlobten«; Goethe las ihn im Juli 1827, zur gleichen Zeit kaufte sich Belli das Buch in Mailand und schrieb dann begeistert auf das Titelblatt: Der erste Roman der Welt! Goethe sagte am 18. Juli 1827 zu Eckermann, Manzonis Roman überflügele alles, was er in dieser Art kenne; später, beim Lesen des dritten Bandes, schränkte er sein Lob wegen der historisierenden Darstellung ein.

Belli notierte sich daraus in seinem »Zibaldone« Sujets für

Themen (wie er es später auch beim Lesen von Boccaccios »Dekameron« tat). Alessandro Manzoni (der Dichter lebte von 1785–1873) lernte übrigens im hohen Alter Belli in der Morandi-Ausgabe von 1869 kennen und äußerte dazu, er sei ein Bewunderer des Dichters im Romanesco, »wenn auch mit dem schuldigen Vorbehalt«. Muscetta nimmt an, daß sich Manzonis Reserve auf die seinem eigenen Stil so fremden *»parolacce«* (die drastisch-obszönen Kraftwörter) bezieht. Um Bellis literarischen Bildungsweg zu kennzeichnen, verweist Muscetta darauf, daß er begierig die Romane des Vorromantizismus gelesen hat, wie z.B. Rousseaus »La nouvelle Héloise«, aber auch die Voltaires, Madame de Staëls, Walter Scotts, und die realistischen Balzacs; Belli lehnte die rhetorische, vielfach künstliche Geistigkeit des Romantizismus ab, wie zahlreiche seiner Anmerkungen beweisen; da erregt sich Belli einmal über metaphysische Dunkelheit: sie lag ihm nicht; Belli, sagt Muscetta, habe die ideale, göttliche Welt des Manzoni zwar bewundert, doch war es nicht seine Welt: »Manzoni beschreibt zwar das Volk, doch immer leicht ironisierend, er ist gegenüber einfachen Leuten distanziert. Belli hingegen hat sich in sie hinein versetzt und läßt sie reden, läßt sie die Dinge mit ihren eigenen Augen sehen, die sie dann mit eigenen Worten nach dem eigenen Verstand beschreiben.«

Das Bild der vier Engel kommt aus der Offenbarung des Johannes 7,1–2: »...und danach sah ich vier Engel stehen auf den vier Ecken der Erde ... und ich sah einen anderen Engel ... der ... schrie mit großer Stimme zu den vier Engeln, welchen gegeben war zu beschädigen die Erde und das Meer...«

Das Bild der Glucke ist aus dem Evangelium des Matthäus 23,37: »...wie oft habe ich deine Kinder versammeln wollen, wie eine Henne versammelt ihre Küchlein unter ihre Flügel...«

# DAS LEICHENBEGÄNGNIS LEOS XII.

*Er mortorio de Leone duodecimosiconno*
*26. November 1831*

Das war ein Bild! Es ging schon auf die Nacht,
Da kam der Zug. Der Papst lag friedlich da
Und nickte mit dem Kopf. Ich stand ganz nah.
Ein Engel, dacht' ich, der sein Schläfchen macht.

Gedämpfte Trommeln schlugen Takt zum Schritt,
Trompeten, dumpf, mit hohlem Ton, voran,
Die Bahre mit dem Baldachin kam dann
Und Schlüssel und Tiara zogen mit.

Dahinter und drumrum natürlich Pfaffen
Und Fackelträger, Böller – alte Brocken –
Und Nobelgarden, aufgeputzt wie Affen.

Kaum war der Tote vor das Tor getragen,
Bimmelten von den Türmen alle Glocken,
Sie tun schon was für uns, das muß man sagen!

Papst Leo XII. war schon seit 1829 tot. Belli hat Wahrheit und Dichtung vermischt; der Papst war auch nicht im Quirinal, sondern im Vatikan gestorben, wurde also nicht im Leichenzug durch die Stadt geführt, wie es bei anderen, früheren Päpsten der Fall war.

Leo XII., aus adliger Familie, war päpstlicher Nuntius in Bayern mit Sitz in Augsburg und später beim deutschen Reichstag in Regensburg gewesen, 1816 Kardinal und 1823 Papst geworden; sein Gegenkandidat war Kardinal Consalvi (s. Seite 18). Leo machte sofort viele Reformen Consalvis rückgängig. Beim Volk machte er sich unbeliebt, weil er die

»*cancelletti*« einführte (s. Sonett Seite 28 f.) und die brutalen Viehhetzen verbot, die fast jeden Freitag das Vergnügen der Römer gewesen waren: das meist von Norden kommende Schlachtvieh wurde von der Piazza del Popolo über die Via del Corso bis zum Tritone (hier weideten damals noch Kühe) gejagt und dabei gequält, bis es aufgeteilt und bei den verschiedenen Schlachtplätzen war; der neue Papst ließ vor der Porta del Popolo einen zentralen Schlachthof anlegen.

Die Strenge Leos XII. – er ließ die Inquisition wieder aufleben – auf der einen Seite und seine persönliche Frömmigkeit und Bescheidenheit auf der anderen sind die Ursachen dafür, daß er ganz verschieden beurteilt wurde. Stendhal schreibt, er sei »in seiner Jugend wegen seiner Schönheit berühmt gewesen und man nahm an, daß er den Verführungen nicht immer widerstanden habe, denen er hierdurch ausgesetzt war. Seine Feinde verstiegen sich sogar zu der Behauptung, er habe mehrere Kinder von Madame P. in Rom und einer vornehmen Dame in München gehabt. Diese Gerüchte waren in Rom, das eine große Hauptstadt und zugleich ein kleines Nest ist, sehr verbreitet. Wie dem auch sei, seit mehreren Jahren hatte er diese Jugendsünden, wenn er sie je begangen hatte, durch tiefe Frömmigkeit wettgemacht. Ein Umstand, der ihm zahlreiche Stimmen sicherte, war die Tatsache, daß er bereits siebzehnmal die Sterbesakramente empfangen hatte und jedes Jahr nahe daran war, an einer Blutung zu sterben.« – Schlimm hat Leo die Juden behandelt. Rechte, die ihnen die französische Besatzung beschert hatte, wurden aufgehoben; die Juden durften nicht außerhalb des Gettos wohnen und mußten beim abendlichen »Ave-Maria-Läuten« dort sein, wollten sie nicht arretiert oder ausgepeitscht werden; die Judenpredigten – bisher auf fünf im Jahr eingeschränkt – wurden wieder wöchentlich in der Kirche S. Angelo in Pescheria gehalten: das Erscheinen einer bestimmten Anzahl von Juden, meist dreihundert, war Pflicht; wer einnickte, den weckte der Wächter mit dem Ochsenziemer; der Zweck, der solche Mittel heiligte, war die Bekehrung zum Christentum. Papst Pius IX. schaffte den barbarischen Brauch ab.

Farini machte beim Tode Leos XII. eine Bestandsaufnahme. Auf die Aktivseite setzte er die Verwaltungs- und Justizreform, auch die Herabsetzung der Gerichtskosten; ferner die Verbesserung des Schulwesens und den Bau neuer Hospitäler; auf die Passivseite aber setzte er seine reaktionäre Voreingenommenheit und unerbittliche Härte, die mehr an die eigene Macht, nicht aber viel an Menschlichkeit und das Morgen dachte, und geistige Leere und Haß hinterließ: »Und die hemmungslosen Ausbrüche gegen die Liberalen, diese Inquisitoren in geistlichem Gewand und Richter in der Mönchskutte, dieses Vermengen von Religion und Politik, die Kleriker im Bunde mit den Häschern, dies Den-Thron-über-den-Altar-Stellen, all das machte Regierung und Geistliche verhaßt bei frommen Gläubigen, bei der zukünftigen Jugend und bei den Laien mit Bürgersinn, die sich im Herzen empörten über die anmaßende Klerisei ... so kam es dazu, daß man diesem Rom, den Kardinälen, dieser Priesterherrschaft jede Schändlichkeit nachsagte und zutraute.« (s. Sonett Seite 141)

## DIE PÄPSTIN JOHANNA

*La papessa Giuvanna*
*26. November 1831*

Sie war 'ne Frau und sagte sich: egal,
Die Schürze weg, jetzt werde ich Soldat
So wurd' sie Priester, kurz darauf Prälat,
Dann Bischof und auf einmal Kardinal.

Da starb der Papst, vergiftet, wie sie sagen,
– Er war gesund, nie hat ihm was gefehlt –
Sie wurde daraufhin zum Papst gewählt
Und feierlich zum Heiligen Stuhl getragen.

Dann ist's passiert. Sie war noch kaum gesalbt,
Kam schon die Sache raus: sie kriegte Wehen
Und hat 'nen Sprößling auf den Thron gekalbt.

Seither ist in den Thron ein Loch geschnitzt,
Nun kann man immer fühlen oder sehen,
Ob da ein Papst oder 'ne Päpstin sitzt.

Die Päpstin hat nie existiert – das kann man heute mit Sicherheit behaupten. In der Mitte des 13. Jahrhunderts tauchte sie als Sagenfigur auf, an deren wirkliche Existenz man lange geglaubt hat (und wohl hier und da immer noch glaubt). Sie wurde auch Frau Jutte genannt.

Der 1261 verstorbene Dominikaner Stephan de Bourbon erwähnt sie in seinen Aufzeichnungen, lange Zeit einzige Quelle, bis sich herausstellte, daß er die Geschichte vermutlich aus einer Chronik des Dominikaners Jean de Mailly übernommen hat; diese stammt ebenfalls aus dem 13. Jahrhundert und wurde im 19. Jahrhundert in der Berner Bibliothek aufgefunden. Jean de Mailly soll die Sage nach dem Volksmund aufgezeichnet haben. Das war kein Zufall: die Dominikaner standen damals nicht gut mit Papst Bonifaz VIII. (1294–1303) und sammelten alles, was dem Papsttum schaden konnte. Boccaccio (1313–1375) gibt die Legende in seinem »Dekameron« wieder; er nennt die Päpstin Gilberta. Nach der Überlieferung war sie Engländerin, studierte in Mainz, lebte später mit ihrem Liebhaber, einem Mönch, in Athen und kam dann, als Mann verkleidet, nach Rom, wo sie durch ihr großes Wissen auffiel. In den Jahren 855–858 soll sie Papst gewesen sein (nach dem Tode Leos IV.), andere verlegen die Amtszeit um das Jahr 1100, so auch die Chronik des Martin von Troppau, die man jahrhundertelang für zuverlässig hielt. Nach zwei Jahren Amtszeit soll die Päpstin, erzählt die Chronik, bei einer Prozession in vollem Ornat auf dem Wege vom Lateran zum Vatikan, genauer, auf der Straße vom Kolosseum zur Kirche San Clemente, vor aller Augen ein Kind zur Welt gebracht haben, wobei sich ihr wahres Geschlecht herausstellte.

Seitdem, so hieß es, mieden die Päpste bei Prozessionen den Weg über diese Straße, auch müßten sie sich nach vollzogener Wahl auf einen durchbrochenen Stuhl setzen, damit ihr Geschlecht mit einem Griff festgestellt werden konnte.

Soweit die Legende, hier nun Tatsachen:

1. Es ist richtig, daß die Päpste sich um das Jahr 1000 einmal entschlossen haben, bei Umzügen vom Lateran zum Vatikan einen anderen Weg als bisher zu nehmen; das soll aber geschehen sein, weil die alte Straße zu eng war.

2. Unter Papst Paschalis II. ist es im Jahre 1099 rein zufällig Sitte geworden, daß sich der neugewählte Papst im Lateran auf einem durchbrochenen Porphyrsitz niederließ, der aus dem antiken Rom stammte; dort waren aber Sitze solcher Art überall zu finden (unter freiem Himmel zum Ablauf des Regenwassers).

Beide Umstände haben die Fantasie des Volkes angeregt, weil ja doch etwas Wahres an der Sache war, wie man zu erkennen glaubte.

Mitte des 17. Jahrhunderts hat schon der französische Theologe David Blondel schlüssig, wie man sagt, nachgewiesen, daß es nie eine Päpstin Johanna (oder anderen Namens) gegeben hat. Der deutsche Theologe Johann Heinrich Kurtz schreibt in seinem 1858 erschienenen »Handbuch der allgemeinen Kirchengeschichte« immerhin noch: »Der Sage ... muß zwar nach den vorliegenden Zeugnissen alle historische Geltung abgesprochen werden; dennoch ist sie, auch abgesehen von der teils am Tage liegenden, teils nur geargwöhnten Fälschung der Akten, als ein noch immer ungelöstes und wahrscheinlich nie zu lösendes Rätsel der historischen Kritik zu bezeichnen.«

In seinem später (1874) erschienenen »Lehrbuch der Kirchengeschichte für Studierende« schreibt Kurtz über den vermutlichen Ursprung der Sage: »Am wahrscheinlichsten deutet man sie als eine Satire auf das liederliche Weiberregiment unter den ausschweifenden Päpsten.« Tatsächlich wurde die Päpstin unter dem Namen Johann VII. eine Zeitlang in den offiziellen Registern geführt, aber schon im späten Mittelalter nicht mehr mitgezählt (siehe dazu Johann Joseph Ignaz von Döllinger »Die Papstfabeln des Mittelalters«, Stuttgart 1890).

Im Lateran gab es zwei der durchbrochenen Porphyrsitze; Papst Leo X. soll sie 1513 zuletzt benutzt haben. Sie waren später im Vatikanischen Museum und wurden 1796 von den Franzosen nach Paris gebracht. Einer der Sitze wurde 1815 an das Vatikanische Museum zurückgegeben und ist heute noch dort zu sehen.

## DER GUTE RAT

*Er bon consijo*
*27. November 1831*

Was fängst du schon mit den paar Groschen an?
Heiraten, Haus, Familie … Optimist!
Ich sage dir, was du nachher noch bist:
Ein kleiner, armer, kinderreicher Mann.

Schlag dir doch diesen Blödsinn aus dem Sinn!
Denk nach: es kann mal schwere Zeiten geben.
Wer keine Frau hat, der genießt das Leben,
Mit Weib und Kind sitzt du im Elend drin.

Du willst's nicht anders? Also, bitte schön.
Nimm aber nicht dies Lieschen ohne Geld,
Geh lieber schnell nach einer Reichen sehn.

Sonst nimm 'ne Hübsche! Die nützt dir am meisten,
Wenn sie auch andern Leuten gut gefällt,
Dann kannst du dir bald Pferd und Wagen leisten.

*Zum letzten Terzett:* Liebschaften von Angehörigen der besitzenden und herrschenden Klasse mit einfachen Frauen waren an der Tagesordnung; Not und Leichtsinn hier und Reichtum und lockere Moral dort führten zu Zuständen, die Karl Vossler – für die Zeit Bellis – so beschreibt: »...das ganze Leben dieses transteverinischen Völkchens spielt sich ab auf dem dunklen, unheimlichen Hintergrund der allertraurigsten politischen Zustände. Wir ... befinden uns am Vorabend der Revolution. Die Mißwirtschaft des Klerus, die Erbitterung und das Elend des Volks, die moralische Verworfenheit der Unterdrückten und der Unterdrücker hat ihren höchsten Punkt erreicht.«

Heuchelei und Günstlingswirtschaft trieben bizarre Blüten; hier ein Beispiel, das Stendhal (»Reise in Italien« 1911), überliefert hat: »Über die Methode, wie man im niederen Volk zu Vermögen kommt, höre man die Meinung meines Schusters: man hüte sich sehr, arbeitsam, fromm und bieder zu sein. Man macht Skandal, amüsiert sich, geht mit hübschen Frauen auf den Testaccio; der Skandal verbreitet sich im Stadtviertel; plötzlich aber wird man von der göttlichen Gnade betroffen und überantwortet seine Gewissenspflege irgendeinem fratone (einem Kapuziner oder Barfüßer, der bei einflußreichen Kardinälen verkehrt), man arbeitet tagsüber fleißig in seiner Werkstätte, um sich abends vorsichtig zu zerstreuen, man gibt Almosen, und in fünf oder sechs Jahren ist man guter Kundschaft, Fürsten und Fremden empfohlen und steht an der Spitze eines renommierten Geschäfts.«

*letzte Zeile:* von Kölle: »Nach den Begriffen des Volks ist ein Signore, wer in einem eigenen Wagen fährt.«

Kennzeichnend die aus Bellis Zeit stammende Charakterisierung Roms durch die »sechs P« = *Papa, preti, principi, puttane, pulci, poveri* = Papst, Priester, Fürsten, Huren, Flöhe, arme Leute (Eleanor Clark »G.G. Belli: Roman poet«, The Kenyon Review, Nr. 1 Winter 1952, Ohio).

## UND WIE IST'S DA?

*E fora?*
*7. Dezember 1831*

In Spanien warst du, wegen deiner Felle?
Sprechen die in Paris tatsächlich so…
Immer was and'res, mein' ich: für Topf Po,
Oder vom Arsch für Käse, oder Floh für Welle?

Ham die 'nen Mond und Sterne, so wie hier?
Fahr'n da auch Kutschen? Haben die Lokale?
Haben da Häuser Treppen und Portale?
Pinkeln die in den Nachttopf so wie wir?

Sind Mauern da aus Holz oder aus Mauer?
Lad'n die auch Holz am Tiberufer aus?
Schmeckt Treviwasser in Paris auch sauer?

Wer ist da Papst? Geh'n Buckelige krumm?
Tragen die Unterhosen? Auch im Haus?
Und schwirrt da auch in Rom so alles rum?

Belli machte sich gern über die Ignoranz und Selbstgefälligkeit von Spießbürgern lustig, die nichts als Rom kannten und anderswo nichts als Rom vermuteten. Dabei amüsierte er sich

– hier wie in anderen Sonetten – über verballhornte oder mißverstandene Wörter aus fremden Sprachen; besonders das Französische hatte nach der Besatzungszeit um 1800 seine Spuren hinterlassen, auch beim Volk von Trastevere, und hier meist in komischer Weise. Ein Beispiel: Bellis neugieriger Ignorant fragt im Romanesco des Originals, was die Franzosen wohl damit meinen, wenn sie immer wieder von »sieben Hähnen« sprechen, also von »sette galli« (c'est égal). Übrigens entstanden komische Wörter aus fremden Sprachen nicht immer unfreiwillig: beim Einzug Napoleons in Düsseldorf am 2. November 1811 lag den Behörden daran, den Kaiser freundlich zu empfangen, und man forderte die Bevölkerung auf, Hochrufe auf Französisch auszubringen; dabei sollte man einfach an eine alte Frau mit einer Petroleumlampe denken. So rief denn das Volk »Ahl Wief Lamperöhr!« was dem Kaiser angenehm als »Vive l'Empereur!« im Ohr klang. Zur Einfalt gewisser Leute in Italien schrieb von Raumer 1839: »Es ist gewiß ein Fortschritt, daß die Italiener nicht mehr jenseits der Alpen bloße Barbarei vermuten; sondern endlich anfangen zu reisen und fremde Sprachen zu lernen... Das nördliche, das protestantische Deutschland ist den meisten völlig unbekannt, oder gilt für einen Sitz unzählbarer Gräuel.« Es ist nicht auszuschließen, daß allzu unbekümmerte Rom-Deutsche zu einem solchen Bild beigetragen haben. (s. Seite 153 f.)

# DAS SIEBENTE SAKRAMENT, DIE EHE

*E settimo, Madrimonio*
*9. Dezember 1831*

Man muß ganz ehrlich sagen, fast all das
Hat Sinn, was Gott gemacht hat. Jeder weiß,
Er will den Sommer trocken und sehr heiß,
Dafür macht er den Winter kalt und naß.

Er wollte Schinken und erschuf das Schwein,
Das Menschenfleisch ist für den Staat gemacht.
Und Türken? Sogar die sind fein erdacht:
Die Hölle kann nie ohne Nachschub sein.

Die heilige Ehe ist ihm nicht geglückt.
Vielleicht hat er geschlafen, statt zu walten,
Vielleicht hat auch der Satan ihn gezwickt.

In Frankreich haben sie das wohl erkannt:
Wer heiratet, wird für saublöd gehalten
Und Ehe wird da Mariearsch genannt.

*Die sieben Sakramente der katholischen Kirche:* Taufe, Firmung, Abendmahl, Buße, Eheschließung, Priesterweihe, Letzte Ölung; die protestantische Kirche kennt zwei Sakramente: Taufe und Abendmahl.

*letzte Zeile:* im Original stellt Bellis Römer dem französischen mariage das Wort maraccio gegenüber, das im Romanesco Schlachtermesser bedeutet; die Endung *-accio* wird im Italienischen an alle möglichen Hauptwörter gehängt, wenn der Begriff verächtlich gemacht werden soll, z.B. *dottoraccio* = miserabler Arzt, *donnaccia* = übles Weib; Belli läßt in dem Sonett »*Le giubilazione*« (= Pensionierung) einen verbitterten

Diener sprechen, dem – nach jahrelangen treuen Diensten – sein Herr nach seinem Tod nichts hinterlassen hat; er schimpft auf Rom und nennt es *»Romanaccia«:*

In dem Scheißrom da mußt du Hörner tragen
Und deine Alte muß 'ne Nutte sein,
Dann geht's dir gut, dann hast du nichts zu klagen!

(s. Seite 58)

## IM VORZIMMER DES MONSIGNOR SCHATZMEISTERS

*La sala de Monsignor Tesoriere*
*8. Januar 1832*

Der Chef hat es mir anvertraut vorhin:
Die Ebbe in den Kassen ... alles klar!
Der Jude, der Roncilli, zahlt in bar,
Er hat dem Papst eine Million gelieh'n.

Jetzt zahlen sie vielleicht auch die Gehälter,
Und machen mal mit diesem Jammer Schluß,
Daß man schön beten soll und betteln muß,
Wer war denn hier noch gerne Angestellter?

Zu diesem Wunder hat uns Gott geführt.
Er, der ja auch der Sünder Seelen kennt,
Hat diesem Jud das harte Herz gerührt.

Der Papst bringt den bestimmt zum Sakrament,
Bekehrt ihn, macht ihn fromm, wie sich's gebührt
Bei einundsechzigkommanull Prozent!

*Zum Titel:* ...des Finanzministers; auch dies Amt hatte ein Kardinal; Belli läßt einen der im Vorzimmer beschäftigten Bediensteten zu seinen Kollegen sprechen.

3. *Zeile:* die – bei allen fremdländischen Namen in Italien übliche – Verballhornung des Namens Rothschild; selbst der Fürst Chigi schreibt den Namen nicht besser als »Rothscild«; gemeint ist Carl Rothschild, der vierte der fünf Söhne von Mayer Amschel Rothschild, dem Begründer der Dynastie; Carl hatte 1827 das Bankhaus in Neapel gegründet.

4. *Zeile:* die Anleihe war höher, s. unten

*letzte Zeile:* die Zahl bezieht sich auf den tatsächlich ausgezahlten Betrag. Ein Bericht der AZ: »Rom, 4 Dec. [1831] Die hiesigen politischen Angelegenheiten halten sich schwebend in einem wenig veränderlichen Zustande. Geldmangel und Anarchie versezen den Staat in eine Krankheit de langueur [=von Schwäche], welche stets die langwierigsten sind. Die Pariser Blätter vom 21 v.M. verkünden den Abschluß der päpstlichen Anleihe von 15 Millionen Franks mit Rothschild; während in Rom diese Angelegenheit noch heute tiefstes Geheimniß ist. Ob man hier die Bedingungen zu unchristlich gefunden, ob die hier angegebenen dort angenommen seyen, bleibt zweifelhaft ... Wichtiger wohl wäre zu wissen, was geschehen wird, wenn mit gefüllten Taschen der Muth im Herzen erwacht.«

Bericht der AZ: »Rom, 17 Dec. [1831] Die vielbesprochene Anleihe ist endlich zustande. Man wollte die Klostergüter nicht verpfänden, und so stellte Rothschild harte Bedingungen, denn die Anleihe steht auf des Papstes Namen und verpflichtet den Nachfolger nicht.«

Bericht der AZ: »Rom, 10 Jan. [1832] Der Baron Rothschild ist immer noch hier. Am verwichenen Mittwoch hatte er nebst Torlonia Audienz beim Papste. Der herzogliche Wechseler hatte nach seiner Rückkehr aus Paris nebst den Fürsten Chigi und Orsini den großem Orden des heiligen Gregors empfangen und erschien nun sterngeschmükt. Der heilige Vater war überaus gnädig; Hr. v. Rothschild küßte ihm die Hand, und verließ den Audienzsaal sehr befriedigt...«

Bericht der AZ: »Rom, 11 Febr. [1832] Furcht herrscht in den Gemüthern der elenden Bewohner. Der Staat ist trotz der Anleihe fast eben so arm als zuvor.«

Die Anleihe blieb nicht die einzige; Bericht der AZ: »Rom, 21 Aug. [1832] So ist nun die neue Anleihe der Gegenstand aller Gespräche; sie ist so gut wie abgeschlossen. Wie im verflossenen Jahre beträgt die Nominalsumme 3,000,000 Scudi; 62½ Prozent werden ausbezahlt, und nach Abzug der Kosten mögen 61 Prozent übrig bleiben. Bei der vorigen Anleihe zu 65 Prozent waren die Kosten so groß, daß nicht einmal 60 Proz. Netto blieb; im Ganzen ist daher dis Geschäft etwas vortheilhafter für den Staat...«

Im Zusammenhang stehen zwei Aufzeichnungen aus dem Tagebuch des Fürsten Chigi: »1832 – 22. August: Die Regierung soll mit Rothscild (!) eine Anleihe vom 3 Millionen Scudi vereinbart haben.«

»1833 – 10. Sept.: Man spricht von einer neuen Anleihe. Rothscild hat 3 Millionen Scudi zu einem Satz von 80% gegeben. Rothscild kam dieserhalb von Neapel nach Rom.«

Farini berichtet, daß in den Jahren 1829–30 sich die Staatsschulden auf 400 000 Scudi beliefen; am Ende der Jahre 1831–33 waren es schon 8 187 000 Scudi; sie beliefen sich 1846 auf 39 Millionen Scudi. Farini beziffert auch die Steuereinnahmen; sie beliefen sich aus direkten Steuern im Jahr auf ca. 3 Millionen Scudi, die indirekten – aus dem Salz- und dem Tabakmonopol, Post, Lotto und Zöllen – auf ca. 6 Millionen Scudi; die Verwaltungskosten lagen pro Jahr um 23 % bei den direkten Steuern, bei den indirekten durchschnittlich bei 25 %; Farini erwähnt auch »eine der runiösen Anleihen von Rothschild« zu einem Zinssatz von 65 %.

Währungseinheit im Kirchenstaat war der Scudo (eigentlich = Schild); ein Scudo teilte sich in zehn Paoli oder 100 Baiocchi; ein Baiocco war fünf Centesimi wert; es gab noch den Carlino

= 7,5 Baiocchi, ferner den Lambertino = zwei Paoli; es gab auch den Quattrino, der ungefähr den Wert von einem Centesimo hatte; der Baiocco wurde auch Soldo genannt.

Einige Beispiele zur Veranschaulichung des Geldwertes:

– in einer einfachen Osteria kostete der Fiasco Wein (= zwei Liter minus einem Glas) 2 Baiocchi und weniger; in einem guten Restaurant der beste Wein 15 Baiocchi.

– eine Familie von vier bis fünf Personen mußte am Tage 52 Baiocchi für ihre Lebensmittel aufwenden (Ponti), im Monat also 16 Scudi.

– eine solche Familie zahlte für zwei Zimmer und Küche eine Monatsmiete (1830) zwischen 1 und 3 Scudi.

– der deutsche Maler Ludwig Richter, der in den Jahren 1823–26 in Rom lebte, mußte für sein möbliertes Zimmer an der Via di Porta Pinciana 3 Scudi Monatsmiete zahlen (Richter: »Stühle, Tischchen, Bett, dreiarmiger Messingleuchter, keine Vorhänge, die Fliesen locker, Türen und Fenster undicht...«). Man nahm es von den Fremden; ein großer Teil der Römer lebte vom Zimmervermieten; die Saison war kurz, sie dauerte von November bis Ostern.

– eine Reise mit der Postkutsche von Rom nach Genua kostete 27 Scudi 27 Baiocchi, nach Bologna 14 Scudi, nach Terni 3 Scudi, nach Nepi 1 Scudo 58 Baiocchi (Ponti).

Das Sonett erschien in einer französischen Prosaübersetzung ohne Namen und Wissen des Autors 1846 in Paris (E. Briffault »Le sécret de Rome au XIX$^{e}$ Siècle); es wurde dort 1861 nachgedruckt; es erschien, immer anonym, 1853 in Turin *(»I misteri della Roma contemporanea«);* die 2. Ausgabe 1861 brachte es erneut, das Sonett wurde jetzt auf den Index gesetzt; 1862 erschien es in Paris *(»Il poeta Trasteverino«)* mit 22 anderen Sonetten im Dialekt und dreien in Hochsprache. Im Ausland erschien es, entstellt und gekürzt, und immer im Dienst der antipäpstlichen Propaganda.

## DIE VERKÜNDIGUNG

*La Nunziata*
*12. Januar 1832*

Die Jungfraumaria saß friedlich zu Haus.
Es sauste was rein wie der Blitz so schnell,
Sie löffelte gerad' ihre Suppe aus,
Da stand vor ihr der Erzengel Grabiel.

Er war durch ein Loch im Fenster gekommen,
Für den Kurier des Messias nicht schwer,
Eine Lilie hatte er mitgenommen
Und sagte das Avemaria her

Und sprach zur Madonna: Liebliche Braut,
Du bist schwanger, ohne daß du es weißt,
Und zwar seit Pfingsten. Gott hat dich getraut.

Da sagt' sie: ihr müßt es wissen im Himmel
Denn vielleicht war's ja der Heilige Geist.
Ich weiß nicht mal, was das ist, so ein Pimmel.

*Camilucci:* »Der Dialog ist ein hervorragendes Beispiel für die – der Kunst im allgemeinen nicht gegebene – Möglichkeit, Reinheit des Herzens mit ganz roher, drastischer Ausdrucksweise in Einklang zu bringen.« (St.B.)

*3. Zeile:* Verdrehung des Namens Gabriel.

Die Verkündigung Mariä in familiärer Bibelauslegung; man kann sich vorstellen, daß ein Großvater seinem Enkel die Geschichte erzählt (s. Sonette Seite 67, 69f., 144, 156).

Piromalli erklärt solche Bibelauslegungen der einfachen Leute mit deren Mißtrauen gegen den Klerus; Geistliche erklären umständlich, was man in einfacher Darstellung viel besser verstehen kann. (St.B.)

*Das letzte Terzett* entspricht dem Evangelium des Lukas 1,34:

> Da sprach Maria zu dem Engel,
> wie soll das zugehen, sintemal ich von
> keinem Manne weiß?

## DIE BESCHNEIDUNG DES HERRN

*La circoncisione der Signore*
*12. Januar 1832*

Der kleine Jesus war eine Woche alt,
Die Madonna, in Lumpen bis zu den Ohren,
Hatte ihn zwischen Vieh im Stall geboren.
Im Heu, ein Jammer, denn es war bitter kalt.

Der Vater mußte, entsprechend den Sitten,
– Ich sage Vater, ob er's war, ist nicht klar –
Mit dem Sohn in den Tempel, und am Altar
Wurde dem Kleinen der Zipfel beschnitten.

Über dreißig Jahre gingen ins Land,
Dann hat der Johannes den Jungen getauft,
In einem großen Tiber, Jordan genannt,

So kam er zum Glauben, wie jeder weiß,
Und hat sich von da an als Christ verkauft:
Von Wetterfahnen halte ich einen Scheiß.

## MENSCHEN DER NEUEN WELT

*L'ommini der monno novo*
*19. Januar 1832*

Sag' das mal Pater Patta, ja, den mein' ich,
Den, der im Beichtstuhl »Komm schon Junge!« sagt.
Ich kenn' die Stänker selber: wenn man fragt,
Sind sie sich gegen alles Gute einig.

Weg mit dem alten, weg mit den Gesetzen!
Freimaurer-Redereien, hirnverbrannt!
Sie haben große Worte, doch Verstand,
Den hab'n sie nicht, sie können nichts als schwätzen.

Sie meinen, weil sie brüllen, hab'n sie Köpfe,
Fürsten und Herren sollen aufs Schafott,
Dann wollen sie regieren, diese Tröpfe.

Hör' nicht auf diese Esel! Sag' es ihnen:
Esel seid ihr! Berufen sind von Gott
Fünf oder sechs, die anderen sollen dienen.

In Rom hatte sich ein Beichtiger namens Pater Patta einen Namen gemacht; er gab sich nie mit dem zufrieden, was seine Beichtkinder an Sünden angaben, und so ermunterte er sie mit dem Ruf *»Figlio, venite davanti!«* = Komm schon, Junge! Bei unglaubhaften Angaben oder der Versicherung, dies seien alle Sünden, pflegte er zu sagen *»Datela ad intendere a questi coglioni!«* = Das kannst du meinen Eiern hier erzählen! und dabei deutete er auf die betreffende Stelle seines Körpers; das verschaffte ihm Popularität und Zulauf.

*6. Zeile – Freimaurer:* gemeint sind die Liberalen. Schon 1830 und während des ganzen Jahres 1831 hatte es in mehreren Städten des Kirchenstaats blutige Unruhen und Aufstände gegen die Herrschaft des Papstes gegeben; Gregor XVI. hatte sie mit Hilfe österreichischer und französischer Truppen unterdrückt; 1831 hatte Giuseppe Mazzini (1805–1872) als geistiger Führer des italienischen Radikalismus aus dem französischen Exil den Geheimbund »Giovine Italia« = Junges Italien gegründet und ein Manifest veröffentlicht; darin stand: »... wir behaupten, daß infolge der Aufstände Italiens im Jahre 1831 sich die Trennung zwischen dem ›jungen Italien‹ und den Männern der Vergangenheit vollzogen hat.« (Egon Erwin Kisch »Klassischer Journalismus«) Mazzini trug wesentlich zur späteren Einigung Italiens bei, war auch Vorkämpfer eines vereinigten Europa. (s. Seite 185)

## HERRSCHER VERGANGENER ZEITEN

*Li soprani der monno vecchio*
*21. Januar 1832*

Ein König tat einst dies dem Volke kund:
»Hört! Ich bin ich, damit das jeder weiß,
Und ihr seid Lumpenpack, ihr seid ein Scheiß,
Ihr seid ein Dreck, drum haltet euren Mund.

Ich spreche Recht und habe alle Rechte.
Ich kann euch Pack verkaufen, wenn ich will.
Ich häng' euch auf, und ihr, ihr haltet still,
Ihr lebt bei mir zur Miete und seid Knechte.

Wer mitbestimmen will, braucht einen Titel.
Ich, Papst und Kaiser haben was zu sagen,
Und sonst hat niemand Stimme im Kapitel.«

Zum guten Schluß schickte der König noch
Den Henker aus, er sollt' das Volk befragen.
Das Volk schrie laut: »Der König lebe hoch!«

Das Kapitel war im Kloster wichtiger Versammlungsraum, es gab Domkapitel, auch Zünfte und Logen brauchten den Namen für ihre eigentlichen Versammlungen.

## WER NACHTS NOCH AUSGEHT, KANN DEM TOD BEGEGNEN

*Chi va la notte, va a la morte*
*21. Januar 1832*

Was dir passieren kann! Hör dir das an:
Gestern, acht Uhr ... es gießt, Testa-spaccata,
Ich gehe rüber in die Via Lata,
Weil man im Dunkeln da gut gehen kann,

Das dacht' ich, ja, so denken soll man nie.
Santa Maria ... jemand stürzt heraus
Und rennt mich um, ich stolpere, rutsche aus
Und schlage aufs Gedächtnis, aber wie!

'Ne Kutsche kommt, mit Kutscher und Lakai,
Fährt auf mich zu – grad will ich Amen sagen –
Und rollt im Ochsentrab haarscharf vorbei...

Halt! schreit laut der Lakai ... Halt! ruft ein Reiter
Da sagt ein dünnes Stimmchen aus dem Wagen:
Fahr zu, allons! Wer stirbt, der stirbt, fahr weiter!

Es liegt ein Motiv des Satirendichters Giuseppe Parini zugrunde: *Chi va a piedi, ha sempre torto* = wer zu Fuß geht, hat immer Unrecht (Parini richtete sich vor allem gegen das sittenlose Leben des Mailänder Adels, 1729–99); er wandte sich damit gegen das rücksichtslose Fahren der Pferdekutschen, besonders deren des Adels, die in den engen Straßen viele schwere Verkehrsunfälle verursachten.

Bericht des römischen Korrespondenten der AZ: »Rom, 9 April [1833] In ganz Europa gibt es keinen Ort, wo die Kutscher so wüthend durch die Straßen jagen, die Reiter so wild galopiren.«

Belli kannte auch den Satz Rousseaus (in *»La nouvelle Héloïse«* lettre XVI.): »Wer zu Fuß geht, gehört nicht zur Welt: es sind Bürger, Leute aus dem Volk, Wesen einer anderen Welt: man könnte sagen, die Kutsche braucht man nicht zum Transport, sondern um zu existieren ... oder nicht zu existieren.«

2. *Zeile – Testa-spaccata (gespaltener Kopf):* Name einer Straße, zerstört beim Bau des monumentalen Denkmals für Viktor Emanuel II. an der Piazza Venezia, auch Altar des Vaterlandes genannt; die Straße hatte ihren Namen von einem dort in die Mauer eingelassenen – gespaltenen – antiken Frauenkopf, der heute im Thermenmuseum (dort Nr. 129) steht.

Der Erzähler ging zur Via del Corso hinüber, die früher Via Lata hieß; den gleichen Namen trägt noch heute eine kleine Straße hinter dem Palazzo Doria am Corso, an deren Ecke die Kirche Santa Maria steht.

Die Rechtlosigkeit des kleinen Mannes, der Armen, ist Thema vieler Sonette. Die theokratische Pyramide habe schwer auf dem Volk gelastet, schreibt Maria Teresa Lanza.

»Die Szene ist beherrscht von Gebräuchen, Mißbräuchen und rücksichtsloser Gewalt, die dieses Rom unheilbar verderben und es mit all seinen Vikariaten, Tribunalen, Ämtern, Kongregationen und Palästen zur ›Abortgrube der Welt‹ [Belli in dem Sonett *»Li prelati e li Cardinali«*] macht. Von all den Institutionen kommen für das Volk nur Rügen, Verbote,

Einschüchterungen, Strafen; dagegen bringt das Volk nur Eingaben, Bittschriften, Schmähungen und Flüche auf. Zwischen Herrschenden und Untergebenen, Reichtum und Elend gibt es kein Gespräch (wenn nicht auf niedrigster Ebene durch perfide Vermittlung des Kuraten Polizeikommissars oder des Bruders ›Missionar‹); aber immer ist da das unmittelbare, unwiderlegbare Zeugnis des allgegenwärtigen Dienstboten *[servitore]*, der sieht, hört und weitererzählt; und er urteilt scharf, wie es kein anderer könnte.«

Das soziale Gefüge im Rom des Kirchenstaats ist einfach dargestellt: es gab – mit graduellen Unterschieden – Arme und Reiche. Die wenigen Reichen gehörten dem Adel oder dem Klerus an; die wenigen Bürger, die es zu Reichtum brachten, wurden häufig mit geistlichen Ehrentiteln bedacht, wenn sie nur devot genug waren; eine dünne Zwischenschicht stellten erfolgreiche Handwerker, Advokaten, Ärzte, Techniker, Straßenbauer, Wirte und andere freie Berufe und Kleinunternehmer; eine Arbeiterschicht gab es nicht, dafür die unverhältnismäßig große Zahl der in herrschaftlichen Häusern Bediensteten; die Angestellten in der Verwaltung waren meist empfohlene Söhne verdienter oder wohlhabender Bürger und Adeliger (es gab zahlreiche Verarmte dieses Standes), aber auch ehemalige Zöglinge aus Klöstern und Kollegien; etwa 70 Prozent der 150000 Einwohner bildeten ein Proletariat, das zum Teil von Gelegenheitsarbeiten lebte, 50000 (von Reumont) lebten von der Wohltätigkeit, die auch die Scharen der Bettler und Diebe in Anspruch nahmen. (Der Kirchenstaat hatte 2,8 Millionen Einwohner.)

Im Juli 1838 meinte der Berichterstatter der AZ: »In keinem Orte der Welt gibt es mehr und unverschämtere Arme als in Rom.«

Von Reumont (1838): »Die Armuth unter den niedern Classen in Rom ist sehr groß. Doch es mag wenige Orte geben, die in Hinsicht der Zahl des Umfangs und der Bedeutung der Wohlthätigkeitsanstalten mit Rom sich messen können. Nirgend lebt ein verhältnismäßig so großer Theil der Bevölkerung von Almosen; aber, zum System und für das Volk zur Ressource werdend, sind sie das schlimmste Palliativmittel.«

Von Raumer (1839): »An milden Stiftungen ist Rom überreich: für Alte, Kranke, Wittwen, Waisen, Bettler, Gefangene, Hausarme u.s.w. Der Papst giebt jährlich an 22,000 Scudi Almosen; allein am Krönungstag desselben werden 2,400 Scudi vertheilt. Von 1,400 Mädchen, die jährlich in Rom heirathen, werden 1,100 ausgestattet ... Alle diese Anstalten haben Armuth und Bettelei eher vermehrt, als vertilgt...«

Farini (Rückblick auf die Jahre 1815–50) beklagt die Lust der Römer an Müßiggang und Vergnügen, aber auch deren Mißbrauch seitens des Klerus: »Besonders in Rom, wo Nichtstun die Tätigkeit Vieler ist, wo man *spettacoli* [= unterhaltende Darbietungen] besonders liebt, wo man das Jahr hindurch mit der Prozession geht, war es einfacher als anderswo, die amüsierfrohen Gemüter politisch umzukrempeln und die geistlichen Prozessionen zu politischen Umzügen zu machen.«

Delius (1854): »Die Armuth scheint jetzt groß genug; schaarenweise kommen am Morgen die Campagnolen vom Lande herein, um in der Stadt zu betteln; dazu kommen noch die ständigen städtischen Bettler ... Aber nicht allein auf der Straße tolerirt man diesen Mißbrauch, sondern auch in den Cafés, die fortwährend von Bettlern durchstrichen und dadurch in einen beständigen Zugwind versetzt werden. An Polizei fehlt es sonst keineswegs, aber ihr Amt scheint nur zu sein, politische Wühlereien und unehrerbietige Aeußerungen gegen die Regierung ans Tageslicht zu bringen.« (Delius war ein Romfahrer aus Bremen)

Außer der Wohltätigkeit, in deren Genuß man am besten durch Kriecherei und Protektion kam, wurde nicht viel für eine Besserung der Zustände getan. Eine geordnete Schulausbildung gab es nicht; die führende Schicht ließ ihre Kinder durch Hauslehrer oder in geistlichen Bildungsanstalten erziehen; die Armen hatten meist nicht mehr gelernt als das, was ihnen der

Pfarrer über den Katechismus erzählt hatte; wer wollte, besuchte die unter der Aufsicht des Bischofs stehenden Elementarschulen; Begabte und Bestrebte konnte der Pfarrer fördern, indem er sie der geistlichen Laufbahn empfahl; nicht Wenige gaben diese nach einiger Zeit der Ausbildung auf und wurden Lehrer oder Angestellte; man bereitete sich hier auch auf die Universität vor.

## DIE EHRLICHE HURE

*La puttana sincera*
*28. Januar 1832*

Was?! Ich ’nen Tripper? Darf ich da mal lachen?
Ich bin ein sauberes Mädchen und kein Schwein,
Sieh dir mein Hemd an: kann das reiner sein?
Da kann sich keine Lilie weißer machen!

Ich hol’ mir Schwänze, ja, und nicht zu knapp,
Den Schnupfen hab ich dabei nie gekriegt,
An jedem Sonntag stelle ich mein Licht
Vor dem Altar bei der Madonna ab.

Hör’ mal, mit uns ist doch bestimmt was drin,
Riskier’ ein Pfund, ich zeig dir, was ich kann,
Du dankst nachher dem Himmel auf den Knien.

Ich seh’ das doch, du bist kein armer Mann,
Schmeiß’ deine Mäuse nicht der Falschen hin,
Komm, gib ein Pfund und stell dich nicht so an.

Vossler erwähnt das Sonett als eines jener, auf dessen »Wiedergabe an dieser Stelle verzichtet werden muß«; s. Seite 146.

Über das Thema wurde damals auch in Italien nicht viel

geschrieben; man sprach auch nicht darüber, höchstens Männer unter sich; nicht einmal die fremden Rombesucher mochten das Tabu berühren. Montaigne tat es immerhin 1581 (»Tagebuch einer Badereise«, Stuttgart 1963), später Görres 1825 und von Kölle 1833.

Der Erstere erzählt, wie sich »die Kurtisanen« an den Fenstern ihrer Wohnungen »mit einer so durchtriebenen Kunst zu zeigen verstehen...« und wenn er dann vom Pferd sprang und »es erreichte, daß mir geöffnet wurde, konnte ich darüber staunen, wieviel hübscher sie am Fenster scheinen als sie in Wirklichkeit waren.« Sie verhüllten sich so geschickt, daß man nicht eine einzige häßliche am Fenster sah: »Und die Männer scheinen nur auf der Welt zu sein, um vor diesen Fenstern den Hut zu ziehen, tiefe Verbeugungen zu machen und im Vorübergehen einen feurigen Blick zu erhaschen. Wenn man die Nacht für einen Taler oder für vier bei ihnen geschlafen hat, dann darf man ihnen am nächsten Tag die Cour auf die gleiche Weise öffentlich machen.«

Von Kölle widmete den »gefälligen Schönen« ein Kapitel unter der diskreten Überschrift »V. v.« (Venus vulgivaga = die Umherschweifende).

»Keine Stadt«, schreibt er, »bietet auf den ersten Anblick so sehr das Bild strenger Sittlichkeit, als Rom. Die Nymphen, welche in andern Städten von der Abenddämmerung bis Mitternacht ihre Reize ... feil bieten, die Winke vom Fenster, das Beäugeln im Schauspielhaus vermißt der neu Angekommene ganz, und macht den Eingewohnten nicht selten mit seinen Klagen lachen. Wenn er aber einmal Nachts über den spanischen Platz langsam geht, oder Abends allein durch die Lauben des Palasts Chigi schlendert, so schleicht ein Bursche, welchen er für einen herrenlosen Diener oder für einen Polizeispion nimmt, an ihn heran, und frägt leise; *Comanda niente?* [= Wünschen Sie nichts?]. Je größerer Neuling er ist, und das sieht der Römer dem Reisenden auf den ersten Blick an, desto ausgesuchtere Waare erhält er, stellt sich aber bald auf eigene

Beine und wagt hiebei ungefähr so viel als anderwärts. Nur sind die gefälligen Schönen alle Dilettantinnen, Frauen, welche übel mit den Männern leben, oder von diesen nicht genug Putz und Vergnügungen erhalten, Modehändlerinnen, Tänzerinnen, zuweilen Glieder sehr rechtlicher Familien, welche jeden Römer mit Sprödigkeit abweisen würden. Daher die Erscheinung, welche allen Nordländern so sehr auffällt, daß nach dem zweiten Besuche zuweilen ganz unbefangen von Heirathen gesprochen, daß diesem Wesen ganz der Anstrich einer Intrigue gegeben wird ... so hart die Strafen dieser armen Geschöpfe sind, wenn sie verklagt werden, keinen Fürsprecher haben, oder gegen den Pfarrer oder einen Spion des Vicariats [der Kardinalvikar war oberster Ankläger und Richter] spröde gewesen sind. Manche empfangen auch bei Tage Besuche, ja hängen zum Zeichen Canarienvögel vor die Fenster, ohne je von den Behörden belästigt zu werden. Andere geben ihr Stelldichein in leerstehenden meublirten Quartieren, andere besuchen den Freund da, wo er wohnt, nur wollen sie von keiner andern Frau gesehen werden. Krankheiten sind so häufig wie anderwärts, auch in den höheren Ständen. Oeffentlich unterhalten werden wenige, aber den Eheherren sehr schöner Frauen fehlen gute Posten nie [= die Frauen haben reiche Liebhaber; s. Sonett Seite 57f.].

Einer wurde Wittwer, und bat den Freund seiner seligen Frau, ihm eine zweite auszusuchen ... Alles dieses wird übrigens mit großer äußerer Decenz ... und feinem Tact ... getrieben, so zwar, daß Cardinal Gabrielli durchsetzte, daß die Straße erst um zwei Uhr nach Mitternacht beleuchtet wurde, in welcher seine Schöne wohnte, bei welcher er seit zehn Jahren seinen Abend zuzubringen pflegte ... Von Angriffen eifersüchtiger Ehemänner und Geldprellereien hört man selten, häufiger von Heirathen, welche Mädchen dadurch erzwingen, daß sie sich mit dem Liebhaber ertappen lassen.« Von Kölle beschreibt, wo die Huren früher wohnten, und wie es 1833 ist: »Jetzt wechseln sie je nach der Strenge des Pfarrers die

Quartiere, und scheinen besonders mit den Pfarrern zufrieden zu seyn, welche zugleich Mönche sind. Auch hier kommt Alles darauf an, daß man sich nicht erwischen lasse. Unter Leo XII hatten diese armen Geschöpfe desto schlimmern Stand, je genauer er ihr Wesen studirt hatte.«

Farini berichtet über die Folgen der Zuständigkeit des Kardinalvikars als Ankläger und Richter auch bei Sittlichkeitsdelikten; damit sei die Priesterschaft in die Welt der Dirnen hineingezogen und prüfe eifrig die Geheimnisse der käuflichen Liebe, wobei sie den Versuchungen nicht immer wiederstehe; das wiederum habe zu Anschuldigungen und Verleumdungen geführt.

## DAS HEILIGE JAHR

*L'Anno-Santo*
*7. November 1832*

Na endlich, Gott sei Dank! Nun ist es da
Das Heil'ge Jahr, die Freude ist begründet:
Der Papst hat selbst das Jubelfest verkündet,
Und alle Christen schrei'n Hallelujah!

Den harten Sündern geht's besonders fein:
Bereust du, sind verziehn die Übeltaten,
Du darfst nur keiner von den Renegaten
Und Jakobinern oder Juden sein.

Aus ist's im Fegefeuer mit der Pein,
Da wird die Kette aus dem Ring geschraubt,
Und in die Hölle kommt dies Jahr kein Schwein.

Geh zu den sieben Kirchen hin zum Büßen,
Streu dir ein bißchen Asche auf das Haupt,
Und schon liegt dir das Paradies zu Füßen.

Belli in seiner Fußnote: Der Besuch der vielen Kirchen wurde von den Päpsten mit zahllosen Ablässen belohnt.

Belli hatte 1832 keinen aktuellen Anlaß, etwas über das Heilige Jahr zu schreiben. Das letzte hatte 1825 unter Papst Leo XII. stattgefunden; »verkündet« hatte es der Papst am 27. Mai 1824. Es war dann aber als ein ganz besonderes »Jubeljahr« begangen worden: das sonst alle fünfundzwanzig Jahre gefeierte Ereignis hatte 1800 ausfallen müssen, Folge der politischen und kriegerischen Unruhen nach der französischen Revolution und den späteren französischen Angriffen auf Papst und Kirchenstaat. Die »Heilige Pforte«, die nur zur Eröffnung eines »Heiligen Jahres« geöffnet wird, blieb übrigens auch 1850 verschlossen – aus Kummer über die Erhebung gegen Papst Pius IX. (1846–78) – und wurde auch 1875 nicht geöffnet, aus Protest gegen die Annexion des Kirchenstaates durch das neue Königreich Italien und gegen den Verlust aller weltlichen Macht des Papstes nach dem Einzug italienischer Truppen in Rom 1870.

Belli wollte mit dem Sonett Ablaßbräuche anprangern, die in den »Jubeljahren« besondere Blüten trieben. Der Ablaß, ein Erlaß sogenannter zeitlicher Sündenstrafen nach Reue und Bußwerken, kam vor allem den Rompilgern zugute. Zu den Bußwerken gehörte auch der Besuch bestimmter Kirchen, ursprünglich einmal St. Peter und St. Paul mit ihren Apostelgräbern. Später wurde es den Pilgern schwerer gemacht; um den vollkommenen Ablaß zu erhalten, mußten sieben Kirchen besucht werden. Wie anstrengend das war, von den Strapazen der Reise nach Rom einmal abgesehen, hat Goethe beschrieben (Italienische Reise, Bericht aus Rom, März 1788). Während beim Heiligen Jahr 1950 noch vier sogenannte Patriarchalbasiliken zu besuchen waren, blieb 1975 nur noch eine vorgeschrieben, wobei übrigens auch der Besuch der Katakomben zählt (s. Sonett Seite 123); heute ist es auch erlaubt, bis ans Ziel zu fahren. Dabei und bei Einhaltung bestimmter Gebote wird auch heute noch den Pilgern der »vollkommene Ablaß« gewährt.

Starken Anteil an der Romfahrt hatten schon in frühen Zeiten deutsche Pilger. Der Engländer Winfrit, bekannt als Heiliger Bonifazius und Begründer des Klosters Fulda, der im 8. Jahrhundert lebte, begründete die Sitte der Pilgerreise nach Rom, und deren Zweck war ursprünglich nur der Besuch der Apostelgräber. Seit 1300 kam mit der Ablaßgewährung ein neuer Anreiz hinzu. 1300 wurde übrigens auch die Einrichtung des Heiligen Jahres begründet (s. dazu Hubert Jedin: »Die deutsche Romfahrt von Bonifazius bis Winckelmann«, Krefeld). Zuerst sollte es nur alle 100 Jahre, dann alle 33 Jahre stattfinden, bis 1475 der noch heute gültige Turnus von 25 Jahren eingeführt wurde.

Zeitgenössische Quellen (nach Ermanno Ponti: »Roma, visioni storiche di un secolo fa«, Rom 1925) geben die Zahl der Rompilger im Jubeljahr 1825 mit über 375.000 an, die meisten waren allerdings Italiener. Einmal wurden an nur einem Tage des Jahres 50.000 auswärtige Besucher in Rom gezählt. Sie wurden in eigens für das Jahr gebauten Unterkünften beherbergt und verpflegt. Eines der festen großen Pilgerhospize war S. Trinità dei Pellegrini beim Campo dei Fiori; schon 1575 waren zum Heiligen Jahr dort täglich 8.000 Pilger verpflegt worden; 1825 wohnten und aßen hier während dreier Tage im November 23.900 Männer und 15.754 Frauen, betreut von 350 ehrenamtlich tätigen Mitgliedern der Bruderschaft der Dreieinigkeit (trinità); oft gab ein Kardinal im roten Gewand und mit vorgebundener weißer Schürze den Pilgern die Suppe aus.

*Renegaten:* der Religion abtrünnig Gewordene

*Jakobiner:* zu Bellis Zeiten ein Schimpfname für Liberale. Nach der französischen Revolution war mit Hilfe Frankreichs die jakobinische »Römische Republik« ausgerufen worden, die sich nur 20 Monate hielt (1798/99); Pius VI., Papst von 1775–1799, weigerte sich, auf seine Souveränität zu verzichten und wurde als Gefangener nach Frankreich gebracht, wo er starb; Papst Pius VII. (1800–1823) dem anhaltenden Druck Frankreichs entmachtet, verhaftet und später in Fontainebleau gefangen gehalten; erst 1814 wurde er wieder in sein Amt eingesetzt (Restauration). Die italienischen Jakobiner waren übrigens eine Minderheit geblieben; das Volk hielt ungeachtet seiner erbärmlichen Lage während all der schweren Jahre zu seinem Papst. Vielfach war zu beobachten, daß man zwar den Papst bekämpfte, wo er als weltlicher Herrscher auftrat, ihn aber – bei aller Kritik – als Oberhaupt der Kirche respektierte. Damit erklären sich auch viele vermeintliche Widersprüche bei Belli. (Über die Rolle der Jakobiner in Italien s. Antonio Cretoni: »Roma Giacobina«, Neapel 1971).

*Juden:* sie wurden vom Volk und der führenden Schicht gleichermaßen verachtet. Ihre Leidensgeschichte während achtzehn Jahrhunderten in Rom beschreibt in fesselnder Weise der Kulturhistoriker Ferdinand Gregorovius (1821–1891) in »Der Ghetto und die Juden in Rom« (in »Wanderjahre in Italien«, erschienen zuerst 1853 in der »Allgemeinen Zeitung«, neuerschienen 1967 in München). Romreisende sollten Gregorovius' Bericht lesen: sie werden das noch heute von zahlreichen Juden bewohnte alte Getto mit den seltsamen Läden nahe der Synagoge am Tiber mit anderen Augen sehen und vieles besser verstehen.

Den Juden war früher einmal von Kaiser Augustus, also zu Beginn unserer Zeitrechnung, Trastevere als Wohnort zugewiesen gewesen, bis sie etwa hundert Jahre später durch Kaiser Domitian wieder von dort vertrieben wurden; später siedelte man sie dann in dem Stadtteil auf der anderen Tiberseite an, der ihr Getto wurde. Im Tagebuch des Fürsten Don Agostino Chigi aus den Jahren 1830–55 (»Il tempo del Papa-Re«, Mailand 1966) lautet ein Vermerk vom 4. Juli 1847: »Heute gab man beim Tor di Quinto ein Volksfest, um die Menge zu beruhigen, die sich empört hatte, weil man angeblich den Juden gestatten wollte, auch außerhalb des Gettos zu wohnen.«

Belli hat dieses Sonett in Terni geschrieben, wo seine Frau Grundbesitz hatte, den er verwaltete; es war seine letzte Reise dorthin; später reiste er nur noch einige Male nach Perugia, um dort seinen Sohn im Kolleg (Gymnasium) zu besuchen.

*Kette:* das Bild entspricht der Vorstellung des Volks vom Fegefeuer, wo man an die Mauern gekettet werden würde.

## DAS RAUCHEN

*Er fumà*
*7. November 1832*

Der Teufel hol' dich, Mann, du rauchst dich tot!
Guck dein Gesicht an, grüner als das Gras,
Die Rippen stehen dir raus, ich sag dir was:
Jesus am Kreuz sah besser aus, bei Gott!

Kanarienvögel wiegen mehr als du,
Doch die Zigarre geht bei dir nicht aus,
Fleisch hast du drauf wie eine tote Maus,
Daraus macht sich kein Zwerg mehr ein Ragout.

Du merkst nicht mal, daß bei der Sauerei,
Du blöder Hund, schon deine Haare stinken,
Die Schwindsucht kriegst du und noch allerlei.

Mensch, überlaß die Qualmerei den feisten
Mönchen da mit den dicken Hinterschinken,
Die sind schön fett, die können sich das leisten!

Belli selbst rauchte nicht; sein Sonett beweist, daß damals schon Rauchen nicht nur als ein harmloses Vergnügen angesehen wurde; man rauchte Zigarren, aber auch Pfeife. Wie Belli sich gegen das Rauchen stellte, geht auch aus einem anderen Sonett zum gleichen Thema, aber in reinem Italienisch, hervor, das Belli ebenfalls 1832 schrieb; es wurde 1839 in einer Anthologie Bellischer Lyrik von seinem Verleger Salviucci veröffentlicht und ist bis in die jüngste Zeit in italienischen Lesebüchern erschienen.

*13. Zeile:* gemeint sind die Barfüßer, die ihr Kloster am Platz des Jupiter Capitolinus auf dem Kapitol hatten; Belli nahm sie des öfteren als böses Beispiel: s. dazu Sonett Seite 120.

Wie bis zur Mitte des 19. Jahrhunderts in vielen Ländern Europas, gab es auch in Rom ein Rauchverbot auf den Straßen; es war im Mai 1851 verschärft worden. Chigi schreibt dazu (11., 12. und 16. Mai 1851): »Der Tabak- und Zigarrenverkauf ist merklich zurückgegangen.« ... »Wer mit der brennenden Zigarre angetroffen wird, hat mit Gefängnisstrafe *[galera]* von 1–3 Jahren zu rechnen, es sei denn, die Strafe fällt in besonderen Fällen höher aus.« Drastischere Strafen für Rauchen in der Öffentlichkeit gab es Mitte des 17. Jahrhunderts in Rußland: es wurde mit dem Abschneiden der Nase geahndet. Übrigens hatte auch Friedrich der Große hundert Jahre später Rauchen auf offener Straße verboten, und zwar wegen der Feuersgefahr; seltsamerweise war es innerhalb der nicht eben feuersicheren Häuser erlaubt.

Belli ging es nur um die Gesundheit; er war seiner Zeit voraus.

## DIE ARME

*La poverella*
*13. November 1832*

Mein Wohltäter, gebt was, seht, wie ich frier,
Gebt reichlich, tut's um der Madonna Lohn!
Mein Mann ist krank, drei Kinder haben wir,
Kein Essen und kein Bett seit Wochen schon,

Ihr gebt was, schöner Herr, ja, gebt ihr mir?
Wir schlafen nachts auf Stein am Pantheon,
Viel schlechter als zur Weihnacht das Quartier
Vom Jesuskind im Stall, dem Gottessohn.

Madonna! Jeden Hund rührt unsere Not,
Sie rührt euch auch, mein schöner Kavalier,
Helft, gebt was für ein kleines Stückchen Brot!

Mein schöner Herr, wir haben nichts zum Leben,
Ich stände doch sonst ganz bestimmt nicht hier...
Gott segne euch! Er wird's euch wiedergeben.

1855 war das Sonett in »*Il Fiore, Strenna poetica italiana per l'anno 1855*« ohne Namen und Wissen des Autors veröffentlicht worden. Empört schrieb der dem Herausgeber: »Kein Mensch hat mich um die Verse gebeten; keinem habe ich sie gegeben; ich kann sogar sagen, ich habe sie nie geschrieben, so entstellt finde ich sie in dem Buch, voller Dummheiten und erfundener Bemerkungen. Im übrigen, sollte ich wirklich je eine Bagatelle dieser Art geschrieben haben, dann zu meinem eigenen Vergnügen und nicht zur Veröffentlichung.«

1855 war Belli schon als Berater des Theaterzensors Papst Pius' IX. tätig; aus Sorge um die Karriere seines Sohnes Ciro, auch innerlich schon distanziert von seinen römischen Sonetten, leugnet er halb und halb die Urheberschaft sogar bei einem so harmlosen Werk. 1855 befanden sich fast sämtliche Sonette in der schon erwähnten – zum Verbrennen bestimmten – Kassette wieder im Besitz des Monsignore Tizzani, der nach der Niederlegung seines Amtes als Bischof von Terni Militärkaplan geworden und nun Kanonikus und Generalprokurator von San Pietro in Vincoli (Kirche und Konvent) war. Im Februar 1855 hatte Tizzani vom Papst nach dreijährigen Bemühungen die Erlaubnis bekommen, ein frommes Werk Bellis in Hochsprache in der päpstlichen Druckerei und auf deren Kosten herauszugeben; 1856 erschienen dann die »Hymnen des römischen Breviers«; sie brachten Belli nicht viel ein: von der kleinen Auflage (500 Exemplare) behielt sich die »Stamperia Camerale« 250, die anderen 250 bekam der Autor; von dem geringen Erlös mußte Belli den größten Teil als Trinkgelder *(mancie)* an Setzer, Drucker, Boten und Portiers *(uscieri)* abgeben.

Belli setzte dem Sonett diese Fußnote hinzu: »So hängen sich die nicht ganz verkommenen Bettlerinnen an. Die Worte dieses Sonetts müssen eilig und mit weinerlichem Nachdruck gesprochen werden.«

Zum Thema Armut s. die Seiten 71–74.

Dickens: »In ganz Italien drückt ein Schütteln der (gehobenen) Hand mit ausgestrecktem Zeigefinger vom Gelenk aus strikte Verneinung aus, die einzige Verneinung, die von Bettlern verstanden wird.« Wer sich das Rezept einprägt und im Bedarfsfall dann die wie ein Metronom pendelnde Hand mit dem gestreckten Zeigefinger in Mundhöhe bewegt, wird auch noch heute damit Erfolg haben.

Von Bunsen berichtete nach Berlin: »Als der Papst kürzlich von der großen Zahl der Bettler und ihrer Frechheit hörte, befahl er dem Staatssekretär des Inneren, Kardinal Gambrini, alle nicht in Rom Geborenen sofort auszuweisen und den privilegierten Bettlern ein Blechschild zu geben, das sie auf dem Ärmel ihres Rockes – natürlich, wenn sie einen solchen

*Bettler*

besitzen – tragen sollten. Der Gouverneur vom Rom [Polizeiminister] erfuhr von diesem Befehl erst durch die Maueranschläge; wie gewöhnlich hatte man diese ungeheuerliche Maßregel wieder getroffen, ohne jemanden zuvor zu benachrichtigen. Der Gouverneur erklärte dem Papste, daß diese Maßregel grausam sei, da die meisten der Armen doch nur nach Rom gekommen seien, um dem Hungertode in der Heimat zu entgehen. Er schloß mit dem Hinweis, daß er für die Ruhe in der Stadt nicht garantieren könnte. Dieses Argument erreichte, was der Appell an die christliche Liebe nie erreicht hätte; man verschob die Ausführung des Befehls auf unbestimmte Zeit. So bekämpfte die Furcht eine von der Furcht diktierte Maßregel. Nach einigen Tagen verschwand das Dekret gegen die Bettler von den Straßenecken getreu dem römischen Sprichwort: »Ein römisches Gesetz wird am ersten Tage angeschlagen, am zweiten gelesen, am dritten abgerissen.« (s. Sonett Seite 174 f.)
(Karl Freiherr von Bunsen wurde 1824 Gesandter beim Heiligen Stuhl und 1838 wegen des Streits um die Mischehen abberufen.)

## PAPST LEO

*Papa-Leone*
*25. November 1832*

Bevor Papst Leo zu den Würmern ging,
Die ihm nichts lassen als die alten Knochen,
Da sind ihm alle in den Arsch gekrochen:
Am liebsten täglich einen Treueschwur!

Was hatte er doch für ergeb'ne Diener!
Er war so gütig, er war so gelehrt,
Die Gegner waren allesamt nichts wert
Und nichts als Lumpen, Gauner, Jakobiner.

Kaum war er hin, er war noch nicht ganz tot,
Wurde der gute, kluge Heilige Vater
Ein Ochs, ein Esel und ein Idiot.

So geht's dem großen Mann wie Kleinen auch:
Die Mäuse hüpfen um den toten Kater
Und tanzen Menuett auf seinem Bauch.

Der Papst war 1829 gestorben: s. Sonett Seite 52.

Ettore Paratore schreibt u. a.: »Charakteristisch ... ist, wie der Dichter zwischen sich und den Gegenstand seiner Fantasie die Mentalität des einfachen Mannes stellt; immer sieht er das Bild durch die Augen oder die Brille des schlichten und naiven Menschen aus dem Volk ... Nehmen wir das Sonett ›Papst Leo‹. Hier begegnen wir einem weiteren Aspekt, nämlich einer Humanität, die Belli nicht nur beim kleinen Mann aufzuspüren versteht. Das ist ein Aspekt, den ich hervorheben möchte: wir sind oft dem Menschlichen ganz nahe, beim Mann aus dem Volk so unmittelbar wie beim Prälaten, dem Kardinal oder dem Papst, wie in diesem Fall; uns erscheint der Mensch schlechthin, in seinem Elend, seinen Hoffnungen, seinen Enttäuschungen und bei allem, was das Leben an grausamen Schlägen bereithält...« Das hier ist allermenschlichste Versinnbildlichung des sic transit gloria mundi [so vergeht der Ruhm der Welt] (St.B.)

*Die 4. Zeile im Original:*

Der uns mehr wert war als ein Dreier im Lotto

eine Redensart, die bedeutet: sowas kommt alle Jubeljahre vor. Das italienische Lotto hat neunzig Zahlen; sie können fast mit beliebig hohem Einsatz einfach, zu zweien *(ambo)*, dreien *(terno)* bis zu fünf gespielt werden; ein *terno* bringt z.B. 4250-fachen Gewinn des Einsatzes.

## DER ERSTE DEZEMBER

*Er primo descemmre*
*1. Dezember 1832*

Aus die Saison, Bälle, Theater ... Schluß.
Heut' Nacht kommt die Madonna in die Zeit,
Noch zwei, drei Wochen, dann ist Weihnachtszeit,
Für die man erst neun Tage beten muß.

Kaum ist der Hirten Dudelsack verpackt,
Fängt die Saison bei den Theatern an,
'S ist Karneval, wo's wieder losgeh'n kann,
So geht das Jahr für Jahr im gleichen Takt.

Dann Fasten, Ostern, das Gebet zum Fest,
Und die Komödie fängt von vorne an,
Mehr sag' ich nicht, ich spare mir den Rest.

Sie haben gleiche Rechte, wie man sieht,
Mal ist der eine, mal der and're dran,
Hanswurst und Herrgott, ohne Unterschied.

Zu Bellis Zeiten mußten alle Theater Ende November ihre Pforten schließen; die neue Spielzeit fing dann wieder im Karneval an.

## DIE FRAUEN VON HIER

*Le donne de qui*
*2. Dezember 1832*

In keinem anderen Lande gibt es Frauen,
Die unsern braven Römerinnen gleichen!
Man sieht sie demütig zur Beichte schleichen
Und hört sie andächtig auf Christus bauen.

All sind sie kleine Huren, und der Mann
Wird außerdem beim Haushaltsgeld beschissen.
Die Frömmigkeit beruhigt das Gewissen,
Nachher, beim Kirchgang, regelt sich das dann.

Die Lust des Fleisches ist von dieser Welt,
Und Fleisch ist für die Würmer, doch das Herz
Schenkt man der Heiligen Kirche, und das zählt,

Und diese Liebe wird so ernstgenommen,
Sie ist so voller Leidenschaft und Schmerz,
Daß sie dabei schon wieder Lust bekommen.

Belli war – ungeachtet seiner tiefen Gläubigkeit als Katholik – in dreifacher Hinsicht tiefer Pessimist: gegenüber dem Sinn des Lebens, der Heilslehre der Kirche und gegenüber den Frauen.

Tief religiös und zugleich pessimistisch war auch Giacomo Leopardi (italienischer Dichter, 1798–1837); Pessimisten waren auch die Dichter Lenau, Kleist und Grillparzer, um nur einige zu nennen.

Roberto Vighi (»*Il peso dell'ironia*« in »Studi Belliani«): »Das ist die ... Ironie, die Belli gegen Faulheit, Unehrlichkeit, List und in ganz besonderem Maß gegen Heuchelei richtet.« Vor allem die Heuchelei der Frauen war ihm ein Greuel, und hier »...die Wichtigtuerei gewisser Bürgersfreuen, die sich mit dem Schein größter Ehrbarkeit umgaben und dabei so handelten, wie es in ... ›Die Frauen von hier‹ angeprangert wird.«

## DER MUND DER WAHRHEIT

*La Bocca-de-la verità*
*2. Dezember 1832*

In einer Kirche hinter'm Palatin
An einem Plätzchen, hundert Schritt vom Tiber,
Siehst du schon gleich im Eingang was, mein Lieber,
Das gibt es nur einmal, da mußt du hin.

Das Wunder gibt's in keiner anderen Stadt,
Da stellt sich nämlich raus, ob einer lügt
Oder die Wahrheit sagt, denn wer betrügt,
Dem zeigt ein Mund aus Stein, daß er gelogen hat.

In diesen offenen Mund steckst du die Hand,
Und wird sie beim Herausziehn nicht geschnappt,
Dann warst du ehrlich, so wirds anerkannt.

Steckt sie ein Lügner rein, sieht's anders aus:
Der merkt ganz schnell, jetzt hat er Pech gehabt,
Die Hand bleibt drin, die kriegt er nicht mehr raus.

Die Kirche ist Santa Maria in Cosmedin (Cosmedin, griechisch, bezeichnet die schmuckvolle Ausstattung der Kirche) am Fuß des Aventin; in der Vorhalle steht der runde, »Mund der Wahrheit« genannte Stein, dem die Legende geheimnisvolle Kräfte zuschreibt, an die nicht nur die Kinder glauben; er diente im antiken Rom vermutlich als Abfluß einer Kloake (soweit ein Auszug aus der Fußnote Bellis); man nimmt heute an, der 1,2 Tonnen schwere Stein habe einen Fluß- oder Meergott dargestellt.

## DIE FRECHEN KINDER

*Li fiji impertinenti*
*4. Dezember 1832*

Checco hör auf! Celeste laß das jetzt!
Totò, noch einmal, und du bist im Keller!
Nunziata, Schluß, du Satansbalg, Mirella!
Euch hat der Teufel in die Welt gesetzt.

Jesusmaria, die sind mein Ruin,
Mir platzt der Kopf, ich halt' das nicht mehr aus,
Wartet, nicht lang, und Vater kommt nach Haus,
Der wird euch fürchterlich das Fell strammziehn.

Mein Gott, ich weiß bald nicht mehr, was ich tue.
Das dicke Fell 'ner Heil'gen müßt' man haben!
Nein, keinen Moment Ruhe, keine Ruhe.

Der Mieter unten klopft, wie ich mich schäme!
Euch fressen eines Tages noch die Raben,
Wenn Christus euch bloß alle zu sich nähme!

*Checco:* Abkürzung des Vornamens Francesco.

Szenen wie diese aus einer armen, kinderreichen Familie sind ein bevorzugtes Thema Bellis.

## DIE KOM(KU)BINATION

*La concubinazione*
*9. Dezember 1832*

'S ist schon die zweite Bittschrift, Eminenz,
Mein Recht will ich, sonst nichts, nicht Almosen,
Ich wohne im Asyl, mit Obdachlosen,
Es geht um alles, um die Existenz!

Ich sag's und staune: hinten durch den Saal
Geht eine Frau, groß, schön, im Hausgewand...
Mit Wanne und mit Kannen in der Hand
Zwei Diener ... ich guck' weg, zum Kardinal,

Und der, ganz rot jetzt, tut, als ob nichts sei,
Was sollt' er sagen? »Abgelehnt, mein Sohn«?
Das konnt' er schlecht, der Himmel stand mir bei,

So mußt' er kurz die Audienz beenden.
Er nahm und unterschrieb die Petition
Und ging, sich den Geschäften zuzuwenden.

Zum Titel merkt Belli in seiner Fußnote an: ...eine ironische Entstellung des Wortes Kombination.

Muscetta schreibt zu diesem Sonett: »Was hätte Belli für Komödien schreiben können, wäre er Bürger eines freien Landes gewesen!« Skandalaffären um Geistliche waren damals nichts Besonderes. Die geistlichen Sünder bemühten sich auch kaum um deren Geheimhaltung; ihre Dienerschaft war, wie schon erwähnt, alles andere als verschwiegen. Besonders gern angeprangert wurden Fehltritte von Kardinälen; das geschah meist in den Pasquillen, jenen anonymen Schmähschriften, die traditionsgemäß dem »Pasquino« angeheftet wurden, der so genannten antiken Statue an der Ecke des Palazzo Braschi.

Belli hat sich immer wieder der losen Sitten der Kleriker angenommen (siehe das Sonett »Der Beichtvater«). In einem anderen Sonett, »Er bordello scuperto«, bezieht er sich auf eine in jenen Tagen publik gewordene Affäre: der Kardinal Domenico De Simone (im Amt 1830–1837) war von einem Gendarmen der päpstlichen Sittenpolizei (sie unterstand dem Generalvikar, päpstlicher Stellvertreter in der Jurisdiktion des Bistums Rom) in einem Bordell entdeckt worden. In Bellis Sonett erscheint der Kardinal vor dem Gendarmen zuerst als einfacher Geistlicher, wenn auch ohne die einem solchen anstehende Demut; er weist den ihn befragenden Polizisten barsch zurecht und erklärt ihm, Polizei und Generalvikar hätten ihm gar nichts zu befehlen, er habe nur zwei Vorgesetzte, nämlich den Papst und Gott, im übrigen solle er, der Polizist, gefälligst die Mütze vor ihm abnehmen: bei diesen Worten zieht der Entdeckte ein kardinalsrotes Käppchen aus der Tasche und setzt es sich auf. Auch diese Schlußpointe hat Belli nicht erfunden: sie stammt aus Petrarcas 18. Brief seines »Liber sine nomine«; er liegt nicht in deutscher Übersetzung vor. Das Original ist erschienen in »Buch ohne Namen«, Halle 1925. Hier, in dem Brief »Fuit ergo seniculus quidam...«, Seiten 234/5, erzählt Petrarca von einem geilen, fast zahnlosen Greis, der sich täglich mehrere junge Mädchen zuführen ließ und schließlich bei einem von ihnen nicht zum Ziele kam; das arme Kind weinte und ängstigte sich sehr, gutes Zureden half nichts, die Tränen flossen weiter. Da ging der Greis an seinen Schreibtisch, zog aus einem Fach das rote Käppchen hervor, »durch das sich gewisse hohe Herren von gewöhnlichen Sterblichen unterscheiden«, setzte es sich auf das weiße Haar und sprach: »Ich bin Kardinal, ein richtiger Kardinal, fürchte nichts, meine Tochter!«

## DER FRIEDHOF VOM GUTEN TOD

*Er cimiterio de la morte*
*10. Dezember 1832*

Ich war morgens aus der Kirche gekommen,
Wo Krämer und Marktleute immer hingehn,
Und ging diesen Friedhof des Todes ansehn,
Das hatt' ich mir lange schon vorgenommen.

Ja, da staunt man und fragt nach des Lebens Sinn:
Vor all den Skeletten hab ich festgestellt,
Ob lebend, ob tot, jeder Mensch auf der Welt
Hat 'nen Totenschädel in seinem Kopf drin.

Ob's der Reiche ist oder der arme Tropf,
Der Monsignore, der Fürst, seine Diener,
Sie haben alle nur diesen Kopf im Kopf.

Daraus kann sich doch nur eines ergeben:
Gut und bös, Doktor, Esel, Kapuziner,
Sie war'n schon mal tot, und zwar vor dem Leben.

*Zum Titel:* Friedhof der Kirche »Santa maria dell'Orazione e della Morte« = »Heilige Maria vom Gebet und vom Tod«, s. unten.

*1. und 2. Zeile:* die Kirche ist »Santa Maria dell'Orto« (... vom Gemüsegarten); diese Heilige war die Schutzpatronin der Lebensmittelhändler (= Heringsbändiger), s. unten.

Solcher Pessimismus war besonders im 17. und 18. Jhdt. ganz alltäglich; der Tod spielte auch in der Dichtung immer eine Rolle, s. Andreas Gryphius' »Friedhofsgedanken«, die angesichts dieses Friedhofs sein könnten.

Der Friedhof ist, ebenso wie der unter der Kapuzinerkirche an der Via Veneto (s. Seite 249), noch heute eine – in

Romführern kaum erwähnte – Sehenswürdigkeit. Die Kirche, 1737 erbaut, gehört einer 1538 gegründeten Laienbrüderschaft, die sich der Toten annahm, für deren Begräbnis früher noch keine »öffentliche Hand« aufkam, und besonders der in der Campagna Verstorbenen und Ermordeten (s. Sonett Seite 233). Das Register der Begräbnisstätte der »Erzbruderschaft vom guten Tod« verzeichnet 8600 Namen und Namenlose. Der erste Tote wurde am 13. März 1552 aus der Campagna eingeholt. Seine und die Gebeine der Nachkommenden wurden offen ausgestellt, um den Lebenden die Vergänglichkeit alles Irdischen vor Augen zu führen. (s. Sonett Seite 101)

Gregorovius hat den Friedhof eingehend beschrieben: »Wir sehen hier wunderbare Dinge. Alle Wände und Decken sind mit den sonderbarsten Reliefs bekleidet, mit phantastischen Arabesken und Mosaiken bedeckt. Hier sind zierliche Blumen angebracht, dort Rosetten, hier Sterne und Quadrate, Kreuze und allerlei Ornamentik, wie sie nur morgenländische Phantasie erfinden mag. Alles ist auf das sauberste gearbeitet, zusammengesetzt aus – Menschenknochen. Man möchte seinen Sinnen nicht trauen. Man denke sich nur eine unterirdische, von Kerzen hell erleuchtete Kapelle gleichsam aus Schädeln und Gerippen erbaut, die mit Totenknochen ganz und gar überkleideten Wände aber besetzt mit einer Girlande, von lebenden, atmenden Menschen, meist von Mädchen und Frauen und in Seide gekleideten Damen, welche reihenweise auf Stühlen umhersitzen, blühende Gesichter, lachend, kichernd, angelehnt an Moder und bleichendes Gebein, in einer von Fäulnis durchzogenen Atmosphäre, umwallt von dichten Weihrauchwolken. … Ganze Gerippe stehen in den Nischen der Kapelle. Ein jedes hält in seinen Knochenfingern eine Schrift, einen moralischen Spruch von der Eitelkeit des Lebens oder eine Bitte an die Lebendigen, der Seelen im Fegefeuer eingedenk zu sein. Die saubere Kunst und der peinliche Fleiß, womit man die Knochen zur Dekoration verwendet hat, sind ganz erstaunlich. Hier hat man einen Teil der Wand mit

*Der Friedhof vom guten Tod*

Kinderschädeln, dort wieder mit größeren Schädeln bedeckt; hier sind lauter Schulterblätter zusammengesetzt, dort Brustknochen, Schlüsselbeine, Rippen, Fingerknochen, Gelenkknöchelchen zu Arabesken geordnet. Alles hat man ausgelesen, gesondert und zu Mosaikfiguren verwendet. Selbst die Kandelaber sind aus Menschengebein phantastisch zusammengefügt. Es ist merkwürdig, wie künstlerische Form und ästhetisches Gesetz das natürlich Schauderhafte beinahe überwunden haben. Aber daß hier die Kunst solche Tat getan, daß sie aus dem, was dem Lebendigen als das Grausigste erscheint und was die Erde in wohltätiger Nacht begraben halten will, formenreiche Bildwerke und graziöse Arabesken geschaffen hat, ist doch gar zu abschreckend und schauerlich. Dies scheint mir der höchste Gipfel fanatischer Verachtung des Lebens zu sein, die bizarrste Phantastik vom Triumph über den Tod und seine Schrecken. Wäre es möglich, daß sich eine solche Totenkapelle des Jahres 1853 [als Gregorovius sie besuchte] nach Christi Geburt unter der Erde so lange Zeit erhielte, wie sich Grabgewölbe der Etrusker und Ägypter erhalten haben, und vermöchte man sie nach 3000 Jahren wieder aufzugraben, so würden sie dann ohne Zweifel ein wichtiges kulturgeschichtliches Denkmal sein, aus welchem die Nachwelt ihre Ansichten über den christlichen Kultus sich versinnbildlichen könnte. Aber auch uns lebenden Menschen ist ein Blick in eine solche christlich-römische Totenkapelle lehrreich genug; es ist ein Blick in das Wesen des Christentums selbst. Die alten Ägypter trugen Abbilder von Mumien bei Gastmählern umher, auf daß der Fröhliche des Endes aller Dinge sich bewußt bleibe; sie gelten bei uns als dasjenige Volk, welches mehr als alle anderen Nationen der Erde die Schrecken vor dem Tod überwunden hatte, und ihre Religion nennt auch unsere Philosophie die Religion des Todes. Aber schwerlich haben jene weisen Ägypter Ähnliches zu schaffen oder zu ertragen vermocht, als sich in diesen christlichen Kapellen zeigt. Auch das Christentum ist die Religion des Todes oder des Triumphes über ihn.« Gregorovius erzählt noch, wie er zu einem neben ihm stehenden Kapuzinermönch sagte: »Padre, wenn einst alle diese Schädel und Gebeine ihr Zubehör suchen müssen, welche Verwirrung!« »Ja«, entgegnete der Mönch ernsthaft, »am Jüngsten Gericht, wenn die Toten auferstehen, wird hier ein großes Rasseln sein.«

Der größere Teil des Friedhofs wurde gegen Ende des vorigen Jahrhunderts zerstört, als man die Uferstraßen baute, die heute »Lungotevere« (= am Tiber entlang) heißen. Ein Restteil blieb erhalten.

Bellis Römer sagt, er sei morgens aus der Kirche der »Heringsbändiger« gekommen. Diese Kirche liegt an der Via della Madonna dell'Orto bzw. an der Via Anicia in Trastevere. Sie wurde 1567 erbaut und am Mittag des 13. August 1943 bei einem Bombenangriff der Alliierten zerstört, bald aber wieder aufgebaut. Die Madonna war Patronin auch anderer Zünfte: deren Meister und Gesellenbrüderschaften hatten hinter der Kirche ihre Zunftstuben, auch »Kollegien« oder »Universitäten« genannt; davon zeugen vor den Altären im Inneren der Kirche die erhalten gebliebenen Mosaiken im Fußboden; es gab die *»università«* der Gemüsehändler, der Barbiere, Schuster und Nudelmacher (ihre Erzeugnisse hießen damals noch *»vermicelli«* = Würmchen und noch nicht Spaghetti = Fädchen), der Wurst- und Käsehändler wie auch der Gesellen.

Von dieser Kirche aus ging also der Erzähler – Belli ist den Weg selbst oft gegangen – über die Via Anicia durch den Vicolo dei Tabacchi (hier liegt die Staatliche Tabakmanufaktur) zum Viale Trastevere und dann in Richtung Tiber auf den Platz, der heute Bellis Namen trägt, wo auch sein Denkmal steht, das ihm 1913 zum 50. Todesjahr errichtet wurde; von da aus ging es weiter nach links – am rechten Tiberufer entlang – bis zum Ponte Sisto (erbaut 1474 von Papst Sixtus IV. von den Steuergeldern der römischen Huren), diese Brücke überquerte der Erzähler, hielt sich dann auf dem anderen Ufer wieder links und war – nach einem Weg von kaum einer Viertelstunde – in der Via Giulia bei der Kirche Santa Maria della Morte und dem Friedhof vom guten Tod. Wer heute den Gang nachvollziehen möchte, sollte vor elf Uhr in der Kirche dell'Orto gewesen sein, denn sie schließt wochentags früh; findet er dann die Kirche an der Via Giulia geschlossen, so gehe er nur um den Block herum zurück zum Tiberufer, zum Lungotevere dei Tebaldi Nummer 12, und drücke die Klingel an der unscheinbaren Pforte; man wird ihn gern in die Kirche und hinunter zu den Gebeinen in die Unterkirche führen; Geldspenden werden gern angenommen.

Über die Bestattungssitten jener Zeit, in der Belli lebte, wie auch aus früheren Tagen, gibt es viele Berichte.

1824 – es war das Jahr, in dem Bellis Sohn Ciro geboren wurde – war der bremische »Erzieher und Lehrer« Wilhelm Christian Müller in Rom und schrieb später, wie so viele, sein Buch über diese »Reise nach Italien«. Einige Seiten widmete er einem Phänomen, über das viel in Rom gesprochen wurde, die *»aria cattiva«*, die angeblich so schlechte, gefährliche Luft in der Stadt; eine der Ursachen dafür sah er in der über 2000 Jahre alten Kanalisation (s. Seite 20f.), der *»Cloaca maxima«*, aber auch in den Begräbnissitten: »Mit Pomp begleitet man die Todten in die Kirche, die Leiche wird im offenen Sarg noch einmal mit Weihwasser besprengt ... Die Begleitung zieht eilends ab; das Grabgewölbe wird geöffnet, der Todte mit Stricken um Hals und Beine aus dem Sarg gehoben, und so im größten Schwunge auf den Haufen der Todten zur allgemeinen Fäulnis hingeschleudert – der Grabdeckel wird schnell zugemacht, und der leere Sarg zum Begräbnis mehrerer Tausender wieder mitgenommen. Wenn die Höhle voll oder der Gestank bei der Eröffnung nicht mehr auszuhalten ist, wird sie vermauert und nach 30–50 Jahren geöffnet, um die Knochen heraus zu nehmen und sie vor den Kirchen zu verbrennen.« Erst unter Papst Pius IX. wurde die Bestattung in den Kirchen untersagt; die Gläubigen atmeten auf, als allmählich der Modergeruch aus den Kirchen verschwand, den von Kölle noch 1833 beklagte. Dickens schrieb 1844: »In Rom hat man dieselbe

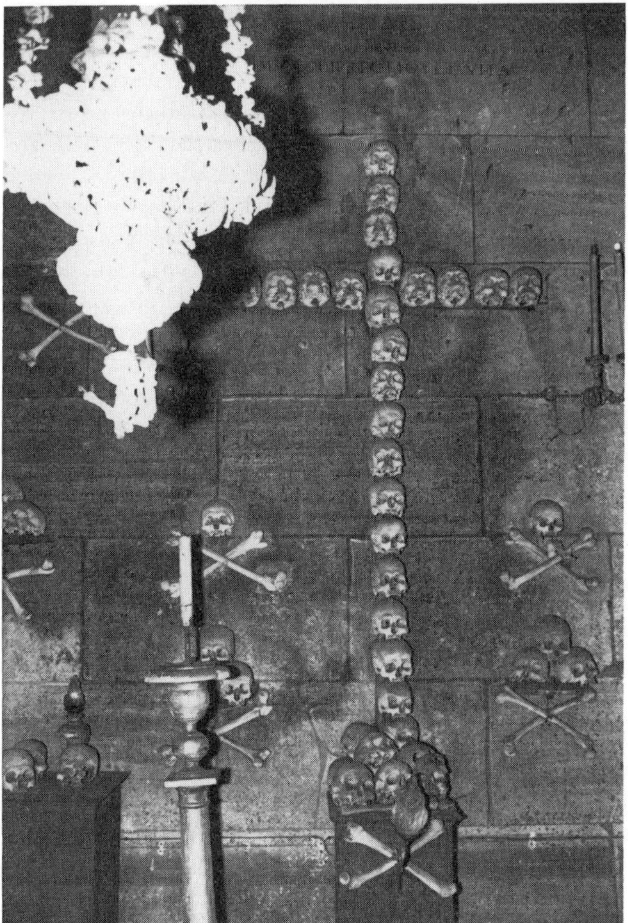

*Der Friedhof vom guten Tod*

Einrichtung von Gemeinschaftsgruben wie in Genua; sie befinden sich auf einem kahlen, weiten, trostlosen Platz. Als ich den Friedhof eines Mittags besuchte, sah ich hier einen einfachen Sarg aus rohen Tannenbrettern, ohne Bahrtuch und so lose zusammengefügt, daß ihn der Huf eines Maultiers hätte zertrümmern können. Ohne viel Umstände war er vorn an einer dieser Gruben abgesetzt worden und stand dort verlassen in Wind und Sonnenschein. ›Wie kommt es, daß man den Sarg einfach so stehengelassen hat‹, fragte ich den Mann, der mir den Platz zeigte, ... ›wann wird er in die Grube geschafft?‹ ›Wenn heute abend der Karren kommt und die Grube geöffnet wird‹, erwiderte er. ›Wieviel kostet es, separat statt im Karren hierher gebracht zu werden?‹ wollte ich wissen. ›Zehn Scudi‹, erwiderte er, ›die anderen Leichen, für die nichts bezahlt wird, bringt man nach der Kirche Santa Maria della Consolazione‹, fügte er hinzu, ›und dann schafft man sie abends auf dem Karren hierher.‹«

Dickens war entsetzt und sah mißbilligend auf den Sarg und die lieblos darauf gemalten zwei Buchstaben; darauf sein Begleiter: »Er ist ja tot, Signore, was machts da schon aus?« Zehn Scudi verdiente ein Arbeiter oder Handwerker in einem Monat (s. Seite 64 f.).

Der Begräbnispomp, für den sich noch heute, besonders in Mittel- und Süditalien, die Ärmsten auf Jahre verschulden – wie auch für die Hochzeit –, kam erst gegen Ende des 19. Jahrhunderts auf. Von Kölle: »Bei den Leichenbegängnissen gehört das Wachs, welches von den Kerzen abläuft, dem Küster. Dieser ermangelt daher nicht, einen Nagel in den Docht zu praktizieren, oder während des Schneuzens [der Kerzen] Feilspäne unter die Flammen zu werfen, wodurch die Kerzen zu reichlichen Tränen gerührt werden.«

## DER FRIEDHOF MIT FRANSEN

*Er cimiterio in fiocchi*
*10. Dezember 1832*

Wer's nicht selber gesehen hat, glaubt es nicht!
Wo, frag ich, und in welch anderem Land
Sieht man sowas Schönes, und so von Bestand,
Wie auf diesem Friedhof im Dämmerlicht!

Wer kann schon Girlanden zusammenkriegen
Aus Rippen, Kinnbacken und Schlüsselbeinen,
Die uns wie richtige Blumen erscheinen?
Bei allen Heiligen, ein Vergnügen!

Jetzt stellt euch mal vor: unser Herrgott erfährt
Durch reinen Zufall, das könnte doch sein,
Das anzusehen wäre der Mühe wert.

Nun kommt er und staunt, und ich weiß, was passiert:
Diese armen Seelen können sich freu'n,
Die werden ins Paradies abkommandiert.

*Zum Titel des Originals:* ein *»fiocco«* ist eine aus Fransen gebündelte Quaste, zur Verzierung von Vorhängen, Teppichen oder Festgewändern; ein besonders gutes Essen ist im italienischen Sprachgebrauch *»un pranzo coi fiocchi«*, wer *»in fiocchi«* erscheint, hat sich auffallend herausgeputzt. Diesem italienischen Gebrauch entspricht in etwa die regional in Deutschland bekannte umgangssprachliche Form: eine Sache mit Fransen. (Fiocco: auch Schneeflocke, Büschel, Schleife).

Vor den makabren Wundern des Friedhofs läßt Belli den Besucher in aufrichtige Begeisterung geraten; seine religiöse Einfalt verführt ihn zu der hoffnungsvollen Spekulation zugunsten der armen Seelen im Fegefeuer.

## DER BEICHTVATER

*Er confessore*
*11. Dezember 1832*

Vater … – Sag' das Confiteor. – Schon gemacht. –
Reue und Vorsatz? – Hab' ich auch. – Fang' an. –
Gestohlen hab' ich, Geld, von meinem Mann,
Dann hab' ich blöder Sack zu ihm gesagt. –

Weiter? – Der Kater war an meinem Fett,
Da hab' ich laut geflucht: verdammtes Biest!
Gott hat ihn doch gemacht … – Was noch? – Da ist
Ein junger Mann, mit dem war ich im Bett. –

Und was ist da passiert? – Was tut man da? –
Das frage ich! Habt ihr normal verkehrt?
So und von hinten … – Ach! das wußt' ich ja,

Da sieht die Sünde schon ganz anders aus.
Bereu' jetzt tief und komm', in dich gekehrt,
Dann morgen mal um acht zu mir nach Haus.

1. *Zeile – Confiteor:* (lat.) = ich bekenne, hier Name des vor der Beichte zu sprechenden Gebets.

2. *Zeile – Reue und Vorsatz:* in der katholischen Glaubenslehre »…die zur Gültigkeit des Bußsakraments notwendige Willenstat des Beichtenden, durch die er seine Sünden selbst verwirft und sich vornimmt, nicht mehr zu sündigen.« (Brockhaus Enzyklopädie, Wiesbaden 1972)

## DIE DINGE DER SCHÖPFUNG

*Le cose create*
*21. Dezember 1832*

Das hat Gott fein gemacht, Länder, Gewässer,
Alles ist gut und schön, bis auf die Steuern,
Gut ist der Winter, besser Holz zum Feuern,
Gut ist Geduld, noch besser ist das Messer.

Gut ist, daß so viel Leute gläubig sind,
Besser ist Denken, sehr gut lebt der Böse,
Gut ist die Keuschheit, besser ist die Möse,
Gut ist der Arsch, das beste ist der Pint.

Nur etwas, mein' ich, sollte anders sein,
Wenn ich nur wüßte, wie, ich würd' es machen:
Das Wasser rot und weiß den ganzen Wein.

Dann könnt' man unbeschwert in Ruhe saufen
Und schmiss' das Geld nicht Wirten in den Rachen,
Die einem Wasser anstatt Wein verkaufen.

Eines der anspruchslosen, neutralen Sonette (es könnte im Stil von Anakreon, Villon oder Bellman stammen), das Belli zur Freude seiner vielen Freunde und zum Ärger des Wirtes in der Osteria vortrug. Belli, der alles andere als ein Abstinenzler war, beklagte häufig die Verfälschung der Weine (s. Sonett Seite 177f.).

Es mag sein, daß Belli zu solcher Kritik an der Schöpfung durch niemand anderen als den Papst selbst inspiriert worden ist; im August 1832 hatte Gregor XVI. anläßlich der blutigen Aufstände in vielen Städten des Kirchenstaats in einem Hirtenbrief festgestellt, daß der Mensch von Natur aus böse sei. Dazu ein Bericht der AZ von 1832: »...und aus dieser höchst verdorbenen Quelle des Indifferentismus fließt der abgeschmakte und irrige Lehrsaz, oder vielmehr der Wahnwiz, daß einem Jeden Gewissensfreiheit zugestanden ... werden müsse. Zu diesem höchst verderblichen Irrthume nemlich bahnt jene völlige und schrankenlose Freiheit der Meynungen den Weg, welche zum Verderben der Kirche und des Staates weit um sich greift ... Allein, welcher Seelentod ist schlimmer, als die Freiheit des Irrthums, sagte Augustinus ... denn nachdem jeder Zaum, wodurch die Menschen auf dem Pfade der Wahrheit erhalten werden, abgeworfen worden, und ihre Natur, die schon von sich selbst zum Bösen geneigt ist, über Hals und Kopf sich dahin stürzt, so können wir mit Wahrheit sagen, daß der Brunnen des Abgrundes ... offen stehe...«

2. *Zeile:* Belli und seine Römer bejammern oft die hohen Steuern. An anderer Stelle (Sonett »Er carnovale« vom 9. Januar 1834) heißt es

Glauben und Hoffen und den Himmel erben...
Ein fauler Trost! Nein, sicher sind uns nur
In der Scheißwelt die Steuern und das Sterben.

4. *Zeile:* immer wieder wird das Messer erwähnt, jeder trug es bei sich, und es saß locker. Messerstechereien, besonders nach Kneipenstreit, waren an der Tagesordnung (s. Sonett Seite 21).

## DAS GEWERBE

*L'innustria*
*23. Dezember 1832*

Wenn ich mal wieder durch des Schicksals Tücke
Kein Geld mehr habe und ganz pleite bin,
Helf' ich mir so: ich geh zum Ofen hin
Und brech' die Kohlenschaufel in vier Stücke.

Die werd' ich in den Taschen gut verstauen,
Dann stell' ich mich beim Forum hin und dort
Lauere ich auf irgendeinen Lord,
Und der wird gräßlich übers Ohr gehauen.

Wenn mein Typ kommt, dann sag' ich zu dem Knaben:
Hier ein antikes Stück, leider kaputt
Wir haben's gestern abend ausgegraben.

Der setzt die Brille auf, ist hingerissen,
Gibt mir 'nen Schein und sagt: Bravo, sehr gutt!
So macht man das in Rom, so wird beschissen.

1874 hatte Hans Sotheby in England einen ersten Essay über Belli geschrieben (»Belli's sonnets in the roman dialect« in Fortnightly Review, London). 1880 folgte ihm die erfolgreiche Romanautorin Frances Eleanor Trollope mit ihrem Essay »Guiseppe Belli« (in der Zeitschrift Belgravia, London, später 1881 erschienen in ihrem Buch «The homes and haunts of Italian poets«); sie würdigte den Dichter, von dessen Sonetten sie vier ins Englische übertragen hatte, auch dieses, wohl nicht zuletzt deshalb, weil darin ein Landsmann zitiert ist; manche Engländer, nicht nur Lords, mögen daraufhin ihre aus Italien mitgebrachten Antiquitäten kritisch überprüft haben.

Engländer, bekannter als »Reisende Engländer«, beherrschten damals noch die Fremdenlisten Roms; s. Seite 20.

Das Forum Romanum hieß zu Bellis Zeiten noch campovaccino = Viehweide, so kannte es auch Goethe; über dem durch die 1803 begonnenen Ausgrabungen heute ganz freigelegten Boden lagen damals drei bis vier Meter Schutt und Erde, und das Vieh weidete dort. Da die Arbeiten 1832 in vollem Gang waren, liegt es nahe, daß Belli hier schildert, was zu der Zeit schon viele Schlauköpfe betrieben, nämlich verbotenen Handel mit echten und falschen Antiquitäten.

An den Ausgrabungen, die besonders Papst Gregor XVI. förderte, beteiligte sich damals auch Freiherr von Bunsen, preußischer Gesandter und ein bedeutender Archäologe; Bunsen begründete 1829 das deutsche Archäologische Institut in Rom.

Über die Engländer in Rom machte sich Stendhal lustig: Ein Engländer handelte, laut Stendhal, mit einem Maler um ein Bild und fragte ihn, wie lange er daran gearbeitet habe. »Elf Tage«, sagte der. »Schön«, meinte der Engländer, »dafür gebe ich Ihnen elf Zechinen; mit einer Zechine pro Tag sind Sie reichlich bezahlt.« (Die Zechine, eine Goldmünze, wurde nur bis 1828 geprägt.)

An anderer Stelle berichtet Stendhal: »Abends waren wir auf einem reizenden Ballfeste, wo wir sehr liebenswürdige junge Leute, Deutsche und Russen, kennen lernten. Den geringsten gesellschaftlichen Erfolg haben zurzeit die Engländer. Ihre oft linkische Schüchternheit wirkt manchmal beleidigend.«

Ladenhüter und sonst unverkäufliche Artikel nannten Roms Antiquare *»roba per gli inglesi«* = Sachen für Engländer (Reumont).

Kaum ein deutscher Romreisender jener Zeit, der nicht ihm komisch Erscheinendes über die Engländer berichtete; auch bei den gesellschaftlichen Veranstaltungen erregten sie immer neues Aufsehen, so nicht zuletzt ihre Art zu tanzen: »Englische walzende Paare gehören zu den stereotypen und doch immer ergötzlichen Caricaturen ohne die kein Ball bestehen kann. Straußens und Lanners Melodien sind in solchen Fällen pure Verschwendung.« (Reumont)

Den Walzer hatten im Karneval 1826 Papst Leo und sein Polizeiminister (Governatore di Roma) Monsignore Bernetti verboten: er sollte beim Ball im Theater Argentina nicht getanzt werden. Die beiden jungen Sekretäre des Ministers, begeisterte Walzerfreunde, erfuhren: »Der Papst hat mir erklärt, daß der Walzer ein sehr unanständiger Tanz ist.« Die beiden Herren tanzten ihrem Chef sofort einen Walzer vor;

*Das Forum Romanum*

dies könne der Walzer nicht sein, erklärte der, denn dabei könnte er nichts Unanständiges sehen: das Verbot sei hiermit ausgesprochen. Die Kapelle im Argentina bekam den Befehl, nur Contretänze und italienische Musik zu spielen; alle Gäste aber tanzten Walzer auf eine andere, ungefähr passende Musik, die alte piemontesische Monferrina. Ganz Rom lachte. (Ponti)

Nicht nur Engländer wurden hereingelegt, und von Kölle

berichtet von einem »Gewerbe« eigener Art: »Eine ganz verwegene Speculation machte vor einigen Jahren [um 1830] eine Gesellschaft junger Männer auf Kosten einer frommen polnischen Dame, welche sittenlose Bücher zusammenkaufte, um sie zu verbrennen. Sie ließen heimlich das gottlose Zeug kommen, und nachdem sie es durchstudirt hatten, verkauften sie es an die Dame, ja über den kostenden Preis.«

Menzel stellte 1835 fest: »Rom ist ein Mittelpunkt der abgefeimtesten Kunstgaunerei. Nicht nur Mäkler, sondern selbst Künstler, scheuen keine Mittel ... insbesondere reiche Engländer und Russen zu prellen.« Und an anderer Stelle: »...denn es ist unglaublich, für wie dumm man die Engländer in Italien hält.«

## DIE GEFÄNGNISSE

*Le carcere*
*24. Dezember 1832*

Papst Leos Krönungstag, da kam ich raus.
Du glaubst es nicht: ich ging' gern wieder rein,
Ich sage dir, im Kasten hält man's aus,
Im Paradies kann's kaum viel schöner sein.

Du kriegst dein Brot und Fleisch und Reis und Wein,
Kein Wirt kommt, dir die Rechnung präsentieren,
Du hast die saubere Zelle, alles fein,
Und Miete zahlst du auch nicht fürs Logieren.

Du sitzt im Trockenen, schön ruhig, du weißt,
Dich stört kein Staat, kein Pfaffe ist im Knast,
Der dir die Bissen aus dem Schnabel reißt.

Du tust nichts und wirst noch beschützt, geschätzt,
Du schläfst gut, weil du nie die Sorge hast,
Daß man dich hinter Schloß und Riegel setzt.

*1. Zeile:* es spricht ein Amnestierter. – Bellis Fußnote hierzu lautet: »Es war althergebrachter Brauch des Obersten Gerichtshofs, am Krönungstag des neuen Papstes die Gefängnisse zu öffnen. Heute tut man es nur noch zu Gunsten von Gefangenen, die wegen leichter Vergehen verurteilt sind. Was wahr ist, ist wahr.« Richtig ist, daß auch Mörder amnestiert worden waren.

Dazu zwei Meldungen des römischen Korrespondenten der AZ: »Rom, 21 Juni [1846] Heute war die Krönung des Papstes.« (Pius IX.)

»Rom, 17 Juli [1846] Heute wurde die Amnestie veröffentlicht und angeschlagen: für politische Vergehen, für Gefangene und Flüchtige – ausgenommen die ›ganz wenigen‹ Geistlichen [deren Begnadigung sich der Papst vorbehält], Militärs und Staatsbeamte: [auch] wegen dieser letzteren behält sich der Papst weitere Schritte vor. Die Amnestirten müssen sich schriftlich verpflichten, in Zukunft treue Untertanen zu sein.«

Von Reumont berichtet eingehend über Strafe und Gefängnisse im Kirchenstaat: man verurteilte zu – Todesstrafe (seit

*Kettensträflinge*

etwa 1880 gewöhnlich durch Guillotine, sonst durch Beil oder Galgen, auch Erschießung; Erschießung von rückwärts war besonders entehrend) – lebenslängliche Galeere (Zuchthaus) mit bürgerlichem Tod – zeitweilige Galeere von fünf bis zu zwanzig Jahren – öffentliche Arbeiten von ein bis fünf Jahren – Exil (für Ausländer) – Gefängnis von einem bis zu drei Monaten – Geldstrafe und Aberkennung der bürgerlichen Rechte. Neun Städte im Kirchenstaat hatten Gefängnisse, Civitavecchia das größte, hier war auch das größte Bagno« (eigentlich Bad, in Frankreich so benannt die Gefängnisse, welche die Strafe als Rudersklave auf den Galeeren ersetzten, also Zuchthäuser); es faßte 1 200 »Galeotti«; weitere Gefängnisse waren in Rom, Ancona, Porto d'Anzio (bei Reumont wohl irrtümlich d'Anzo), Spoleto, Narni, San Leo, Fermo, und Cività Castellana; in Rom gab es um 1840 zwei Gefängnisse, eine Haftanstalt für wegen leichterer Vergehen zu kurzzeitigen Strafen Verurteilte, ein Frauengefängnis, eine Besserungsanstalt für männliche Jugendliche, drei oder vier für Frauen und Mädchen, ferner das Staatsgefängnis in den oberen Stockwerken der Engelsburg (auch für Gefangene »von Stand«); es gab drei Bagni, eines davon in den unteren Stockwerken der Engelsburg. Die Galeotti im Bagno waren an beiden Knöcheln mit einer viereinhalbpfündigen Kette gefesselt (s. Seite 184); die auf Lebenszeit Verurteilten waren durch eine zweite Kette an einen Ring in der Wand gefesselt und konnten sich nur drei oder vier Schritte weit bewegen.

Von Reumont fand den Dreck bei den Gefangenen widerwärtig, das Essen aber gut, besonders das Brot; zu jeder Mahlzeit gab es ein Viertel Wein; Wein und Lebensmittel konnten die Gefangenen zusätzlich kaufen; die arbeitenden Häftlinge, besonders die des Bagno, erhielten pro Tag ein bis zwei Paoli; ein Teil davon wurde bei der seit 1836 in Rom eingerichteten ersten Sparkasse eingezahlt und hier zu vier Prozent verzinst. Ein freier Unternehmer war mit der Verpflegung beauftragt und bekam pro Tag und Kopf 9½ Baiocchi (etwas weniger als 1 Paolo); es gab auch ein Schuldgefängnis: hier mußte der Gläubiger, der die Verhaftung seines Schuldners bewirkt hatte, für diesen täglich 15 Baiocchi bezahlen.

## DAS EINMALEINS DER FRAUEN

*L'abbichino de le donne*
*26. Dezember 1832*

Bis zwanzig sagt dir – ohne Hinterhalt –
Die Frau ihr Alter, falls Mama 's erlaubt,
Dann bleibt sie einundzwanzig, und man glaubt,
Ihr auch die dreißig, wenn sie vierzig ist.

Zwei Jährchen schlägt sie noch bis fünfzig drauf,
Dann zwingt der Spiegel sie zum großen Sprung:
Es geht bergab, sie fühlt sich zwar noch jung,
Doch schwingt sie sich zur Achtzigjährigen auf,

Da sind die Kinder mit der Kinderschar,
Drum macht man besser mit der Liebe Schluß
Und spielt die weise Frau im weißen Haar.

Der ihr so gerne schöntat als Kaplan,
Sitzt steif im Stuhl nun als Kanonikus,
Tut weit entrückt, und hört die Beichte an.

Das Spiel mit Zahlen oder Serien ist eine Vorliebe Bellis; Vigolo macht in seiner Fußnote ausdrücklich darauf aufmerksam. – Es ist übrigens ebenso charakteristisch wie seine Freude am Aufreihen von Hauptwörtern; nur selten verwendet er Eigenschaftswörter, allenfalls substantivisch.

## DIE MUTTER DES TASCHENDIEBS

*La madre der borsaroletto*
*14. Januar 1833*

Checco ein Dieb?! Was hat er denn gemacht?
Zwei Schirme, Taschentücher, die vier Uhren...
Für sowas bringt man die Justiz auf Touren,
Als hätte er wer weiß wen umgebracht.

Er hat gestohlen, gut, was ist dabei?
Genau besehn, verdient da jeder Strafe,
Wenn Checco ein Wolf ist, wo sind dann die Schafe?
Gott ist ja schließlich selbst nicht fehlerfrei.

Ach bitte, Exzellenz, in diesem Lande
Stehlen die Anderen schlimmer als mein Sohn,
Die gehn frei aus, uns Arme trifft die Schande.

Schon immer sag' ich zu ihm, denke dran,
Checco, stiehl für die Kirche, eine Million,
Du wirst Sankt Checco und ein großer Mann.

Dazu einige Meldungen des römischen Korrespondenten der AZ: »Rom, 12 Mai [1833] Es sind in diesen Wochen mehrere Personen ... des Abends in den Straßen ausgeplündert worden. Einige Thäter wurden entdeckt und gefänglich eingezogen ... Übrigens kommen dergleichen nächtliche Anfälle, troz der lässigen polizeilichen Maaßregeln, in neuerer Zeit nicht so häufig vor als ehemals ... Überhaupt wird hier viel weniger gestohlen, als verhältnismäßig in jeder anderen Stadt von gleicher Einwohnerzahl...«

»Rom, 1 Nov. [1834] Wie in jedem Herbst, wenn die Fremden eintreffen, sich Räuber sehen lassen, so auch jetzt; vor einigen Tagen wurde ein Reisewagen auf dem Wege nach

Neapel ausgeplündert. Die Zeit der Räuberei im großen ist aber vorüber ... Hingegen bemerkt man, seit dieses Handwerk abnimmt, daß immer mehr Diebe sich zeigen; das Stehlen, ein Laster, welches man früher hier wenig kannte, wird von Jahr zu Jahr häufiger.«

»Rom, 15 Juli [1837] Vor einigen Tagen wurde hier eine Gesellschaft Adeliger entdeckt, welche eine große Fertigkeit im Stehlen an den Tag gelegt hatte. Diese Gesellschaft, in welcher sich auch Personen aus der Leibwache des Papstes befinden, hatte längst in den höchsten Cirkeln und auch da ihr Spiel getrieben, wo Personen geringeren Standes keinen Zutritt haben; und die Heuchelei, mit welcher sie ausgerüstet war, ließ ihre Mitglieder lange für musterhafte Christen gelten. Die Gräfin Compagnoni aus Macerata gab, um Schonung bittend, zuerst einige ihrer Mitglieder an. Unter den bereits Eingezogenen befinden sich der Graf Dionisi da Treja und die Gräfin Angelucci da Treja. In ihren Wohnungen wurden entwendete Uhren, Tabaksdosen, Juwelen und Geld gefunden. Die Römer bemerken hiebei, daß auf diese Weise der Diebstahl wenigstens geadelt werde.«

Stendhal gibt den zeitlosen Rat: »Man muß sich auf der italienischen Reise sehr einfach kleiden und keinen Schmuck tragen.«

Er meint anderseits auch: »Man kommt nur einmal nach Italien; man muß fünfundzwanzig Louisdor opfern, sich auf fünfundzwanzig kleine Räubereien gefaßt machen und nie wütend werden!«

## DAS LEBEN DES MANNES

*La vita dell'omo*
*18. Januar 1833*

Neun Monate Gestank, in Windeln liegen,
Ein Küßchen nach dem andern, Milchschorf, Tränen,
Tanten, Keuchhusten, Ärger mit den Zähnen,
Töpfchen, der Laufstall, Breichen, Fläschchen kriegen.

Dann fängt der Scheißkram mit der Schule an:
Zum ABC und Rechnen Durchfall, Grippe,
Würmer, Frostbeulen, Prügel, dicke Lippe
Und was man sonst da alles kriegen kann.

Die Lehrer, Fasten müssen, Schwindsucht, Flittchen,
Miete, Regierung, Steuern, Plackerei,
Das Krankenhaus, die Schulden und das Kittchen.

Im Sommer Hitze, Frost zur Winterszeit,
Dann Tod und Gottes Segen, aus, vorbei,
Und ab zur Hölle in die Ewigkeit.

Vigolo zitiert die Worte, die Leopardi dem Porfirio beim Gespräch mit Plotino in den Mund legt: »Der Mensch, bewundernswertes Beispiel fürs Unglücklichsein in diesem Leben, erwartet gar nicht, daß der Tod das Ende seiner Leiden sei, im Gegenteil, er wird danach noch tiefer im Unglück sein.«

Das Sonett entspringt Gedanken Voltaires, den Belli sorgfältig studiert hat; er machte sich im Zibaldone immer wieder Notizen aus seinen Werken. Muscetta glaubt, daß Voltaire Belli überhaupt erst dazu brachte, gegen die überlieferte christliche Mythologie zu polemisieren. Bei diesem Sonett, sagt er, habe die Figur des Atheisten Sidrac und dessen Diskussionen mit Goudman Pate gestanden (in »Les oreilles du Comte de

Chesterfield«). M.T. Lanza erkennt die in vielen Sonetten immer wieder ausgedrückte Existenzangst.

*la fica* = (romanesco) weibliches Geschlechtsteil, entspricht etwa dem deutschen Pflaume, bei Salviucci ersetzt durch *fiji* (= Kinder) und, wegen des Reims, ist *fatica* (= Mühsal) durch *consiji* (= Ratschläge) ersetzt; *l'inferno* (= Hölle) ist vorweggenommen, damit der Schlußvers lauten kann »Der Tod legt dich zur ew'gen Ruhe«.

9. *Zeile – Fastenmüssen:* das Fastengebot ist in der katholischen Lehre vom 21. bis 60. Lebensjahr an den gebotenen Bußtagen einzuhalten.

## DER CAFETIER PHILOSOPHIERT

*Er caffettiere fisolofo*
*22. Januar 1833*

Wenn ich so an der Kaffeemühle stehe
Und Bohnen oben in den Trichter tu,
Dann seh' ich die als Menschen, wenn ich drehe:
Sie gehen alle ihrem Ende zu.

Sie jagen, springen, drängen sich und drücken,
Die großen möchten sich nach oben schieben
Und kleine rücksichtslos nach unten schicken,
Doch alle werden sie zu Staub zerrieben.

So geht es auch den Menschen auf der Welt,
Das Schicksal dreht sie, Mann und Frau und Kind,
Wenn sich auch einer noch ein Weilchen hält,

Sie müssen mit, die Starken und die Schwachen.
Eh' sie noch merken, daß sie unten sind,
Hat sie auch schon der Tod in seinem Rachen.

Dazu Vigolo: Man erkennt an dem düsteren und verhaltenen Ton dieses Monologs ohne Adjektive, daß auch nicht der mindeste Anflug von Ironie die Stimme des Dichters verfärbt, der nicht spottet, vielmehr seine bittere Auffassung vom Leben genau so wiedergibt, wie sie ihm eigen ist ... Was schließlich das Bild vom Leben angeht, das die Menschen zermahlt, so stammt es wahrscheinlich von einem früheren Autor: »Vitam hominis esse instar molendini utpote quod semetipsum commolit, comminuit ac confringit, quandocumque suppetit, non minus scite pinxit quam erudite finxit, qui confinxit.« Dieser Satz steht im Vorwort eines Auszuges aus den »Adagia« (= Sprichwörtern) des Erasmus von Rotterdam, erschienen 1649 in Amsterdam.

Muscetta warnt davor, Sonette allzusehr aus ihrem chronologischen Zusammenhang zu reißen: »Ein Sonett mit materialistischen Gedanken ist häufig begleitet von einem vom gleichen Tag datierten, das ganz andere Gedanken ausdrückt ... Gegenüber den neuen Erkenntnissen der Wissenschaft, die zusammen mit denen der Philosophie und der Geschichte dazu dienen, den kritischen Geist gegenüber einer alten Welt der religiösen Vorurteile zu schulen, war Belli alles andere als gleichgültig oder gar uninteressiert: im Gegenteil, die Unruhe als Folge seiner Lektüre und Studien, die tausend Zweifel und Probleme auftauchen ließen, hinterließen unzerstörbare Spuren in der Fantasie eines Künstlers, der niemals davon abkam, sich Gedanken über die Unsterblichkeit der Seele zu machen, und der nie die Furcht vor dem ›Rachen des Todes‹ verlor. In seiner Poesie hat er jedenfalls die Gefühle der Hoffnung, wie Manzoni sie ausdrückte, nicht gekannt. Belli hat in tragischer Weise seine Furcht vor Tod und Hölle in dem späteren Sonett ›Der Tod mit dem Schwanz‹ (s. Sonett Seite 262) wiedergegeben.«

M. T. Lanza meint hier nicht den »einfachen Mann aus dem Volk«, sondern die Stimme Bellis selbst zu hören; darauf deute schon die Ich-Form des Monologs hin.

Ceccarius berichtet, wie im Jahre 1930 – er war damals Mitarbeiter der Zeitung »Tribuna« – bei einer Betriebsfeier ein befreundeter Maler einige Belli-Sonette vortrug und wie man nachher feststellen mußte, daß nicht einer der Zuhörer, Drukker, Setzer und Arbeiter, jemals von Belli etwas gehört hatte; gefallen hatten ihnen die Gedichte auch nicht besonders; gelacht wurde nur über einzelne Kraftwörter, nie über Zusammenhänge ... nur ganz Wenige wollten mehr hören ... Entschuldigen könnte man das mit einem gewissen Unverständnis gegenüber satirischen Sonetten, die ferne, historische Ereignisse behandeln ... auch mit einer gewissen Verlegenheit gegenüber der Gedankentiefe jener Perlen, die eines Shakespeare würdig sind, wie »Der Cafetier als Philosoph« oder »Das Leben des Mannes« (s. Sonette Seite 114 und 115). Wie erklärt man sich aber die Gleichgültigkeit gegenüber Bildern von sanfter Innigkeit wie... in dem Sonett »Arme Leute«. (s. Sonett Seite 215 f.).

Ceccarius meinte in einem Aufsatz von 1963 (St.B.), das Denkmal Bellis stehe zwar mitten in Trastevere, aber »Die Wahrheit ist, daß Belli noch keinen Platz inmitten des Volks« habe. (Das Denkmal hinter dem Ponte Garibaldi am Eingang Viale Trastevere an der Piazza G.G. Belli wurde am 4. Mai 1913 zum 50. Todesjahr des Dichters enthüllt.)

*Zum italienischen Titel:* noch heute entstellen die einfachen Römer schwierige Wörter in dieser Weise. Belli hatte seine Freude daran; seine Leute reden von Prizission, vom Erzengel Grabiel, vom Krabjolett, vom Phälomen, ein Kind ist eine Kratur, der Theologe, italienisch teologo, wird zum teolico, der Philosoph zum fisòlofo. In der Übersetzung wurde durchweg auf eine entsprechende Wiedergabe verzichtet.

## DIE TOTEN VON ROM

*Li morti de Roma*
*23. Januar 1833*

Wer halbwegs was ist, wird am Tag begraben,
Und Alle, die mitgehn und schön laut singen,
Wird auch bald auf ewig das Loch verschlingen
Und sie werden alles hinter sich haben.

Dann gibt's Andere, die sind anders gemacht,
Die Herrn und die Hurensöhne sind das,
Die sind was Besseres und scheißen uns was,
Die scheuen das Licht und die reisen bei Nacht.

Es gibt noch 'ne dritte Sorte von Leuten,
Tote, die werfen sie auf den Karren,
Ohne Kerzen und Sarg und Glockenläuten,

Das sind wir, Clementina, die nichts haben,
Das Kleinzeug, das sie als Abfall verscharren,
Uns schmeißen sie morgens in den Graben.

Es entsprach den Gepflogenheiten, Bürger von einigem Ansehen tagsüber zu Grabe zu tragen, die Angehörigen des herrschenden geistlichen und weltlichen Standes aber »bei Nacht«, zwischen dem letzten Ave Maria-Läuten und zwei Uhr morgens, und zwar mit Pomp und Fackeln; die Armen dagegen wurden im Sammeltransport zu den Gemeinschaftsgruben gekarrt und in der Morgendämmerung hineingeworfen, wenn der bei Öffnung der Gruben aufsteigende Gestank am wenigsten störte. (s. dazu auch Sonett Seite 93)

Im antiken Rom begrub man Bürger von Stand oder Ansehen bei Tag und brachte sie in feierlichem Leichenzug (= pompa) zu Grab oder Verbrennungsstätte; die Armen wurden durch einen besonderen Beamten, den »vespillo«, am Abend (= vespera) ohne Aufwand und Feiern begraben.

»Herren und Hurensöhne«: die letzteren sind die – damals sehr zahlreichen – unehelichen Kinder der »Herren«; das Volk glaubte, sie hätten im Leben besonderes Glück.

Das Sonett gehört zu den meistzitierten in der italienischen Literaturkritik.

Die Mißachtung gegenüber den Armen im Leben wie im Tod, die fast außerhalb des Standesgefüges eingestuft und wie Abfall in die Grube geworfen werden, kaum noch den Menschen zugerechnet, ist ein Thema, das Belli immer wieder behandelt hat. Dazu Muscetta: »Ein Sonett wie ›Die Toten von Rom‹ ist in unserer Literatur einzigartig.«

Stendhal: »Alle Leichenbegängnisse der vornehmen Welt passieren gegen Abend (um 23 Uhr 30) den Korso. Hier sah ich, umgeben von hundert brennenden Kerzen, auf einer Bahre die junge Marchesa Cesarini-Sforza mit unverhülltem Haupte vorbeitragen, ein entsetzlicher Anblick, den ich zeitlebens nicht vergessen werde, ein Anblick, der an den Tod gemahnt oder vielmehr die Einbildungskraft mit ihm beschäftigt, also sehr nützlich für die, welche in dieser Welt herrschen, indem sie uns vor der anderen Angst machen...«

Roller bemerkte 1829: »Unweit unserer Wohnung gab es diesen Abend ein Leichenbegängniß. Eine lange Reihe Vermummter von irgend einer geistlichen Brüderschaft begann singend den Zug... Nach ihnen kam eine Schaar Geistlicher in weißen Chorgewändern, sich lustig lachend unterhaltend. Zuhinterst folgte der Sarg, den einige der vermummten Brüder mit brennenden Wachskerzen umgaben. Feierlich-Ernstes hatte der Zug gar nichts, hingegen manches Lustige. Buben, die nebenbei liefen, zündeten an den Wachskerzen Papierchen an. Von Trauer nirgends eine Spur.« (C. A. R. Roller, »Das Tagebuch einer italienischen Reise 1829/30«)

## DER BALL AM DONNERSTAG VOR FASTNACHT

*Er festino de giuveddí grasso*
*25. Januar 1833*

Nach den vielen öden und kalten Tagen
Sollte es mal wieder was Warmes sein,
So fiel es den Aracoeli-Brüdern ein,
Für Donnerstag ein Tänzchen anzusagen.

Bruder Furzius und Pater Hinterstich
Möchten mal wieder richtig schön feiern,
Wo sie sonst Evangelien runterleiern,
Und der Hahn und die Henne finden sich.

Die Fratres und die Novizen beginnen
Nach den Klängen eines Orgelchorals
Mit Springtanz und dem Tanz der Wäscherinnen.

Und sie tanzen die ganze lange Nacht,
Bis am Morgen das Glöckchen des Generals
Sie verwandelt und wieder zu Männern macht.

*Zum Titel des Originals:* Von »Festinen« spricht einige Male Goethe (Italienische Reise Dritter Teil »Das Römische Carneval«) und beschreibt sie als »maskierte Bälle« oder »Redouten«.

*»Giovedi Grasso«:* (wörtlich »fetter Donnerstag«) der letzte Donnerstag im Karneval vor der Karwoche, die mit dem »Martedi grasso«, dem »fetten Dienstag«, endet.

Das Barfüßerkloster »Santa Maria in Ara-Coeli« (lateinisch = Altar des Himmels) auf dem kapitolinischen Hügel, errichtet auf den Trümmern des antiken Tempels der Göttin Juno Moneta (in ihrem Heiligtum befand sich die Münzstätte).

*Die Totenbrüderschaft*

*11. Zeile:* die Tänze heißen bei Belli Saltarello und Lavandarina und sind noch heute volkstümlich.

*13. Zeile:* General heißen die Vorsteher gewisser geistlicher Orden.

Vigolo hebt das Sonett als »Nachtstück« gegenüber all jenen hervor, die Geschehnisse des römischen Alltags behandeln. Er verweist auf »Das heilige Rom, das Rom des Teufels«; dessen zwiespältiges Gesicht, meint Vigolo, komme im düsteren Surrealismus dieses Sonetts zum Vorschein. »Man möchte sagen, daß dieser unfromme Tanzabend wie eine Radierung von Callot [Jacques Callot, französischer Zeichner und Radierer, 1592–1635, Darsteller realistischer wie fantastischer Szenen; E.T.A. Hoffmann schrieb u.a. »Phantasiestücke nach Callots Manier«] auf der schwarzen Seite von Bellis Dichtung wirkt; es paßt gut in die finstere Nacht der Wunder und Ängste, der Alpträume und Erscheinungen, wo der Werwolf die arme Gattin zerfleischt und wo die geängstigten Frauen den Besen gegen die Hexen ans Fenster stellen.« (s. dazu Sonett Seite 131)

An anderer Stelle sagt Vigolo, hier spüre man den »dämonischen Hauch«. – Anders sieht das Muscetta, der nichts Diabolisches und Mystisches erkennt: schon die Satiren des 17. Jahrhunderts hätten vielfach die homosexuellen Gewohnheiten in den Klöstern aufs Korn genommen; Vigolo habe zuviel Fantasie, wenn er hier »Schauder verspüre« und von Callot und von Surrealismus spreche; dies sei kein Nachtstück makabrer Prägung nach E.T.A. Hoffmann: »...es ist eine heitere Satire, die ja auch heiter ausklingt, wenn das Glöckchen des Generals alle wieder in Männer verwandelt.« Muscetta hält es allerdings durchaus für möglich, daß die Kunst E.T.A. Hoffmanns dazu beigetragen habe, Belli auf diese Welt aufmerksam zu machen, aber die wolle Belli mit seinem Verstand und durch den Mund des Volkes entzaubern und entmythisieren. »Belli hat ›Die Elixiere des Teufels‹ [von E.T.A. Hoffmann] gekannt, sie aber nicht getrunken.«

## DIE KATAKOMBEN

*Le catacomme I*
*26. Januar 1833*

Was gibt's in Rom doch alles zu entdecken!
Die Katakomben Sankt Sebastians allein
Sind wunderbar, da ging'n die Christen rein,
Um sich für ihren Glauben zu verstecken.

Ein heil'ges Labyrinth, da sind verstreute
Schienbeine, Beckenknochen, Finger, Zehen,
Man kann auch hier und da ein Steißbein sehen,
All die Reliquien finden sich noch heute.

Im bleichen Flackerschein des ew'gen Lichts
Sammelt man sich das heilige Gebein
Und macht ein Skelett davon, das kostet nichts

Und bringt noch Geld, denn es wird gern gekauft.
Wo noch was fehlt, flickt man ein Stückchen ein,
Das Ganze wird als Märtyrer getauft.

Die in den weichen vulkanischen Tuffstein Roms eingeschnittenen unterirdischen Katakomben waren mit Sicherheit keine Fluchtstätten, sondern dienten den Christen Roms im 3. Jahrhundert als Bestattungsort. Den Toten wurden, bei »heidnischen« wie christlichen Römern, kleine Öllampen aus Ton oder Bronze mitgegeben, die nur als Totenlampen hergestellt wurden und praktisch nicht verwendbar waren; der Volks-Aberglaube dichtete ihnen allerlei Geheimnisvolles an.

# DIE ARBEIT

*Er lavore*
*30. Januar 1833*

Ich will nicht arbeiten, hast du kapiert?
Ich bin für so ein Leben nicht gemacht.
Ich will nicht arbeiten, hab' ich gesagt,
Ich bin dazu einfach nicht motiviert.

Beim Aufstehn bin ich schwach: mein Bein knickt ein,
Und kaum hab' ich gegessen und getrunken,
Bin ich vor Schwäche wieder umgesunken,
Dann liege ich im Garten und schlaf' ein.

Wenn Arbeit wirklich sowas Schönes wär',
Wer machte sie? Doch nur das Pfaffenpack.
Arbeit für and're gäb' es dann nicht mehr.

Arbeit im Paradies? Das wär' zum Kotzen!
Da tut man nichts! Da kratzt man sich am Sack,
Die Heil'gen, mein' ich … oder an den Fotzen.

Sich kratzen, vor allem an den genannten Stellen, ist in Italien Ausdruck der Langeweile, besonders aus männlicher Sicht.

## PIAZZA NAVONA

*Piazza Navona*
*1. Februar 1833*

Piazza Navona, das ist meine Freude!
Spanische Treppe, Petersplatz ... ganz schön,
Piazza Navona aber muß man seh'n,
Ein Land, ein Schauspiel, eine Augenweide!

Herrlich ringsum die Winkel und die Gassen,
Sie fassen dieses Wunder würdig ein.
Einkaufen kann man, Fleisch und Fisch und Wein,
Was man nur will, zum Tafeln und zum Prassen.

Drei feine Brunnen sind da hingebaut,
Die Säule steht, als wollt' sie uns was sagen,
Und erst das Bild, wenn sich das Wasser staut!

Am Bock macht immer nur das Zuschau'n Spaß,
Da krieg'n sie dreißig auf den Arsch geschlagen
Und fünf als Spende für die Caritas.

Der Platz ist so benannt nach dem antiken *»campus agonis«* = Feld der Kampfspiele.

Im 17. Jahrhundert war aus dem lateinischen agon im Volksmund Navona geworden; hier stand – fast genau in der heutigen Form – das Stadion des römischen Kaisers Domitian (81–96). Grundmauern, Tore und Treppen sind noch zu sehen.

*7. und 8. Zeile:* eine Zeitlang war hier Markt.

*11. Zeile:* von der Mitte des 17. Jahrhunderts bis gegen Mitte des 19. wurden an den Samstagen des Monats August die Abflüsse von Kanalisation und Brunnen verstopft, so daß der Platz – innerhalb von zwei Stunden – zu einem See wurde,

*Die Piazza Navona im August*

belebt von Badenden, Barken und Kutschen; Sonntagabend wurde das Wasser wieder abgelassen.

*Letztes Terzett:* der Bock, ein für die Prügelstrafe konstruiertes Gerät, im Italienischen »*cavalletto*« = Pferdchen. Dazu schreibt der römische Korrespondent der AZ seltsam widersprüchlich: »Rom, 5 Sept. [1833] ... Auspeitschungen kennt man hier gar nicht, es müßte nur darunter die Strafe des sogenannten Cavaletto gemeynt seyn [?]. Es ist dies ein Gestell, auf welchem diejenigen aus der untersten Volksklasse [!], welche einen Diebstahl oder sonst ein polizeiliches Verbrechen von geringerem Grade begangen habe, öffentlich eine Anzahl Schläge mit dem Ochsenziemer bekommen. Wer den römischen Pöbel kennt, wird weit entfernt seyn, diese Strafe zu tadeln; er wird vielmehr bedauern, daß sie nicht häufiger und strenger angewendet wird...«

Der Bock stand auf einer etwa zwei Meter hohen hölzernen Plattform; der Delinquent mußte sich über eine Art Tisch nach vorn beugen, die Arme vorstrecken und die Hände durch zwei kleine Öffnungen stecken, wo sie festgehalten wurden. Der französische Maler Antoine-Jean-Baptiste Thomas hat uns ein Aquarell des cavalletto hinterlassen, das unter einem Madonnenbild steht (Thomas war 1817/18 ein Jahr Gast der französischen Akademie in der Villa Medici; seine Rom-Bilder erschienen 1823 in Paris unter dem Titel »*Un an a Rome et dans ses environs*«). Der Bock hatte keinen festen Platz und wurde mit Vorliebe überall da aufgestellt, wo größere Menschenansammlungen zu erwarten waren; so sah man ihn mitten im Karnevalstreiben wie vor den Ausgängen der Theater. Ein Unbekannter dichtete damals diese Verse, in denen er zugleich die im Sonett Seite 28 f. beklagten »Gitterchen«, die *cancelletti*, kritisierte:

Al teatro il Cavalletto,
all'osteria il Cancelletto,
il papa sempre a letto,
che governo maledetto!

*Der Bock*

Beim Theater das Cavalletto,
Vor der Schenke das Cancelletto,
Der Papst im Bett, sich zu kurieren
Verdammt schlimm, wie sie regieren!

Ponti hat das überliefert, und er berichtet auch, daß im Karneval »übelbeleumdete Frauen« mitleidlos auf den Bock geschleppt wurden, wenn sie sich maskiert unter die Menge mischten (und sich dabei erwischen ließen), für die Nichtbetroffenen war das ein pikantes Schauspiel. Vigolo schreibt:

»Das Volk applaudierte gemeinhin begeistert...« Den Bock verordnete die Polizei, nicht das Gericht.

*14. Zeile:* zu den zahllosen schon bestehenden Wohlfahrtseinrichtungen hatte Napoleon eine weitere gegründet, das »Instituto di Beneficenza«, das auch nach der Restauration bestehen und sehr umstritten blieb; mehr noch als andere Anstalten unterstützte es meist unwürdige Protektionskinder.

Von Reumont hat der Platz weniger gefallen: »Eine barocke, aber pittoreske Masse, mit schlechten Bildsäulen.«

## DIE SO WUNDERTÄTIGE MADONNA

*La Madonna tanta miracolosa*
*2. Februar 1833*

Ich war von einer Menge eingekreist
Und landete – ich ließ mich einfach zieh'n –
Vor der Madonna von Sankt Augustin,
Die jedem jeden Wunsch erfüllt, wie's heißt.

Umrahmt von Bildchen für erwies'ne Gnaden,
Sitzt sie da mit dem Kind und präsentiert
Den ganzen Kram, den man ihr offeriert:
Von Putz und Kinkerlitzchen überladen.

Armbänder, Ketten, Spangen, Gürtel, Ringe,
Perlen, Brillanten, Gold am Hals, im Ohr...
Sie trägt nur feine, allerfeinste Dinge.

Die Jungfrau von der Heiligen Geburt
Kommt mir abscheulich aufgedonnert vor,
Wie so ein Weib, das jedem zeigt, es hurt.

Die Statue der Madonna mit dem Kind steht seit 1521 in der Klosterkirche der Augustiner an der Piazza San Agostino, nahe Piazza Navona; sie ist ein Werk des Jacopo Tatti genannt Sansovino; er setzte darüber die Inschrift *»Virgo tua gloria partus«* (= Jungfrau, dein Ruhm ist die Geburt ... hinzuzusetzen wäre »Jesu«); als wundertätig wurde sie erst 1820 berühmt, als der Arbeiter Leonardo Bracci dort wochenlang täglich für seine Frau gebetet hatte, die ein Kind erwartete und ... bekam; in der Chronik heißt es dann: »Einige Monate nach dem freudigen Ereignis bat Bracci den Küster Girolamo Setaioli, Tag und Nacht vor der Statue eine Öllampe auf seine Kosten brennen zu lassen.« Sie bekam den Namen »Heilige Jungfrau von der Geburt« und ist bis heute eine der volkstümlichsten Marienstatuen; man nennt sie auch »Madonna der Römer«, die zugleich Eheglück gewährt. Belli erwähnt die Madonna mehrfach und schrieb 1832 zum ersten Sonett diese Fußnote: »Seit wenigen Jahren für überaus wundertätig gehalten.« Damals schon drängten sich täglich hunderte von Gläubigen vor dem Bild; viele schenkten zum »Dank für erwiesene Gnade« wertvollen Schmuck, meistens aber silberne Herzen. Dickens beobachtete: »[In Rom] gibt es besonders beliebte Altärchen und Heiligenfiguren, geschmückt mit silbernen Kreuzchen und Herzchen, die den Haupthandel der Juweliere und den größten Teil der Auslage in ihren Läden bilden...«

1851 wurde die Madonna als Gnadenbild vom Kapitel von St. Peter anerkannt und gekrönt; die goldene Krone wurde zu Beginn dieses Jahrhunderts gestohlen, eine Nachbildung hatte später das gleiche Schicksal; seither trägt die Madonna keine Krone mehr, auch keine Juwelen, weil auch sie immer wieder gestohlen wurden. Wertvoller Schmuck wird nach wie vor gespendet, wie z.B. 1972 ein hochkarätiger Diamant, dessen Gegenwert einvernehmlich zur Instandsetzung der Orgel, zur Herstellung einer Broschüre für die Besucher und für einen Bronze-Kandelaber des modernen Bildhauers Giuseppe Niglia (links vor der Statue, das Gleichnis von den fünf törichten Jungfrauen darstellend) ausgegeben wurde.

Die Kirche enthält viele Kunstschätze, so ein Bild des Propheten Isaias von Raffael; es gibt auch eine Kapelle der Heiligen Monica, der Mutter des Augustinus; dazu die Chronik: Hier ruht der Leib der Heiligen. Der »Kirchenvater« Augustinus lebte von 354 bis 430. Seine Ordensregeln wurden von vielen Klostergenossenschaften übernommen. – In dem großen Kloster neben der Kirche mit der berühmten Bibliothek »Angelica« lebten 1978 noch sechs Augustiner: es gibt keinen Nachwuchs.

## DIE HEXE

*La strega*
*3. Februar 1833*

Siehst du die Alte da? Vermaledeit!
Von Hexenkram lebt die und Kartenlegen,
Die bringt uns Unglück, Sturm macht die und Regen,
Die schnippt mit dem Finger, damit's sommers schneit.

Nur ihren Daumen braucht die zu bewegen
Und du kriegst Würmer. Zur Mitternachtszeit
Fliegt sie durch die Luft dem Teufel entgegen
Auf einem Reisigbesen, der Feuer speit.

Zum Tanz macht Satan die Hexen zu Drachen,
Im Cagliostro-Frack hau'n seine Gesellen
Auf Trommelfelle, daß die nur so krachen.

Mutter und ich sorgen vor, wir stellen
– Damit sie den Kindern nichts Böses machen –
Den Besen heraus, schon früh, noch im Hellen.

*10. Zeile:* Giuseppe Balsamo, der sich Graf Cagliostro nannte (1743–1795), war auch dem einfachen Volk in Rom als Hochstapler und Hexenmeister ein Begriff; er hatte einst ganz Europa hereingelegt und 1786 in Paris in der Bastille gesessen, wurde 1789 in Rom wegen Ketzerei verhaftet und zum Tode verurteilt; Papst Pius VI. begnadigte ihn zu lebenslanger Haft; Cagliostro starb im Kerker von San Leo.

*14. Zeile:* jahrhundertelang war es – und nicht nur in Italien! – Brauch, abends einen Besen vor die Tür zu stellen, damit die Hexen glauben sollten, es sei niemand zu Hause.

Vigolo sieht in dem Sonett »... ein Werk der Fantasie, voll Feuer und Inspiration.« Er schreibt: »Wie auch die Kultur der Epoche den Zeiterscheinungen nicht fern stand, auch wenn sie diese inkognito und in volkstümlicher Verkleidung in sich aufnahm, wie etwa ein Fürst das Treiben in einer Schenke von Trastevere, so begegnen uns hier die Romantik in Person und die Freude am Grausigen, die Belli auf das Feld seiner Dichtung verpflanzt hat. So gab er uns seinen Hexensabbat von Rom, wie ja auch Goethe die erste Idee zu dem seinen in der Villa Borghese hatte.« (Goethe schrieb die Hexenszene des »Faust« im Park der Villa Borghese).

Muscetta sieht das anders: Belli habe niemals an Übernatürliches geglaubt. »Bellis Hexe ist in eine Alltagsszene gestellt und ist eine ganz andere Figur als jener Werwolf, der mit tierischer Gier zuschlug; sie gehörte für den Dichter durchaus noch zur wirklichen Welt.« (also nicht zur übernatürlichen) s. dazu Seite 122.

Der Hexenglaube ist noch in vielen Ländern lebendig: in Italien praktizieren an die 10000 hauptberuflich tätige Hexen und Hexenmeister, die auch als solche firmieren *(mago)*; sie haben einen großen Kundenkreis, besonders gefragt sind ihre Liebestränke. Der Herausgeber befragte einige Zauberer nach deren Zutaten; eine *»maga«* sagte, in ihrem Pulver sei »getrocknetes Wasser vom Nil und Hornhaut vom Fuß eines Krokodils«, der Rest sei ihr Geheimnis; ein *»mago«* verriet alle

Zutaten zu seinem Trank *(filtro d'amore)*, der eine Trennung Liebender verhindern soll: deren Namen werden auf ein Papier geschrieben, darin wickelt man eine Locke des (oder der) Geliebten und verbrennt das Päckchen; die Asche wird in einem Beutel drei Tage auf dem Herzen getragen, wo ihn der Magier bei Damen mit Vorliebe selbst anbringt; seine Kräfte tun das Übrige und sind das einzige Geheimnis; – eine Hexe hilft, wenn Rivalen oder Rivalinnen ein Liebesverhältnis zu stören drohen: vor dem Bild der oder des Geliebten wird ein Foto des oder der Störenden verbrannt. Groß ist noch heute in Italien die Furcht vor dem Bösen Blick *(malocchio)*, von dem die Frauen in Bellis Sonett sprechen; dagegen hilft man sich heute noch durch Abspreizen von kleinem und Zeigefinger der rechten Hand in Richtung auf die bösen Augen *(fare le corna* = die Hörner machen).

Bei einem Kongreß der italienischen Magier in Avellino haben diese öffentliche Anerkennung ihres Berufszweigs gefordert; hier im Auszug die Rede des Magiers Antonio Battista, damals Bürgermeister von Arcella: »Wir sind ehrliche Leute, bei den Hörnern Beelzebubs, wird sind ehrliche Leute! Die Gesellschaft muß uns endlich anerkennen. Wir haben hunderten von Menschen das Leben gerettet, tausende sind zu uns gekommen, um ihre Liebe zu retten, Selbstmörder haben bei uns Trost gefunden, nachdem sie aus enttäuschter Liebe verzweifelt waren, Allen haben wir wieder zu ihrem Glück verholfen. Meine Herren von der Regierung, vergessen Sie uns nicht! Wir fordern Anerkennung unseres Berufs, wir fordern Pension!«

Im Telefonbuch Roms inserierten 1976 noch einige Zauberer. Von den anderen, bekannten, nennt sich einer »Profet des siebenten Tages«, ein anderer bezeichnet sich als »Kosmobio-psycho-Ultrafanist«.

## DER SKANDAL

*Lo scànnolo*
*4. Februar 1833*

Betschwestern falsche! Alte schwarze Raben,
Die ihr nicht besser als die Huren seid!
'Ner Jungen gönnen sie aus purem Neid
Nicht, was sie selbst mit Fleiß betrieben haben.

Jawohl: ich hab' im Haus 'nen fremden Mann,
Der schläft mit mir, und tut es jede Nacht,
Der pimpert mich, und schön ist's, wie er's macht,
Ich freu mich drüber, daß er's so gut kann!

Wen geht's was an und was ist schon dabei?
'S ist nur der Schwanz im Hause, der euch fehlt,
Daher kommt eure ganze Heuchelei!

Drum müßt ihr euch von mir jetzt sagen lassen:
Es ist die größte Sünde auf der Welt,
Gute Gelegenheiten zu verpassen!

Muscetta stellt dem Sonett den Zynismus eines Aretino gegenüber; ihm habe jenes »Licht ideeller Freiheit« gefehlt, das man sogar in solchen Sonetten Bellis finde, die »in geradliniger Logik das Recht auf Liebe für alle die beanspruchen, die sich gegen heuchlerische und moralisierende Unterdrückung stellen und damit gegen behördliche Bevormundung, die angesichts der Korruptheit der gleichen Behörden umso absurder war.« Das Sonett habe nur von einem Dichter geschrieben werden können, der selbst moralische Prinzipien gehabt habe, die denen eines Aretino diametral entgegengesetzt seien. Dem Sonett lägen Vorwürfe aus Boccaccios »Decamerone« zugrunde, besonders die Novelle von der Madonna Filippa, die sich gegen die Anklage wegen Ehebruchs mit so viel Beredsamkeit verteidigte; Belli habe, meint Muscetta weiter, hier die paradoxe, doch unwiderlegbare Logik der sexuellen Rechte mit unverfrorener Offenheit ausgesprochen.

Guido Almansi nennt das Sonett ein »außergewöhnliches Beispiel von Offenheit innerhalb des Kodex der Bellischen Sexualität, die sonst im allgemeinen die verblüffend schamlose Großmäuligkeit der Männer einer totalen Ignoranz der Frauen gegenübergestellt.« Es ist kein Einzelfall: zu den Sonetten dieses Typs gehört auch das Sonett Seite 145 f. (Guido Almansi »L'oscenità del Belli« in «L'estetica dell'osceno«, Turin 1974)

## SCHÖNES WETTER

*Er tempo bono*
*6. Februar 1833*

Was für ein Tag, das ist vielleicht ein Morgen!
So schön wie heute war es lange nicht,
Die Sonne lacht dir richtig ins Gesicht;
Das Herz geht auf, Mensch, wo sind bloß die Sorgen?!

So blau sah unser Himmel noch nie aus,
Du schmeckst schon auf der Zunge andere Luft,
Was sage ich? das riecht direkt nach Duft.
Los, auf und raus mit uns, raus aus dem Haus!

Bis gestern war es doch nicht auszuhalten,
Jetzt ist mit einem Schlag der Frühling da,
Die Sonne hat schon Kraft zum Steinespalten.

Aufwachen, schnuppern, Fenster aufgemacht,
Das war heut' eins, und gleich die Nase raus:
Ein Wetterchen, ein Lüftchen, eine Pracht!

Das Sonett gehört zu den wenigen »neutralen« des Dichters; E. De Michelis beschreibt diese so: »Es fehlt jegliche Problematik, da ist nichts Ethisch-Religiöses, nichts Soziales, kein Gedankenaustausch mit dem Nächsten ist spürbar, außer vielleicht der Wunsch, andere an dem Glücksgefühl über den schönen Tag teilnehmen zu lassen, das sein Herz erfüllt.« (St.B.)

Muscetta zu diesem Sonett und anderen gleichen Genres: »Belli ist der größte ›Zeichner‹ unter unseren Dichtern nach Parini und Manzoni.« (Giuseppe Parini, 1729–1799, war Geistlicher in Mailand und später dort Professor für italienische Literatur; berühmt wurde er durch das satirische Werk *»Il giorno«*, dem Sinne nach = Der Tageslauf, worin er den Tag eines jungen Adligen schilderte, den man heute einen Playboy nennen würde; Parini war, wie Goethe, Mitglied der Akademie ›Arcadia‹.)

Der Übersetzer hat sich beim Reimen der zehnten und der dreizehnten Zeile genau an Belli gehalten, der ausnahmsweise die zehnte Zeile frei enden läßt und die dreizehnte auf die achte abstimmte.

## DIE HITZE

*Er callo*
*7. Februar 1833*

Uffa, die Höllenglut! Nein, die Scheißhitze!
Heut' mach ich nichts, dazu fehlt mir der Saft:
Laß mich in Ruh, ich hab' nicht mal die Kraft
Mich aufzurichten, guck bloß, wie ich schwitze!

Mir läuft das Wasser runter, Tag und Nacht,
Zum Aufstehn bin ich morgens schon zu schlapp,
Allein dies Reden: man ist völlig ab,
Und gar nichts hilft, egal, was man auch macht:

Ich saufe Wasser und ich tropf' noch mehr,
Ich wasch' mich kalt und mir wird davon heiß,
Der Fächer ist mir in der Hand zu schwer.

Meinst du, ich ess' was? Nichts. Ich will nur liegen,
Nur: Ruhe hat man nicht bei diesem Scheiß
Mit den verdammten Flöhen und den Fliegen!

*Letzte Zeile:* Die Flöhe beschäftigten damals auch den Königlich-Preußischen Divisions-Auditeur (= Gerichtsbeamter) Gustav Nicolai; er verließ Berlin am 1. Mai 1833 »jauchzend« in der Vorfreude auf das Rom-Erlebnis. Das Jauchzen verging bald, wie auch die »innigste Empfänglichkeit für das Schöne«; sie sank auf den Nullpunkt, und von allen Gefühlen blieb bald nur eines übrig: ein lebhaftes Gefühl für Flohstiche. »Dieses Gefühl machten den kleinen und unbedeutenden Auditeur für einige Jahre berühmt. Der stete Kampf mit den italienischen Flöhen stärkte seine Kräfte. Jeder Floh der hesperischen (griechisch = ›gegen Abend gelegen‹, dichterische Bezeichnung für Italien) Gefilde war gleichsam eine Muse, die ihn küßte.« Nicolai schrieb seine enttäuschenden Erlebnisse in zwei Bänden nieder; sie erschienen 1834 in Leipzig; der Titel: »Italien, wie es wirklich ist, Bericht über eine merkwürdige Reise in den hesperischen Gefilden, als Warnungsstimme für Alle, welche sich dahin sehnen.« Das Berlinisch-nüchterne Resümee seiner viermonatigen Reise: »Wie könnte ein edler, gemüthvoller, gebildeter und – reinlicher Mensch in diesem Lande sich wohl fühlen? ... Leb wohl denn, Italien, auf Nimmerwiedersehen!« (s. Seite 211)

## DIE WAHRHEIT

*La Verità*
*11. Februar 1833*

Die Wahrheit drückt dich wie die Scheißerei.
Aus dir will alles raus, was drinnen ist,
Klemm ruhig das Loch zu, da hilft keine List,
Kein Baucheinzieh'n und keine Kneiferei.

So ist's auch mit dem Mund: so stur du bist,
Du kneifst ihn zu, da ist's auch schon vorbei,
Raus ist die Wahrheit, eins, zwei, drei,
Wenn's nicht mehr anders geht, schweigt kein Trappist.

Wozu die Lügen und die Heuchelei'n,
Wo sich die Wahrheit doch so einfach spricht?
Man muß das Maul auftun und herzhaft schrei'n.

Gott hat uns doch den Mund in das Gesicht
Getan zum Reden, anders kanns nicht sein,
Nein, laut die Wahrheit sagen, das ist Pflicht.

La Verità è com'è la cacarella,
che quanno te viè l'impito e te scappa
hai tempo, fija, de serrà la chiappa
e stòrcete e tremà pe ritenella.

E accusí, si la bocca nun s'attappa,
la Santa Verità sbrodolarella
t'esce fora da sé da le budella,
fussi tu puro un frate de la Trappa.

Perché s'ha da stà zitti, o dí una miffa
ogni quarvorta sò le cose vere?
No: a temp'e loco d'aggriffa s'aggriffa.

Le bocche nostre Iddio le vò sincere,
e l'ommini je metteno l'abbiffa?
No: sempre verità; sempre er dovere.

Muscetta: »Ich glaube die tatsächlichen Verhältnisse richtig wiederzugeben, wenn ich das tiefe religiöse Gefühl hervorhebe, aus dem eine zaghafte Seele Kraft und heldische Beharrlichkeit schöpfte; sie gab einem Mann künstlerischen Mut, der im praktischen Leben, wie so viele italienische Intellektuelle, alles andere war als ein Held. Mir scheint, man findet den unwiderlegbaren Beweis dafür in einem zu Unrecht vernachlässigten Sonett von größter Ursprünglichkeit, weil es [Belli] nach der unwiderstehlichen Komik der Quartette gelingt, durch eine überraschende Frage das Lachen zu ersticken und den Leser in die Sphäre absoluter moralischer Idealität zu erheben. Wir stellen uns den Dichter wirklich wie ›Hiob auf dem Misthaufen‹ vor [so nennt er sich selbst in seinem letzten Sonett]. Wir sehen ihn ganz verlassen mitten im Chaos des Kirchenstaats, wie er Zuflucht bei seinem Gewissen sucht, dem einzigen Heiligtum, in dem Glauben und Menschenwürde noch überleben konnten.«

Mazzocchi Alemanni: »Bei Belli haben die Kraft seiner Aussage und das neue Element seiner Sprache auch dem vorsichtigsten Interpreten den Zwang auferlegt, Stellung zu beziehen und sozusagen ein Glaubensbekenntnis abzulegen [das nicht einmal zweideutige Ausflüchte verbergen können]; keine literaturkritische Deutung kommt daran vorbei, zugleich mit dem Dichterischen auch das Ideologische zu sehen. Da ist ein Sonett, das alle Bellianer kennen, ein Sonett, von dem ich leider glaube, daß es niemals in einer Schulbuch-Anthologie Aufnahme finden wird, das aber dem Kritiker wie ein Epigramm vorkommen mag. Man weiß schon, ich meine ›Die Wahrheit‹.«

Das Sonett wird von den deutschen Romanisten und auch bei Heyse nicht erwähnt.

In seinem Zibaldone hat sich Belli die folgende Stelle aus Voltaires Gedanken über die Moral (»Pensées morales«) notiert: »Seid wahrhaft, aber diskret; seid aufrichtig, aber weise, und liebt die Wahrheit, doch verschwendet sie nicht. Verbergt sie ohne Doppelzüngigkeit und wagt es, sie mutig zu sagen.«

## RÖMISCHE GESCHICHTE

*L'istoria romana*
*17. Februar 1833*

Dazu gehört doch nichts, nicht mal Verstand,
Mit Quasselei die kluge Dame spielen!
Da bleib' ich lieber eine von den vielen
Der Ehrlichen vom geistigen Mittelstand.

Muß ich mich für Historie interessieren?
Wozu soll ich mich mit dem Kram befassen?
Das will ich gern den andern überlassen,
Die sich den Kürbis damit strapazieren.

Dafür bezahlt man Bischöfe und Richter,
Mir bin ich schlau genug, nein, so ein Scheiß
Ist was für die Propheten und die Dichter.

Ein jeder Mann in Rom lügt und betrügt,
Und alle Frauen sind Huren, wer das weiß,
Der kennt schon Roms Geschichte, das genügt.

*Bellis Fußnote zum letzten Terzett:* Der Autor hält es für seine Pficht, feierlich zu protestieren: er hat nur die Übertreibungen des einfachen Volks wiedergeben wollen, nicht seine eigene Ansicht, denn das wäre allzu falsch und kränkend für die guten Bürger Roms.

## DIE SIEBEN TODSÜNDEN

*Li sette peccati mortali*
*17. Februar 1833*

Ich will euch mal ein Geheimnis verraten
Und von den Todsünden was erzählen.
Völlerei ist das Laster von Kardinälen,
Aber auch von Bischöfen und Prälaten.

Die Wollust ist bei den Mönchen zuhaus.
Hochmut ist bei aufgeblähten Poeten
In den verdrehten Sonetten vertreten,
Und die Trägheit zeichnet Beamte aus.

Der Geiz hält die Pfaffen in seinen Krallen,
Neid ist die Sünde der alternden Frauen,
Vom Zorn werden Kavaliere befallen.

All die Sünden kannst du gut mischen lassen,
Dann zieh eine, blind, und du kannst drauf vertraun,
Die paßt zum Papst, nur ihm wirds nicht passen.

Schuchardt schrieb über Bellis Satiren gegen den Papst: »Wir sind weit davon entfernt, alle diese Sonette ihrem Inhalt nach zu billigen; einige davon sind offensichtliche Blasphemien. Belli bereute es auch später, sie geschrieben zu haben ... Hat hier eine jener römischen Bekehrungen, deren Zahl Legion ist, ein plötzlicher Umschlag wie bei Boccaccio stattgefunden? ... Der Italiener, in seiner ganzen Literatur kann man es spüren, besitzt einen starken Hang zur Satire: den stärksten der Römer, und seine Sprache ist von spöttischen und beißenden Ausdrükken und Wendungen gesättigt. Als Darsteller des Römers ... mußte Belli satirisch sein ... Man darf die römischen Sonette nicht auseinander reißen, die politischen ... nicht von den anderen hinweg in ein besonderes Licht rücken; sie sind alle seines Geistes Kinder. Diese Satiren sind nicht aus Belli, sondern aus dem römischen Volk entsprungen ... Belli war nun in seinen späteren Jahren äußerst bigott und reaktionär, damals, als er die Sonette schrieb, war er es natürlich nicht. Aber ich glaube, ebensowenig ein glühender Feind des Papstthums und des Katholizismus. Ich vermute bei ihm eine politische Indolenz, wie sie in Rom von jeher so gewöhnlich gewesen ist.«

Dazu Karl Vossler: »Schuchardt hat, glaube ich, heute noch recht, wenn er betont, Belli habe die Satire gegen Papst und Kirche nicht planmäßig, nicht systematisch betrieben, nein, die Aufgabe selbst, die er sich gestellt hatte, mußte ihn dazu verführen ... wir haben Unrecht, wenn wir beim Italiener immer eine sittliche Entrüstung, einen ethischen Haß vermuten, so oft er satirisiert. Es ist darum auch kein bloßer Zufall, wenn es bei Belli fast vollständig fehlt an Sonetten, die sich prinzipiell gegen das Papstthum und gegen die Hierarchie als solche wenden. Die Vertreter der Kirche werden angegriffen, ihre Mißbräuche werden gegeißelt, aber das Prinzip bleibt verschont.«

Was Belli wirklich bewogen haben mag, dem Papst alle Laster anzudichten, weiß man nicht. Tatsache ist, daß der damals regierende Papst Gregor XVI. ein starker Trinker war (s. Sonett Seite 264).

Der Papst galt als sehr gelehrter Mann, doch im Volk hieß es später, er habe einen Pakt mit dem Teufel geschlossen.

*8. Zeile:* Trägheit scheint nicht nur den Beamten eigen

gewesen zu sein. In einem Bericht vom 7. November 1833 schreibt der römische Korrespondent der AZ, die Römer müßten die geringsten Kleinigkeiten ihres Bedarfs aus dem Ausland beziehen, und fährt dann fort: »Dabei führen die Römer ein ganz glükliches Leben, wenn man das Glük nemlich ins Konsumiren und nicht ins Produziren sezt. Sie lassen andere für sich arbeiten, und genießen fröhlich die Dinge, die Natur oder Zufall ihnen darbieten. Wer aber die schaffende Thätigkeit für das höchste im Leben hält, der kan die Römer nicht glüklich preisen. Wenn sie ihre vortrefliche Lage nuzen wollten, so könnte Rom eine der blühendsten und reichsten Städte werden; so lange sie aber noch von einem Menschen, der den ganzen Tag in einem Kaffeehaus sizt, und durchaus nichts thut, sagen: dieser Mann führt ein glükliches Leben, ist jeder Verbesserung der Industrie der Eingang versperrt.«

Stendhal (»Römische Spaziergänge«) schreibt, was er 1828 bei dem Versuch erlebte, berühmte Galerien und Gebäude zu besichtigen: »Die Trägheit der modernen Römer ist grenzenlos, die geringste Anstrengung ist ihnen eine Qual. Trotzdem wir den Dienern eine Mancia (= Trinkgeld) versprochen hatten, behaupteten sie, in ihren Palästen sei nichts Besonderes zu sehen. Wir antworteten ihnen mit wichtiger Miene, wobei wir den Namen irgendeines bekannten Kardinals murmelten, daß wir die Anordnung der Räume durchaus sehen müßten.«

Über ein geringfügigeres Laster der Kirchenfürsten mokierte sich Hermann Allmers. Zwar bedauert er als Zeuge eines festlichen Gottesdienstes den Papst auf seinem goldenen Stuhl, weil er dazu verdammt sei, »diese Geschichte immer und ewig wieder von Neuem durchzumachen. Dass er darum beim Hochamte einmal über das andere herzhaft gähnte, verzeihe ich ihm gern, auch das ganze Cardinalscollegium gähnte mit ihm um die Wette und sprach aufs Fleissigste den Dosen zu, um sich zu ermuntern. Der Schnupftabak ist wie für katholische Geistliche erfunden.«

Das Schnupfen hatten spanische Geistliche 1636 in Rom eingeführt (MK); Papst Urban VIII. (1623–44) erließ dagegen eine Bulle; sie wurde 1724 wieder aufgehoben.

## DIE SINTFLUT

*Er diluvio universale*
*25. Februar 1833*

Los, Patriarch, hat Gott zu Noah gesagt,
Hol' deine Söhne und nimm dir eine Axt,
Nach der Zeichnung wird eine Arche gemacht,
So lang und so breit, sieh zu, daß du's packst.

Darauf setzt du ein Dach, genau wie das dort
Auf der Ripettafähre am Tiber.
Mal' schön alles mit Teer, und dann, mein Lieber,
Zieh in die Welt, fang Tiere und geh an Bord.

Eine Sintflut kommt, es gießt wie die Pest,
Und die Kaskade von Tivoli sieht aus,
Als wenn da ein Opa sein Wasser läßt.

Siehst du 'nen Regenbogen, pack' dir dein Zeug:
Ende der Reise, die Tür auf und raus!
Fegt den Dreck weg, seid fruchtbar und mehret euch.

*6. Zeile:* der Hafen lag gegenüber dem heutigen Justizpalast (wegen seiner Häßlichkeit und auch wegen seiner Funktion von den Römern »Palazzaccio« genannt, etwa der scheußliche Palast).

*10. Zeile:* bei Tivoli fällt der Fluß Aniene fast 100 Meter in die Tiefe. Er war 1833, als Belli das Sonett schrieb, überall im Gespräch, denn Gregor XVI. hatte 1826 angeordnet, den

Flußlauf zu regulieren, dessen Fall damals der Ortschaft Tivoli gefährlich nahe gekommen war; am 7. Oktober 1835 war es so weit, daß Fluß und Wasserfall in ihre neue Bahn geleitet werden konnten; der Papst und Gäste aus aller Welt nahmen an der Feier teil; der römische Korrespondent der AZ schilderte das Ereignis in einem Brief vom 10. Oktober, und die AZ widmete der Wiedergabe fünf Spalten über die ganze Seitenlänge (das Format war damals anders als heute: 21 × 30 cm).

An den Hafen erinnert die »Via Ripetta«: sie führt von der Piazza del Popolo bis zu der Stelle, wo er lag. Zu Bellis Zeiten war sie schon gepflastert; die Arbeiten hatte man mit den Geldern finanziert, die die Abgaben der römischen Huren brachten (s. Seite 97 und 188). Kurz nach der Fertigstellung ereignete sich (so im »Guida ai misteri e segreti di Roma«) folgendes: eine bekannte Kurtisane mit Namen Giulia Ferrarese stieß versehentlich auf der nun promenadefähigen Via Ripetta eine Dame der Gesellschaft an, die sie empört zurechtwies; die Ferrarese schlug bescheiden die Augen nieder und entschuldigte sich in sanftem Ton: »Madonna, verzeiht mir, ich weiß doch, Ihr habt auf dieser Straße viel mehr Rechte als ich.«

Belli hält sich in seiner Kurzfassung an das Alte Testament, Genesis 7,1 ff. bis 8,17.

## GRÜNDONNERSTAG

*Giuveddí Santo*
*4. April 1833*

Machs … herrlich … sto … laß! Hörst du das denn nicht?
Der Schuß! Nicht, laß jetzt, pack' den Vogel ein,
Sie schießen vom Kastell, das sagt uns Zwei'n,
Daß gleich der Papst von seiner Loggia spricht.

Knie dich hier neben mich, mach kein Gesicht,
Für heute reicht's, Brüderchen. Laß das! Nein!
Der Segen kann uns nur von Nutzen sein,
Der Körper hat sein Teil, die Seele nicht.

Der Heil'ge Vater wird die Hände heben,
Dann nimmt er sich die Hölle ins Gebet
Und rechnet ab, uns Sündern ist vergeben.

Daß wir in Monti sind, macht gar nichts aus,
Der Segen, den der Papst heut spendet, geht
Über die Brücken bis hierher ins Haus.

Karl Vossler: »Das Nebeneinander tiefster sittlicher Verworfenheit und religiöser Frömmigkeit oder sagen wir besser: *devozione*, ist in einem Sonett dargestellt, das an Naturalismus und künstlerischer Kraft seines Gleichen sucht. Eine Prostituierte, begriffen in der Ausübung ihres traurigen Gewerbes, wird jählings unterbrochen durch einen Kanonenschuss vom Castel St. Angelo her, der sie mahnt, wenigstens aus der Ferne sich mit einem kurzen Gebet zu beteiligen an der religiösen Feier, die zu dieser Stunde in San Pietro begangen wird.« Vosslers Fußnote dazu: »Der Wortlaut ist so drastisch und derb, daß auf eine Wiedergabe an dieser Stelle verzichtet werden muss. Wir Deutschen machen uns kaum einen Begriff von der realistischen Gewalt dieser düsteren Sittenbilder. Wer sich aus literarhistorischen Gründen dafür interessiert, wird die Mühe nicht scheuen, sich in die Originale einzulesen, aber es ist nicht meine Absicht, derartige Dinge auf dem Präsentierteller zu bieten.«

Aus Bellis Niederschrift geht nicht hervor, daß es sich bei der beteiligten Frau um eine Prostituierte handelt, wie Vossler annimmt. Von anderer Seite ist schon vermutet worden, es könne sich um zwei Männer handeln, weil die redende Figur zum Partner *fratello* = Bruder sagt; zur 6. Zeile merkt Vigolo an: »Man beachte die Bedeutung dieser Anrede in einem solchen Moment. Sie schließt aus, daß die beiden ein Ehepaar sind.«

*12. Zeile:* Monti ist ein römischer Stadtbezirk (Rione), der das östliche Gebiet bis nördlich der Porta Pia umfaßt; er liegt weit ab vom Rione di Borgo auf der anderen Tiberseite, wo der Vatikan und die Peterskirche sind.

In einer Fußnote bemerkt Vigolo noch: »Hier fällt der Kanonenschuß, der den Segen ankündigt, aus dem freien Himmel der großen Stadt in die private Sphäre eines Zimmers, wo sich zwei Liebende umarmen – und gewiß nicht in einer legitimen Verbindung –, unterbricht die Umarmung und läßt sie niederknien. Eine Bellische Situation, wie es keine andere gibt: hier treffen sich die Gegenpole seiner Welt auf engstem Raum, das Heilige und die Erotik. Die beiden stärksten Mächte seines Dramas sind hier beisammen und zugleich miteinander konfrontiert wie in keinem anderen Sonett: man kann nicht leugnen, daß das Heilige siegt, und sei es auch nur wegen der abergläubischen Vorstellung der Frau.«

Muscetta greift den letzten Satz Vigolos auf: er habe ihn so recht feierlich gesprochen, während der Leser des Sonetts noch lache und längst den wahren Sinn dieser Schlüsselszene zur römischen Komödie Bellis begriffen habe. Muscetta begründet seine Ansicht mit einer Fußnote, die Belli selbst als Anmerkung zur letzten Zeile geschrieben hat; sie lautet: »Man glaubt hier, daß einige Segnungen des Papstes an bestimmten Tagen nur ›*inter praesentes*‹ [unter Anwesenden] wirksam seien, während andere auf die ganze Stadt wirken und noch in die Welt hinein, bis sie müde sind oder auf irgendein Hindernis stoßen.« (Tatsächlich gibt der Papst den Segen ›*Urbi et orbi*‹ = ›der Stadt und dem Erdkreis‹ nur an drei Tagen des Jahres, Gründonnerstag, Ostern und Himmelfahrt). Die Frau im Sonett, sagt Muscetta, glaube ganz selbstzufrieden, etwas für ihren Körper, aber auch etwas zur Rettung ihrer Seele getan zu haben. »Und was bedeutet denn da diese doch ganz irdische Macht, die sich

*Papstsegen 1869*

durch einen Kanonenschuß ankündigt und jedwedem gestattet, dem Teufel die Rechnung zu präsentieren? Dies Kreuzeszeichen [*croscione* = großes Kreuz], wenn es in Zeit und auch in Ewigkeit wirkt, kann sich also über die Tiberbrücken auf die sündige Stadt ausdehnen. Doch nur deswegen, weil dieses Kreuzschlagen [beim Segen] ein magisches Zeichen ist, gibt diese Erniedrigung des Heiligen ihm einen Sinn, der so handgreiflich ist wie die Sünde, und zugleich dem Schluß des Sonetts eine komische Bedeutung, die die ganze Situation besiegelt: ...« Muscetta zitiert hier die Schlußzeile.

## PILGERFAHRT ZU DEN DELIKATESSEN

*Er giro de le pizzicarie*
*5. April 1833*

Ja, geschmackvolle Osterfenster sind rar,
Die können doch alle nicht dekorieren.
Aber Paolo am Pantheon: wunderbar!
Mächtige Säulen aus Käsen flankieren

Den aus feinem Weißbrot gebauten Altar,
Überwölbt von Würsten. Ganz unten marschieren
Märtyrer aus Mett, denen folgt eine Schar
Von ganz neuartigen wilden Tieren.

Majestätisch auf einem Thron aus Schinken:
Moses, wie lebend, er glänzt wie Perlmutter,
Ganz aus Schmalz, die Wurst als Stab in der Linken.

Hoch oben stehen auf silbernem Teller
Maria und Jesus aus frischer Butter
In einer Grotte aus Mortadella.

Belli schrieb dazu in einer Fußnote: »An den beiden Abenden des Gründonnerstag und des Karfreitag schmücken die Lebensmittelhändler ihre Läden mit einer solchen Menge Salzfleisch, Käse und anderen, ähnlichen Leckereien, daß Wände und Decken völlig damit bedeckt sind. Nach den verschiedenen Formen und Farben dieser Dinge, die den Appetit des Volks anregten, von dem anzunehmen ist, daß es sich 46 Tage lang [die Quaresima = Fastenzeit] ihrer enthalten hat, begutachtet und studiert man die mehr oder weniger elegante Ausschmückung und dabei das architektonische Genie des einzelnen Händlers. Da sind lange Reihen von Eiern, noch verlängert durch Spiegel im Hintergrund ... [da sind] die

Geheimnisse der Passion auf Papierlaternen gemalt, die sich im Luftstrom einer brennenden Kerze drehen, endlich heilige und profane Figuren, modelliert aus Butter oder, wenn es kalt genug ist, auch aus Schweineschmalz etc. etc.; all das bildet, womöglich in üppiger, mehrfarbiger Beleuchtung, eine Ausstattung von erstaunlichem Pomp, die eine große Menge von Andächtigen auf dem Rundgang [zu den 7 Kirchen] anzieht, der besonders für die Frauen zu einem Fastenkarneval *(carnevaletto in quaresima)* wird.«

1853 beschreibt Gregorovius die Sitte: »Der Sinn der Römer für Figuren und jederlei szenische Darstellung oder Gruppierung ist groß und allgemein. ... Sobald die Fastenzeit vorüber ist, verwandeln sich die Läden der Pizzicagnoli, der Verkäufer von Käsen, Würsten, Schinken und anderen ähnlichen Dingen, in kleine Tempel, in denen irgendeine köstliche Wurst als Wurstgottheit, als mythische Göttin Salami verehrt zu werden scheint. Wie in den Totenkapellen die Wände mit Schädeln und Menschengebein überkleidet sind, so macht der Pizzicagnolo seinen Laden zu einer graziösen Wurstkapelle. Symmetrisch aufgeschichtete Käse bilden etwa die eine Wand, die andere wieder mächtige Speck- und Schmerseiten, die weißen Kanten, welche mit Arabesken von Gold- und Silberpapierstreifen überkleidet sind, zierlich herauskehrend. An der Decke hängen zahlreiche Wurstmosaiken, und Würste schweben hier phantastisch unter bunten Blumen, Lorbeer- und Myrtenzweigen, nicht minder anmutig als die ätherischen Bacchantinnen auf Fresken Pompejis ... Es sind ohne Zweifel höchst geschmackvolle Wurstfresken. In der Mittelwand wölbt sich eine mysteriöse Grotte, und darin dreht sich zwischen Schinken und Würsten die Passion Christi. Sie ist in einem Tempelchen vorgestellt, welches umkreisend alle bezüglichen Figuren und Figürchen auf das beste sehen läßt. Überall flimmern Ampeln und Lichter, und von Freude, von Stolz und Fett strahlend steht der kunstreiche Wurstbildner hinter seiner Fleischbank und scheint der hereindringenden Menge die großen Worte zuzurufen: ›*Anch'io sono pittore!*‹ [Auch ich bin Maler!; den Ausspruch soll der Maler Correggio in Bologna vor Raffaels Gemälde der Heiligen Cäcilia getan haben].«

*Bellis Fußnote zur 2. Zeile:* »Mit diesem Namen [eigentlich *Pasqua delle uova* = Ostern der Eier] unterscheidet sich das *Pasqua die Resurrezione* [Fest der Auferstehung] von den anderen *Pasque* des Jahres, also von *Pasqua-rosa* [Pfingsten] und *Pasqua-befania* [Epifania].« Hier hat sich das Wort Passah (vom hebr. Pessach) erhalten; außer den von Belli aufgezählten gibt es noch *Pasqua fiorita* = Palmsonntag sowie *Pasqua di ceppo* = Weihnachten (*ceppo* = dickes Holzscheit, das in der Weihnachtsnacht verbrannt wurde).

Menzel berichtete 1835 in der Karwoche aus Rom: »Ich sah eine Schaar plumper deutscher Bauern durch den Corso stolpern. Seitdem diese Pilger, wie bekannt, bezahlt werden, um im Namen anderer reicher Sünder ihre armen Beine auf die Wanderschaft zu schleppen, hat dieses Pilgerwesen alle seine Poesie verloren.«

## S.P.Q.R.

*S.P.Q.R.*
*4. Mai 1833*

Dieses Espekuär, das du eingraviert
Über fast jeder Haustüre stehen siehst,
Das bedeutet gar nichts, wenn du das so liest,
Das ist ein Scheißdreck, wenn man's nur buchstabiert.

Ich weiß noch, ich war klein, und wie das so ist,
Lesenlernen sollt' ich und hab' nichts kapiert,
Habe aber im Alphabet rumstudiert
Und entdeckt: da steht fast der gleiche Mist.

Später dachte ich, daß man doch wissen muß,
Was das wirklich bedeutet und was das heißt,
Und fragte den Lehrer, Don Fulgentius.

Don Fulgentius sprach: du bist sehr dumm.
Die vier Buchstaben sagen, was du längst weißt:
Hier regieren Pfaffen, drum Silentium!

SPQR ist die Abkürzung aus dem antiken, republikanischen Rom für die Formel, mit der Beschlüsse verkündet wurden: *S*enatus *P*opulus*q*ue *R*omanus = Der Senat und das römische Volk. Die Formel wurde ins moderne Rom übernommen und man sieht sie über Türen, auf Fuhrwerken, Kanaldeckeln, Wolldecken, Briefbogen und allem, was der Stadt Rom gehört. Der Volkswitz hat für die den meisten Römern immer noch unerklärlichen Buchstaben viele eigene Deutungen erfunden, so z.B. diese:

Sono Porci Questi Romani = Sie sind Schweine, diese Römer

oder Sono Pazzi Questi Romani = Sie sind verrückt, diese Römer.

Bei Belli heißt es

Solo Preti qui regnano = Nur Priester regieren hier.

Muscetta: »[Der Einfluß seiner literarischen Studien] schuf die ideellen und historischen Voraussetzungen seines Antiklerikalismus und trug dazu bei, vor seinen Augen das grandiose und geheimnisvolle Bild des katholischen Autoritarismus zu formen, der sich auf Unterdrückung jeglichen Widerspruchs gründet. Man denke nur an die ... witzige Erklärung der Abkürzung SPQR. Hier ist ins Komische abgewandelt, was Herbigny feierlich feststellt: ›Was für einen Lärm man auch in einem Staatswesen macht, nichts ist jemals so gefährlich wie das Schweigen der Priester; daraus läßt sich schließen, wie tief ihre Politik geht.‹«

Belli hat sich die zitierte Stelle aus der Schrift »Die Geschicke

Europas« von Bourguignon d'Herbigny im Zibaldone notiert. d'Herbigny (1772–1846) gehörte im Paris der Revolution zum Freundeskreis des Marquis de Condorcet, mußte später aus Frankreich flüchten und kam erst 1830 zurück.

Stendhal: »Der Papst läßt sein Wappen auf der kleinsten Mauer anbringen, die er wieder aufrichtet, ja selbst an den angestrichenen Holzbänken, mit denen er die Vorzimmer des Vatikan oder Quirinal möbliert. Diese verzeihliche Eitelkeit erhält die Kunstpflege ungefähr so, wie man im Zoologischen Garten den Namen eines Mäzens verewigt, der einen Bären geschenkt hat.«

Friedrich von Oppeln-Bronikowski, Stendhals Übersetzer, schreibt dazu in seinem kritischen Vorwort zu »Römische Spaziergänge« über Stendhals grundsätzliche Tendenz, die Italiener von weniger guten Eigenschaften, so von dem Vorwurf der Eitelkeit, reinzuwaschen: »Nur gelegentlich gibt er zu, daß die Eitelkeit eine Haupttriebfeder des Häuser- und Kirchenbaues sowie der religiösen Malerei ist, daß jeder Papst, Nepot und Vornehme sein Wappen an jeder Mauer, jeder öffentlichen Bank anbringt, wie man ja noch heute das stolze S.P.Q.R. selbst auf den römischen Mistkarren erblickt...«

Das Zeichen S.P.Q.R. erfuhr in dem deutschen Künstlerkreis, der besonders zu Beginn des 19. Jahrhunderts in Rom wirkte, eine Abwandlung, die Noack erwähnt und die auch hier Erwähnung verdient. Die Künstler hatten eine »Ponte Molle-Gesellschaft« gegründet, so getauft nach der nördlichsten Tiberbrücke Roms, über die man in die Stadt gelangte und sie auch wieder verließ, dem Ponte Milvio, vom Volk Molle genannt; hier bereiteten die Künstler ankommenden und abreisenden Freunden Abschiedsfeste von einem Format, das studentische Sitten und Unsitten in den Schatten stellte; die Gesellschaft zeichnete mit P.P.Q.P. = *Praeses Populusque Pontemollicus* = der Ponte Molle-Präsident und sein Volk; man kam, soweit von der Polizei erlaubt, kostümiert, mit Pauken und Trompeten, und zelebrierte in Osterien wie in den

Straßen lärmende Bacchanalien, die auch den Stil des Heimwegs bestimmten; der bayerische Kronprinz, nachmaliger König Ludwig I., war in den Jahren 1818 bis 1824 führend beteiligt; Noack schreibt: »Man dehnte die deutsche Gastlichkeit doch nur auf stammverwandte Völker aus, Engländer, Holländer und Schweden wurden vereinzelt zugelassen.« Und weiter: »Das Jahr 1831 scheint ... für die deutsche Kolonie mehr als andere unter der Herrschaft des Bacchus und der Mänaden [in der griechischen Mythologie bis zur Raserei begeisterte Dienerinnen des Gottes Bacchus] gestanden zu haben; fast alle ihre Feste, so originell es sonst dabei zuging, endeten mit riesigen Räuschen und Verwirrung.« Der preußische Gesandte Bunsen, der zusammen mit dem bayerischen Gesandtschaftssekretär an einer solchen Feier teilgenommen hatte, nahm Anstoß, als es am Schluß im Verein mit Saltarellotänzerinnen aus dem Volk einmal besonders »ausgelassen« zugegangen war. Was das Volk von Rom von alledem dachte, kann man nur ahnen; die Ahnung wird deutlicher, wenn man erfährt, was damals der Maler Schnorr von Carolsfeld beim Abschied des bayerischen Kronprinzen laut äußerte: »Das eigentliche wahre Rom gehört uns. – Wäre es auf uns angekommen, wir hätten den Prinzen zum König von Rom gemacht und die Italiener zum Tempel hinausgejagt.«

An einigen dieser ausgelassenen Feste hat Belli teilgenommen. 1824 erwähnt er in einem Brief an den Mailänder Architekten Giacomo Moraglia ein Festmahl mit Künstlern, an dem er »vor vier Jahren« teilgenommen habe; auch Thorwaldsen und Tenerami (dessen Schüler) seien dabei gewesen. Alle hätten sie ein von ihm, Belli, komponiertes Trinklied gesungen mit dem Kehrreim: »Viva la compagnia! Viva la società!«

Noack berichtet auch, nordische Gäste hätten bald herausgefunden, daß die deutsche Künstlerkolonie in Rom in ihrer originellen Weltfremdheit eine Art kurioser Sehenswürdigkeit war; was die Römer dachten, sagt Noack nicht; er erzählt nur, sie hätten damals diese Deutschen »Trinkaswein« genannt. Vermutlich hörten die Römer allzuoft in den Osterien den Ruf: »Trink aus! Wein her!«

## DER NABEL

*Er bellícolo*
*13. Mai 1833*

Meine Oma ist Hebamme und erzählt,
Die Kinder kommen mit dem Nabel am Bauch
Aus der Mutter raus, sie erklärte mir auch,
Wie die Nabelschnur die am Leben hält.

Das ist nicht nur bei Menschen, man sieht's sogar
Bei den Tieren, die richtig geboren werden,
Bei Hunden oder Kühen und bei Pferden
Ist am Bauch ein Loch, wo die Nabelschnur war.

Adam und Eva, die waren doch nie Kind,
Hatten die einen Nabel oder keinen?
Weil sie aus keiner Fotze gekommen sind.

Wenns nämlich wahr ist und nicht so'ne Fabel,
Weiß ich nicht, was sie auf den Bildern meinen,
Da malen sie die doch immer mit Nabel.

»Wieder ein, wenn auch nur flüchtiges, Zeichen jener volkstümlichen Neugier, die sich aus der biblischen Geschichte ableitet.« (Marcello Camilucci, St.B.)

Nach Ansicht des Herausgebers von Belli als ein Gespräch unter Kindern konzipiert; schon der Tonfall spricht dafür.

## DIE ERBSÜNDE

*Er peccato origginale*
*27. Mai 1833*

Als Jesus in das richtige Alter kam,
Wurde er Christ und gleich darauf katholisch
Und schließlich Römer, fromm und apostolisch,
Und nur, weil er sein Bad im Jordan nahm.

Er schwang das Kruzifix, ging weg zuhaus
Und predigte den Leuten ins Gewissen:
Wer sich nicht naß macht, der ist angeschissen,
Von wegen Paradies ... da wird nichts draus!

Allein Maria wurde nicht gefragt,
Die Jungfrau mußte nicht zur Taufe gehn
Und starb dann auch als Jüdin, wie man sagt.

Sie brauchte keine Waschung, will ich meinen,
Sie kam zur Welt so rein und wunderschön
Wie ein Stück feines, zartes, saub'res Leinen.

*Erbsünde:* nach der christlichen Lehre die durch Adams und Evas Sündenfall begründete Sündhaftigkeit des ganzen Menschengeschlechts.

Das im einfachen Gemüt des Erzählers verwurzelte Mißverständnis, das sich in komischer Fehlinterpretation biblisch-christlicher Wahrheiten äußert, wird auch im Titel sichtbar, der eigentlich »Die Taufe« heißen müßte; man kann sich vorstellen, hier erzählt eine Großmutter den Enkeln, und sie erinnert sich, einmal gehört zu haben: die Taufe tilgt die Erbsünde; so schließt sie, daß Maria »im Stand der Erbsünde« starb, weil sie nicht getauft wurde. Tatsächlich sind nach christlicher Lehre Jesus und Maria von der Erbsünde ausgeschlossen. Hinsichtlich der anderen Sonette mit biblischen Themen siehe Seite 34.

## SIEBTENS NICHT STEHLEN

*Settimo, nun rubbà*
*20. Oktober 1833*

Siebtens nicht stehlen, auch so ein Gebot,
Das sollst du respektieren wie dein und mein,
Und wenn du mal was nimmst, muß es so sein,
Daß du's gezwungen tust und nur aus Not.

Gibt sich's mal anders, sei kein Idiot
Und handele dir keine Prügel ein.
Nie sich erwischen lassen, dann läuft's fein,
Wenn's schiefgeht, stell dich dämlich und devot.

Der Diebsberuf an sich ist schön und gut,
Seit aber Gott jetzt nichts mehr davon hält,
Ist Stehlengehen reiner Übermut.

Drum eh du stiehlst, mein Sohn, hol' dir dein Geld
Mit Pumpen und mit Schnorren, denn das tut
Ja auch Don Pius, und der kennt die Welt.

*Titel:* das siebte Gebot.

*6. Zeile:* Prügel auf dem Bock, dem *cavalletto* (s. Seite 127 f.).

*14. Zeile:* Dickens berichtet, man finde in Roms Kirchen »überall Büchsen für die Almosen der Gläubigen, zuweilen auch einen Opferstock, der zwischen den Andächtigen und einer überlebensgroßen Christusfigur aufgestellt ist; zuweilen einen kleinen Kasten für Gaben zur Instandhaltung der Marienstatue; zuweilen eine Bitte um eine Spende zum Besten eines besonders populären Bambino [s. Seite 130]; zuweilen einen Klingelbeutel am Ende einer langen Stange, der hier und dort von einem eifrigen Küster den Leuten unter die Nase gehalten wird. All diesen Aufforderungen zu milden Spenden begegnet man in vielerlei Gestalt in ein und derselben Kirche, und sie scheinen einen ziemlich guten Ertrag abzuwerfen. Nicht einmal draußen im Freien – auf Straßen und Plätzen – bleibt man unbehelligt; denn wenn man so dahinschlendert, und an alles andere als an eine Blechbüchse denkt, kommt plötzlich jemand aus einem kleinen Haus im Hintergrund mit solch einem Gegenstand hervorgestürzt; auf der Büchse steht gemalt: ›Für die armen Seelen im Fegefeuer‹, eine Bitte, die der Träger unablässig wiederholt, während er mit der Büchse klappert. Dies erinnert mich daran, daß einige wegen ihrer Heiligkeit berühmte Altäre in Rom die Inschrift tragen: ›Jede an diesem Altar gelesene Messe befreit eine Seele aus dem Fegefeuer!‹ Ich habe nie herausfinden können, was man für einen solchen Dienst bezahlen muß; er muß aber ziemlich kostspielig sein.«

Das Stehlen war schon damals ein Berufszweig, wenn auch in begrenztem Umfang: s. Seite 113.

## DAS LEBEN DES PAPSTES

*La vita der Papa*
*16. November 1833*

Ich Papst? Niemals, nicht mal für 'ne Million!
Da flick' ich lieber Schuhe, sag' ich dir.
Ich leb', wie's mir paßt, nicht nach der Manier,
Die andern und der Welt gefällt, mein Sohn.

Leg' einem Mann den Pint still und dafür
Klebst du ihm seinen Arsch auf einen Thron,
Dann latscht er mit auf jeder Prozession,
Wenn er mal rausmuß: Wachen vor der Tür.

Verbiet' ihm Spiel und Kneipe und das Saufen
Und laß ihn bibbernd mit der Angst allein,
Ob Arzt, Barbier und Koch ihn nicht verkaufen,

Scheiß auf die Ehre, das ist Sklaverei!
Nein, lebend möcht' ich nicht begraben sein,
Ich bleibe Schuster und bin arm und frei.

## DER ARME DIEB

*Er povero ladro*
*21. November 1833*

Ach Monsignor, ich kann das nicht verstehen,
Sie gucken in die Akten bei Gericht
Und sagen: der ist schuldig und der nicht …
Man muß den Menschen doch ins Herz reinsehen!

Wer hat wohl wen'ger Ehre und mehr Mängel,
Die Armen? Nein, das sind die reichen Leute.
Und außerdem ist – das gilt doch noch heute –
Wer echt bereut, halb Sünder und halb Engel.

Ich bin ein Dieb, ich weiß, und schäm' mich auch.
Sehn Sie mich an, bin ich deswegen schlecht?
Ich hab' kein Geld und einen leeren Bauch.

Statt immer nur das arme Volk zu packen,
Sollten Sie lieber, und das wär gerecht,
Die Leute mit dem vollen Bauch verknacken.

*1. Zeile:* im Kirchenstaat übten Geistliche das Richteramt aus. Stendhal stellt fest: »Die Laien besitzen in Rom bekanntlich kein einziges wirkliches Amt, wes Ranges sie auch seien, ob Fürsten oder Plebejer. Die letzteren sind Advokaten, Ärzte, Brücken- und Straßenbaumeister; aber alle Beamten von einigem Einfluß sind Priester. Alle Ämter sind lebenslänglich und niemand wird abgesetzt.«

Belli läßt in zahlreichen Sonetten »das arme Volk« sprechen, das dem geistlichen Feudalstaat hilflos ausgeliefert war und dem keine Rechte zugestanden wurden; es hatte nur zu gehorchen.

M.T. Lanza: »Die Lage der Armen wird so gewünscht und nicht anders; so wollen es die Reichen (auch Priester und päpstliche Regierung), so wird es von höchster Stelle verordnet, auch von Gott und vom Schicksal. Das Bild erweitert sich noch: auf der einen Seite der grausame Gott, der Ungleichheit befiehlt: ein erschütterndes Bild am äußersten Ende des Spannungsbogens Glaube–Verstand, und daher nur zu geeignet, bei einem Belli die kühnste Fantasie freizusetzen ...«

Stendhal hat vielfach solche Urteile, die auch schon damals geäußert wurden, für falsch gehalten; v. Oppeln-Bronikowski hält ihm das in seinem Vorwort zu »Römische Spaziergänge« vor: er versucht, die Italiener zu idealisieren; immerhin habe er feststellen müssen: »Bei Muratori sieht man, daß Adel und Priester ebenso verdorben waren wie ihre Zeitgenossen.« (L. A. Muratori, Historiker, 1672–1750)

Später muß das anders gewesen sein, dazu d'Azeglio: »Ich berichte eine Angelegenheit, die im Jahre 1845 [Papst Gregor regierte noch] schwerwiegend und unmöglich erscheint, und wer Rom nicht kennt, wird an Verleumdung denken. Das Staatsoberhaupt hält keine öffentlichen Audienztage, wie sie doch sonst bei allen Herrschern üblich sind. Noch schlimmer: wenn ein Untertan mit dem Papst sprechen möchte, so darf er das nur, wenn er verspricht, nicht von Staatsgeschäften zu reden.« Farini und Pianciani bestätigen das: wenn einmal jemand sein Versprechen nicht hielt, nannte der Papst das eine Frechheit und beschied den Besucher mit den Worten: »Der Papst ist nicht dazu da, sich langweilen zu lassen.«

## EHE GARANTIERT

*Er madrimonio garantito*
*14. Januar 1834*

Du blöde Gans denkst an nichts anderes, was?
Du wirst schon keine alte Jungfer bleiben,
Du mußt die Sache nur mit Pfiff betreiben,
Es gibt in Rom nichts Leichteres als das.

Du willst 'nen Mann: heb' deine Röcke hoch
Und nimm dir einen saft'gen Schwanz zur Brust,
Das einzige, was du dann noch machen mußt,
Zum Pfarrer geh'n und jammern: helft mir doch!

Der Pfaffe fragt dich: was hat es gegeben?
Du heulst: ich sollt' ihm meine Unschuld schenken.
Er wollte eine gute Frau für's Leben...

Jetzt nennst du irgendeinen guten Namen,
Und du darfst nur an deine Ehre denken:
Es muß ein Reicher sein, dann hast du's. Amen.

*»Der gute Rat«* – s. dazu auch das Sonett Seite 57f. – erscheint nicht so unrealistisch, wenn man daran denkt, was Stendhal von seinem Schuster über die beste Methode erfuhr, zu Vermögen zu kommen.

## DAS TREUE WEIB

*La moje fedele*
*14. März 1834*

Schon wieder! Jeden Abend ist er hier,
Das macht er, seit mein Mann aufs Land rausfuhr,
Da kommt der geile Bock und wartet stur
Und singt und winselt draußen vor der Tür.

Leck mich am Arsch, du mieser Kavalier!
Bin ich 'ne Hure, was denkt der sich nur,
Daß ich ihn reinlass', diese Gipsfigur?
Frier' dir dein Ding ab, Blödmann, und krepier'!

Mach zu das Fenster, Mario, laß ihn sein,
Sonst kommts soweit, daß man zum Nachttopf greift,
Und weicht den Pinsel einmal gründlich ein.

Der blöde Kerl! Verflucht und zugenäht,
Jetzt hör doch bloß mal, wie er niedlich pfeift!
Ach, zieh dich aus und komm ins Bett, 's ist spät.

Wie wenig die Ehe im Kirchenstaat ernstgenommen wurde, fiel auch Stendhal auf (»Reise in Italien«): »Wird in Italien eine kirchliche Trauung vollzogen, so denkt kein Mensch an die Unverbrüchlichkeit der Ehe, noch an ewige Treue. Auch der Gatte weiß dies im Voraus, denn es ist etwas allgemein Anerkanntes; er kümmert sich, sofern er nicht in seine Frau verliebt ist, also die Rolle des Liebhabers einnimmt, nicht im mindesten um ihren Wandel.«

An anderer Stelle (»Römische Spaziergänge«) nennt Stendhal die historischen Ursachen solch libertiner Eheführung. Diese wie auch das hohe Ansehen der Räuber im Volk stammen, sagt Stendhal, aus Spanien. In den Augen eines jungen Mädchens aus der Umgebung Roms sei es für einen Burschen das höchste Lob, wenn er eine Zeitlang bei den Briganten war. Dann heißt es: »Die Spanier importieren in Italien auch einen Brauch, der ... die mürrischen Reisenden, die England über den Kontinent ausschüttet, am meisten chokiert. Ich meine den Cavaliere servente oder Cicisbeo.« In Spanien habe es für selbstverständlich gegolten, daß der Ehemann stets zu beschäftigt war, um seiner Frau öffentlich den Arm zu reichen. »Infolgedessen kam ein italienischer Schneider von 1650 mit seinem Freunde, dem Schuhmacher, überein, daß der Schneider die Schuhmachersgattin zur Kirche oder auf der Promenade begleitete, während der Schuhmacher den Ritter der Schneidersgattin spielte. Später machten die glühenden Leidenschaften des schönen Italien sich diesen Brauch zunutze. Erst Napoleon unterdrückte ihn in Mailand, Neapel und den anderen Ländern, in denen er Zeit fand, sich mit der Frauenerziehung zu befassen, und vermehrte dadurch das Quantum an Verdruß und Unglück, das auf unserem trübsinnigen Jahrhundert haftet. Er war unwissentlich der Erste, welcher der seichten Religion der sogenannten Konvention die Pforte auftat.«

Das Wort Cicisbeo wird von einer Lautmalerei jenes Geräuschs abgeleitet, das man beim Flüstern hört; tatsächlich war es Sitte, in der Öffentlichkeit mit der »Herrin« nur leise zu sprechen; in feinen Kreisen erschien der Cicisbeo schon morgens in der Frühe, um den Tagesplan zu erbitten; seine Dienste standen ursprünglich in bestem Ansehen, bis der Begriff mit dem eines Hausfreundes gleichgestellt wurde. Das war zu Bellis Zeiten schon der Fall.

## RECHT UND UNRECHT

*Er torto e la raggione*
*17. März 1834*

Mein Junge, nicht der Säbel und das Schwert
Entscheiden über Recht und Unrecht, nein.
Wie es im Streit zugeht, ist leicht erklärt:
Wenn du dein Recht willst, mußt du klüger sein.

Brüll' wie ein Löwe, wenn du recht hast, gut,
Doch nur vor Gründen wird sich einer beugen,
Und die sag' leise, aber resolut,
So kannst du einen Gegner überzeugen.

Wer unrecht hat, wird lauter schrei'n als du,
Wenn du dann auch so schreist, hört er nicht hin,
Er läuft dir weg und schlägt die Türe zu.

Und Waffen helfen nicht, das Recht zu finden,
Sie dienen meist dem Unrecht, ohne Sinn.
Ein Spiel des Zufalls kann kein Recht begründen.

## DIE GUTE MUTTER

*La bona moje*
*17. März 1834*

Komm, Salvatore, geh schon, sag' nicht nein.
Mach's wie du denkst und tu, was Gott dir rät,
Nimm Leonore mit, wenn sie so bei dir steht,
So hübsch gewachsen, kann das nützlich sein.

Auch ein Gerichtsvollzieher hat ein Herz,
Seufzt schwer und jammert, werft euch vor ihm hin.
Nicht wütend werden, das hat keinen Sinn!
Bettelt und weint und zeigt ihm echten Schmerz.

Laß du dich bloß nicht reizen von dem Mann!
Sei freundlich, zwing dich, sage dir: ich muß!
Du hast Familie, Lieber, denk daran!

Vergiß nicht, was ich sage, Salvatore,
Gott wird euch helfen. Komm Kind, einen Kuß!
Seid leis' im Treppenhaus! Geh grad, Leonore!

## DIE TOTENGRÄBER

*Li beccamorti*
*18. März 1834*

Schlecht gehts Geschäft! Es will doch kein Mensch sterben.
Umsonst die Hitze, alles geht daneben,
Sie klammern sich an dies verdammte Leben,
Das muß die Freude am Beruf verderben.

Mein Leichentuch: muffig, voll Spinnenweben,
'S ist totenstill, der Himmel hilft uns nicht,
Die Herren Ärzte tun nicht ihre Pflicht,
Nein, Totengräber wird's bald nicht mehr geben.

Ja, anno siebzehn, das war eine Zeit!
Da konnten wir unsern Beruf noch lieben,
Die Toten kamen nur so reingeschneit.

Mal sehn, wer weiß, Matthias sagt mir ja,
Ein Freund, auch Totengräber, hat geschrieben,
Das wird vielleicht was mit der Cholera.

9. *Zeile:* Belli vermerkt dazu: »1817, das Jahr des Flecktyphus.«

14. *Zeile:* Der römische Korrespondent der AZ meldete am 19. August 1834 u.a.: »Die Erscheinung der Cholera (in Spanien) hat die Besorgnisse neu erregt, diese Krankheit könne endlich doch auch in Italien eindringen, und die Regierung ist auf Vorsichtsmaaßregeln bedacht, um im Falle eines Ausbruchs nicht ganz unvorbereitet zu sein. Der große Pallast des Lateran war schon früher zum Cholera-Hospitale bestimmt man ließ aber beim Verschwinden der Krankheit die angefangenen Arbeiten liegen, jetzt werden sie mit verdoppelter Thätigkeit wieder begonnen.« Die Besorgnisse (und die Hoffnung der Totengräber) waren verfrüht: die Cholera kam erst im Herbst 1837 nach Rom.

In ganz Deutschland berichtete man von mangelnden Vorbereitungen und liebloser Krankenpflege, auch von sehr hohen Totenzahlen. Darüber entrüsteten sich Roms Zeitungen, besonders das »Diario di Roma«; dessen Artikel gab die AZ im November 1837, wie folgt, wieder: »Armes Rom! die Cholera, welche dich heimgesucht hat, soll dazu gedient haben, das ungeheure Verderbniß deines gesellschaftlichen Zustandes an das Licht zu ziehen. ... Taub sind in deinen Mauern die Mütter gegen das Jammergeschrei ihrer Kinder ... und die jüdischen Weiber, welche bei der Belagerung von Jerusalem das Fleisch ihrer eigenen Kinder verzehrten, wären nach dem, was jene Deutschen sagen, noch würdige Muster der Zärtlichkeit für römische Mütter.... Besonders sind es zwei Classen, welche als Muster der Gefühllosigkeit und der thierischen Selbstsucht aufgestellt werden: die der Ärzte und die der Geistlichen...« Nach einer langen und pathetischen Verteidigung, in der alle Beschuldigungen abgestritten sind, schließt der Artikel: »...daß nur die schandbarste Verleumdung zu behaupten vermag, es sey irgend ein Cholerakranker ohne die Hülfe der Sacramente und ohne den geistlichen Trost der Kirche gestorben.« Die Polemik ist bald versickert; schwererwiegende, politische Ereignisse gingen darüber hinweg.

In den Jahren 1835 bis 39 schrieb Belli einen Zyklus von 34 Sonetten im Romanesco mit dem Titel *»Er collèra morribus«* (vom lateinischen *morbus* = Krankheit). Eine Epidemie war, wie oben dargestellt, schon 1834 in Rom erwartet worden, mehr aber noch 1835; in diesem Jahr forderte die Krankheit zahlreiche Opfer in Frankreich und Süditalien, 1836 auch in Ancona, bevor sie 1837 auch Rom erfaßte.

Belli nennt den Zyklus eine »Unterhaltung in der Osteria de la Gènzola« (so benannt nach einer Schenke in Trastevere) und kennzeichnet die Sonette als *»tutti de grinza«*, dem Sinne nach »nicht von Pappe«; der Sonetten-Zyklus bildet ein Ganzes. Vigolo vermutet, Belli sei dazu durch Manzonis Schilderung der Pest in seinem Roman »Die Verlobten« angeregt worden. Muscetta nimmt dagegen an, er greife nur einige düstere Motive aus Jugenddichtungen auf. Der Ton ist zynisch und sarkastisch, fast frivol. Die Cholera wird eine »sehr wirksame Plage« *(bravissimo fragello)* genannt, die Vorsehung mischt sich sozusagen zum Wohl der Menschheit ein und verspricht, daß keiner verschont werden wird, nur müssen

Alle schön fromme Betbrüder werden
Und ganz brav wie kleine Heilige sterben.

Alberto Maria Ghisalberti (in »La Roma di Gregorio XVI«, St.B.) gibt die Zahl der Toten in Rom mit 13.000 an. Die Epidemie hatte bis Anfang 1838 gedauert. Rom hatte damals etwa 150.000 Einwohner. Auch zwei Deutsche waren unter den Toten: am 20. August 1837 starb die sächsische Prinzessin Christine, Gattin des Fürsten Massimo, am 1. September der Archäologe Olaf Kellermann (Noack).

## DER UNTERDRÜCKTE EHEMANN

*Er marito assoverchiato*
*18. März 1834*

Lach' nur du, freu dich, du verlogenes Aas,
Gut kannst du das, schrei Hure, keif' noch mehr!
Auf Tür'n und Fenster! Mach's schön ordinär,
Recht so, jetzt hören auch die Nachbarn was.

Heut' ist dein großer Tag, dir fällt's nicht schwer,
Mich anzupöbeln, Miststück. Merk' dir das:
Auch mein Tag kommt, dann ist vorbei der Spaß,
Dann gibt's die Quittung, dann krieg' ich dich her.

Dir Luder hab ich zu viel durchgehn lassen,
Das ist dein Dank. Eins sag' ich dir genau:
Du wirst mir nicht mehr lang das Fett verpassen.

Der Dreckskerl von Prälat, der's mit dir hält,
Krepieren soll er! Hör gut zu, du Sau:
Ich bin ein Mann und kein Pantoffelheld!

Die Szene könnte sich im bürgerlichen Milieu abgespielt haben; viele historische Umstände sprechen jedenfalls für eine solche Vermutung. De Cesare teilt mit, daß die bürgerlichen Schichten mit der Prälatenschaft eng verbunden waren, schon vom gemeinsamen Ursprung her. War man Kardinal oder Bischof, so hatte man Zugang zu den Salons des Adels; dort amüsierten sich die Kirchenfürsten – so De Cesare – recht ungeniert! Zugang zur Aristokratie hatte der Bürger nur auf dem Weg über Prälaten und Kardinäle; so brachte man Bittschriften und Protektionswünsche an den Mann. In der mittleren Schicht kannten sich Bürger und Geistliche familiär und freundschaftlich; man half sich gegenseitig, der Bürger mit Materiellem, der Geistliche mit Empfehlungen für Bürgersöhne, die in mittlere oder höhere Ämter kommen wollten. Die hohe Geistlichkeit, Verkörperung der staatlichen Autorität, waren niemals Empfehlungen gegenüber unaufgeschlossen, besonders dann nicht, wenn sie von Frauen, Fürsten oder Diplomaten kamen. Begünstigung von Verwandten war selbstverständlich, sozusagen Pflicht jener Prälaten in öffentlichen Ämtern, und sie ließen sich von der Liebe zur eigenen Familie leiten, die sie als ihr Oberhaupt und ihre stärkste wirtschaftliche Stütze betrachteten. »Auch gegenüber menschlichen Versuchungen, keine ausgenommen, waren jene Prälaten und Priester nicht unempfänglich und ließen sich leicht davon hinreißen. Kontrollen irgendeiner Art gab es nicht.« (De Cesare)

Kardinäle genossen in ihren Familien höchstes Ansehen und wurden auch in diesem Kreise nur mit dem Titel Eminenz angesprochen; der Prälat hieß »Monsignore« und wurde so von Eltern und Brüdern angeredet, allenfalls nannte man ihn beim Vornamen mit dem vorangestellten Titel »Don« [vom lat. dominus = Herr]; er saß oben an der Tafel, niemand aus der Familie durfte ihm widersprechen. »Es genügte, Priester zu sein, um in der Familie alle Privilegien zu haben.« (De Cesare) »Anderseits konnte es geschehen, wenn Kardinäle und hohe Prälaten nicht bei ihren Familien lebten, daß der eigene Diener zu ihrem Herrn wurde, dessen mysteriösem Einfluß sie oft genug erlagen, aber nie so mysteriös, dass es nicht bekannt geworden wäre; das geschah dann, wenn eine Frau im Spiel war, die Ehefrau oder Gefährtin des Diener-Herren.«

*3. und 4. Zeile:* nichts war (und ist) schlimmer für den Römer, als »brutta figura« zu machen, also sich in der Öffentlichkeit zu blamieren. Wo die Frauen ungehemmt keifen, schimpfen Männer in verhaltenem Ton. So war es auch beim einfachen Volk von Trastevere: die Männer erhoben sogar beim Streit ihre Stimme nicht in den engen Gassen, die den Ton noch verstärken. Niemand wollte auffallen. Dem gleichen Motiv entspringt die Sucht nach Wahrung der Anonymität: wo ein Name bekannt ist, können Behörden leichter zugreifen. Noch heute vermeidet man es, Namen an den Haustüren anzubringen.

## DER FREMDENFÜHRER

*Er zervitor de piazza*
*22. März 1834*

Als Fremdenführer hat's mein Sohn beschissen
– Im Sommer macht er oft den Zitzerone –
Von früh bis abends ißt er keinen Bissen
Und wird noch ausgequetscht wie 'ne Zitrone.

Was muß der arme Kerl nicht alles!
Engländer sind die übelsten Patrone,
Von denen wird er hin und her gerissen,
Ob er noch kann, kümmert die keine Bohne.

Sankt Peter! Nach San Paolo! Ins Museum!
Zum Kapitol! Zum Tabularium!
Zum Pincio! Und noch rasch ins Kolosseum!

Er schläft bis fünf, um sechse muß er gehen
Und rennt bis nachts mit diesem Volk herum.
Um zehn ist Schluß, dann könn'n sie nichts
mehr sehen.

2. *Zeile:* im Original gebraucht der Vater das Wort »cicerone«, das im Romanesco »schischerone« ausgesprochen wird. Das Wort selbst ist vermutlich – und wegen der Geschwätzigkeit italienischer Fremdenführer – aus dem Namen des großen Redners Cicero entstanden.

6. *Zeile:* über den Ruf der englischen Touristen jener Tage s. Seite 105.

Dickens erzählt von einem Landsmann, Mr. David, dessen Familie ihm eine Zeitlang »bei jedem Grabmal, in jeder Kirche, vor jeder Ruine und in jeder Gemäldegalerie« auffiel: »Die Gesellschaft – etwa fünfzehn bis zwanzig Personen stark –, die erst vor kurzem aus London herübergekommen war, hatte ständig einen Cicerone bei sich, und sobald er Mrs. David nur ansah, so unterbrach sie ihn schon mit den Worten: ›Du lieber Himmel, Mann, wie fallt ihr mir auf die Nerven! Ich verstehe keine Silbe von dem, was ihr sagt, und werde auch keine Silbe davon verstehen, selbst wenn ihr schwarz darüber würdet!‹« Auch Mr. David erschien Charles Dickens seltsam: »So hob er etwa die Deckel der Urnen in den Gräbern hoch und starrte auf die Asche, als handele es sich um Eingemachtes...« Dickens schilderte auch, wie er selbst Rom besichtigte: »... am nächsten Tag ... eilten wir sogleich zur Peterskirche ... Als wir die Kirche wieder verließen, wir hatten uns eine Stunde dort umgesehen und wären selbst für Geld nicht länger geblieben, sagten wir dem Kutscher: ›Zum Kolosseum!‹«

## DER LUMPENSAMMLER

*Lo stracciarolo*
*22. März 1834*

So, Lumpensammler das kann jeder sein?
Das wäre keine Kunst, willst du doch sagen.
In dem Geschäft würdest du glatt versagen,
Da findet sich kein Bonaparte rein.

Meinst du, das wär' so einfach zu kapieren?
Mit einem Blick mußt du sofort erfassen,
Was Eisen und was Blech ist, Flaschen passen
Nicht zum Papier ... und dann, ganz fix sortieren!

Ein Lumpensammler ist ein Ignorant...
So quasseln alle, die von nichts was kennen,
Die meckern auch: der Papst, der Dilettant!

Die Leute quatschen blöd, wie sie's verstehen,
Die sollten, eh' sie sich das Maul verbrennen,
Sich mal den Müllplatz und den Papst besehen.

*Zur letzten Zeile* bemerkte Belli in einer Fußnote: »Chacun à sa place, würde der Franzose sagen.« (= jeder auf seinem Platz...) Jeder Haushalt mußte damals seinen Müll zu einem bestimmten Platz an der Straße bringen; dort wurde dann der Lumpensammler tätig, bevor der Müll von zu solchen Arbeiten abkommandierten Sträflingen (s. Sonett Seite 184) fortgeschafft wurde. Ponti berichtet, daß die Sträflinge täglich zur Reinigung der Straßen geführt wurden, und zwar bei Morgengrauen, so daß das Geklirr ihrer Ketten die Bürger weckte. An die Vorschrift, die Abfälle zum Müllplatz zu bringen, hielten sich nur wenige Römer. De Cesare schreibt, noch in den Jahren 1850 bis 1870 habe sich Rom mit Neapel um den Rang der schmutzigsten Stadt Europas streiten können; in vielen Stadtvierteln Roms, so in Monti und Trastevere, wie auch im Getto, hätten die Anwohner die Straße zu einem Appendix ihrer Behausung gemacht, so sei es allgemeine Unsitte gewesen, die Wäsche zum Abtropfen und Trocknen über die Straße zu hängen (wie noch heute in Trastevere), und alle Abfälle einfach zum Fenster hinaus zu werfen; der Müll wurde in den einzelnen Stadtteilen *(rioni)* alle acht Tage abgeholt.

Der Name Bonaparte war zu Bellis Zeiten noch in aller Munde. Die Familie Bonaparte, in Rom sehr zahlreich vertreten, sorgte selbst immer dafür, daß man sie nicht vergaß; in ihrer Ausgabe vom 7. Januar 1831 teilte die AZ mit: »Eine Privatmittheilung aus Rom vom 14 December [in der Berliner Spenerschen Zeitung] sagt: Glücklicher Weise hat man eine Verschwörung, welche in der Nacht vom 13 auf den 14 December ausbrechen sollte, entdekt. Der älteste Sohn Louis Bonapartes [= einer der vier Brüder Napoleons] war, wie es heißt, der Urheber; er und vierhundert, unter ihnen auch angesehene Personen, sind in das Kastell St. Angelo eingesperrt, die Zugbrüken sind aufgezogen und die Kanonen geladen. Alle Napoleons sind aus dem Kirchenstaate verbannt, Jerome allein ist, auf Vermittlung des russischen Gesandten und seiner Gemahlin, geblieben.«

Die Verbannung ist praktisch nie wirksam geworden.

## ZWEI SORTEN MENSCHEN GIBT'S

*Li du' gener' umani*
*7. April 1834*

Wir, wissen wir, sind auf die Welt gekommen
Aus Scheiße und aus Staub und Dreck gemacht.
Verdienst und Würde, alle Pracht und Macht,
Die hab'n die großen Herren mitbekommen.

Für Hoheit, Majestät und Exzellenzen
Gibt's Weihrauch, Orden, Titel, Glanz und Geld,
Wir andern dienen nur der großen Welt,
Zügel und Prügel zwingen uns in Grenzen.

Christus hat Herren, Fürsten, Kavalieren
Die Häuser und Paläste hingesetzt,
Wir soll'n als blödes Pack im Dreck kampieren.

Als er am Kreuz starb, meinte er's so gut,
Bei all den Schmerzen ließ er noch zuletzt
Für uns das Wasser und für die sein Blut.

*7. Zeile:* wir andern, im Original »noantri«, romanesco für »noi altri« – das soll die ganze Erniedrigung der untersten Menschenklasse ausdrücken.

*9. und 10. Zeile:* Christus spielte beim einfachen Volk die nicht immer dankbare Rolle des Weltschöpfers, s. Seite 34.

*11. Zeile: Bellis Fußnote:* »sie sollen wie das Vieh auf bloßer Erde liegen.«

*14. Zeile:* angelehnt an das Neue Testament Johannes 19,34: »...und alsbald ging Blut und Wasser heraus«; im Original steht – genauer – »siere« = Blutwasser.

## DAS GESETZ

*La lègge*
*8. April 1834*

Dem, meine Herrn, muß ich entgegentreten:
Gesetze gibt's genug in Rom, oh ja.
Dreihundertzwei Regale stehen da,
Und alle voll Edikten und Dekreten.

Auch Richter gibt's genug in unserm Staat:
Die Monsignori und die Kardinäle
Legen sofort den Strick um deine Kehle,
Wenn ein Spion dich angeschuldigt hat.

So ergeht's uns, die Gauner überleben,
Man muß nur mit den Gaunern oben teilen
Und Flittchen haben, die die Röcke heben:

So darfst du ruh'g im Kapitol einbrechen,
Sie sperr'n dich ein, das machen sie zuweilen,
Aber ein Urteil wird dir keiner sprechen.

Über die Zustände bei der Verwaltung in Rom berichtet Stendhal in den »Römischen Spaziergängen«: »Amüsant ist es, daß die verschiedenen Ministerien kein Verzeichnis ihrer Verfügungen führen; es gibt nur Aktenbündel, und was ist leichter, als ein wichtiges Schriftstück in einem verstaubten Aktenstoß zu begraben? Wird dein Vetter General der Franziskaner oder Prämonstratenser, der Kapuziner oder Dominikaner, so beginnst du einen Rechtsstreit, der vor Jahren gegen dich entschieden wurde, von neuem, und jetzt wirst du über deinen Gegner siegen. Zivilprozesse dauern darum unglaublich lange. Die Partei, welche verurteilt wird, wendet alles auf, um den Urteilsspruch zu verschleppen.«

Stendhal an anderer Stelle: »... was man in Rom die Galeere nennt [s. Seite 109f.] ist ein sehr hartes Gefängnis in Spoleto oder anderswo. Doch ein cholerischer Mensch, der sich einen Messerstich erlaubt, hat immer drei Arten von Hoffnung, um die stärksten Einwände zu entkräften und den Leidenschaften zum Siege zu verhelfen.

Der cholerische Mensch hofft:

1. Nicht erwischt zu werden.

2. Durch Verwendung eines Fratone [s. Seite 58] nicht verurteilt zu werden.

3. Wenn auch verurteilt, dennoch freigelassen zu werden, und zwar wieder durch die Gunst eines Mönchs...«

## UNGERECHTES RECHT

*La giustizzia ingiusta*
*8. April 1834*

Nein, du hast unrecht Anna. Mit Respekt,
Der ist doch nicht mehr ganz gescheit, der Mann,
Hör dir jetzt mal meine Geschichte an,
Der Mensch gehört ins Irrenhaus gesteckt.

Heute sagt Monsignore, – ich war platt –
Maria, sagt er, bring die Katze um,
Kein Widerspruch! Ich frage ihn: warum?
Weil sie schon wieder Fleisch gestohlen hat.

Ja, hat der Kerl denn nie daran gedacht,
Daß alle Katzen diese Schwäche haben?
Gott selbst hat sie doch schließlich so gemacht.

Die Welt ist voller Lumpen, die nichts taugen,
Die mästen sich und stehlen wie die Raben,
Da sagt er nichts, davor schließt er die Augen.

Die AZ meldete am 31. Juli 1831: »In Rom werden täglich neue Edikte erlassen.«

In einem Rombericht der AZ vom 30. April 1833 hieß es: »Wie weiten Spielraum hier Gesetzlosigkeit und Willkühr haben, erkennt man schon aus den Sprüchwörtern, welche sich durch eine langjährige Erfahrung gebildet haben. So sagt man hier: ›Ein Gesez dauert nicht länger als drei Tage‹; oder: ›Roms Einwohner bestehen aus siebenzig Tausend welche befehlen, und siebenzig Tausend welche nicht gehorchen.‹«

Über die Spione berichtet von Kölle: »Der Staatsecretär, der Governatore, das Vicariat, die Inquisition haben jede ihre eigenen Agenten, jeder Mönchsorden beinahe etwas Aehnliches. Viele werden mit Ablaß etc. bezahlt; gegen Andre wird ein Criminalurtheil so lange nicht vollstreckt, als sie gut dienen; andern wird das Kupplerhandwerk oder eine Farobank [= verbotene Spielbank] nachgesehen. Im Ganzen sind sie schlecht bezahlt und treiben ihr Gewerbe mit großer Offenheit. In den Kaffeehäusern stellen sie sich gewöhnlich schlafend.« Eine belauschte Gesellschaft wurde ihren Spion los, indem einer von ihnen sich zu ihm setzte und ihm ins Ohr flüsterte: ich bin die Ablösung, du kannst gehen. Der Andere verschwand unauffällig. (s. Seite 47 und 184f.)

## DIE WEINE VON DAMALS

*La vini d'una vorta*
*10. April 1834*

Früher gab's guten Wein im Überfluß,
Der schmeckte noch! Da trank die ganze Runde
Für ein paar Groschen eine ganze Stunde
Soviel sie wollte, das war ein Genuß!

Die schöne Herbstzeit in Marino! Ja,
Wir mußten dann das Sommerhaus beziehn,
Madam fuhr jedes Jahr Oktober hin
Und blieb mit uns bis zu Sankt Martin da.

Man kriegte sauberen, ungepanschten Wein,
Kein Schwefel drin, kein Kupfergeld, kein Blei,
Die Sauereien tat man noch nicht rein.

Man soff Wein eimerweis' und sagte: lauf!
Raus lief der Wein, man war gleich frisch und frei,
Ein Pisserchen, und wieder obenauf.

2. *bis* 4. *Zeile:* es war in manchen Schenken Sitte, daß der Wirt dem Gast erlaubte, innerhalb einer Stunde und zu einem festen Preis so viel zu trinken, wie er wollte; man nannte das »*a cottimo*« trinken, also im Akkord, nach Belli für sechs bis sieben »*quattrini*«.

5. *Zeile:* der Diener erzählt von der – bei allen wohlhabenden Familien üblichen, oft mehrmonatigen – Reise in die ›Sommerfrische‹; die Römer fuhren mit der Kutsche in die 25 Kilometer entfernten Albaner Berge (Colli Albani) nach Albano, Grottaferrata oder Marino, wo die Weine von Frascati und der »Castelli Romani« wachsen.

8. *Zeile:* man kam gern zur Zeit der Weinlese und blieb bis zum elften November.

10. *Zeile:* Belli vermerkte in einer Fußnote: »Die Wirte warfen Kupfermünzen in den Wein, um ihm einen starken und pikanten Geschmack zu geben. Man gab auch Gewehrmunition [Blei] hinein, damit er süß schmeckte.«

Von Kölle berichtet: »Die Weinverfälschung wird unglaublich weit getrieben, da der Römer stark schillernde Weine mit süßem Vorgeschmack liebt.«

Zum letzten Terzett bemerkt Vigolo: »... wenn man dem die berühmten Verse Rimbauds gegenüberstellen will

Je pisse vers les cieux bruns très haut et très loin,
Avec l'assentiment des grands héliotropes
[= Ich pisse in den Abendhimmel hoch und weit,
Mit Zustimmung der großen Sonnenblumen]

so bemerkt man den Unterschied in der Akzentuierung durch den Gebrauch des ›je‹ [ich], der ersten Person; dagegen ist es in Bellis Sonett der Wein, der gehorsam dem Befehl nachkommt, und das physische Glücksgefühl der Erleichterung im letzten

Reim wird mit dem Hauptwort unter Auslassung des Tätigkeitsworts ausgedrückt. Der Wein ist der wahre deus ex machina der Szene.«

»Jedem, der längere Zeit in Rom verweilt, muß es auffallen, daß es so schwer ist, trinkbaren Wein zu erhalten. Der meiste Wein ist kaum trinkbar: er ist unrein, süßlich, schwer, oder sauer.« So urteilte Reumont, der sich wunderte, daß auch trinkbarer Wein sich kaum länger als acht Tage halten lasse: »Noch im Jahre 1511 sandte Papst Julius II. römischen Wein als Geschenk nach London, was jetzt schwerlich Jemandem einfallen wird.« (s. Sonett Seite 28 f.)

## DER ASTROLOG

*Lo stroligo*
*11. April 1834*

Geh auf die Straße, wo sie Löcher graben,
Guck nur mal zu, und du kannst sicher sein,
Die Leute bleiben stehn und glotzen rein,
Kein Mensch scheint mehr etwas zu tun zu haben.

Jetzt sag' mir bloß, warum sie da wohl stehen.
Sieht Erde unten vielleicht anders aus?
Ob sie erwarten, einer kriecht heraus?
Woll'n sie dem Teufel ins Büro reinsehen?

Ich kann das nicht verstehn, ich find's saudumm,
Ein Scheißdreck ist zu sehen, aber nein,
Sie stehn mit offenem Mund stieläugig rum.

Das Volk ist blöd und wird es ewig bleiben.
Ich geh auf den Balkon und sehe, ganz allein,
Den Sternen oben zu und was sie treiben.

Vigolo meint, Belli schildere eine bizarre und spaßige Situation. Muscetta sieht es anders: »Es drängt sich auf, man sieht eine Situation fast wie bei Voltaires Dr. Goudman, der gegenüber dem totalen Skeptizismus des Materialisten Sidrac – er leugnet die Existenz einer Hölle, wo unbegreiflicherweise körperliche Seelen ewige körperliche Qualen erleiden – diesem mit einem Geistesblitz antwortet: der Glaube an die Unsterblichkeit der Seele entspringe wahrscheinlich unserer Eitelkeit, und also bleibt uns armen Marionetten Gottes, dessen Geheimnisse wir nicht begreifen, nichts als die Zuflucht zum obersten Beweger der physischen und geistigen Welt, um überhaupt irgendeine verständliche Erklärung so viel unverständlicher Dinge zu finden und schließlich Gott dafür zu danken, daß er uns erlaubt ›de contempler pendant quelques années le magnifique spectacle de ce monde, comme disait Epictète.‹« (›Les oreilles du Comte de Chesterfield‹ von Voltaire) (= einige Jahre lang dem großartigen Schauspiel dieser Welt zuzuschauen, wie Epiktet sagte; Belli hatte sich die Stelle im Zibaldone notiert; Epiktet: Philosoph, Stoiker, geboren um 50 n.Chr.) Muscetta weiter: »Nun befand sich unser Epiktet [gemeint ist Belli] auf seinem Balkon – man erkennt es aus den Sonetten dieses Jahres in einer akuten Phase seiner religiösen Krise, die eng und unaufhaltsam mit einer Verstimmung über die politisch-sozialen Zustände, über so viel Elend und Mißwirtschaft im Kirchenstaat zusammenhing. Trotzdem reduzierte er seine Betrachtungen auf die nüchterne reale Welt vor seinen Augen. Aber man darf nicht die inneren Schwankungen und Widersprüche eines Lesers von Voltaire und Montesquieu, die an ein Jenseits ›*par semestre*‹ [etwa: auf Raten] glaubten, verwechseln mit der subjektiven Diabolik oder mit der Zerrissenheit des vordekadenten oder dekadenten homo duplex, des es zum Geheimnisvollen und zu Abgründen zieht, und der immer nur ›zwei Sehnsüchte zugleich hat, eine nach Gott, die andere nach dem Satan‹ [wie Baudelaire sagte] oder der [E.T.A. Hoffmann] zur Wiederentdeckung der Intuition hinstrebt, um im mütterlichen Reich der Tiefe Paradiese zu finden [›Prinzessin Brambilla‹, Geschichte vom König Ophioch]: ›Der Gedanke zerstört die Anschauung und losgerissen von der Mutter Brust wankt in irrem Wahn, in blinder Betäubtheit der Mensch heimatlos umher, bis des Gedankens eigenes Spiegelbild dem Gedanken selbst die Erkenntnis schafft, daß er ist und daß er in dem tiefsten reichsten Schacht, den ihm die mütterliche Königin geöffnet, als Herrscher gebietet, muß er auch als Vasall gehorchen.‹«

*Letzte Zeile:* Vigolo meint, da die Sterne nichts treiben, sei auch nichts zu sehen; Belli habe die Flausen der Astrologen verulken wollen, die am Himmel das Irreale suchen, das andere Leute unter der Erde entdecken wollen.

## DIE ORDENSTRÄGER

*Li cavajeri*
*21. April 1834*

Immer nur weiter so: Ritter von heute,
Ritter von gestern, Ritter von morgen,
Jeden Tag neue, die Landesherrn sorgen
Für die Zufriedenheit ihrer Leute.

Kellnern, Dieben, Priestern und Offizieren
Gibt man fürs Knopfloch den Ritterorden,
Wollten's Hunde, wär'n sie Ritter geworden,
Man machte selbst die gern zu Kavalieren.

Orden für Halunken, für Ehrliche nichts,
Aber auch die sind eines Tages munter
Und genießen die Stunde des Jüngsten Gerichts,

Dann sagt nämlich Jesus zu dem Gesindel:
Ihr Ritter vom Arsch, die Orden runter!
In die Hölle mit euch, Schluß mit dem Schwindel!

Von Oppeln-Bronikowski: »Kenner Italiens sind im Gegensatz zu Stendhal der Meinung, daß in Italien das meiste auf Äußerlichkeiten beruht und daß jedermann mehr vorstellen will als er ist. *Far figura,* das ist das Leitmotiv [= eine gute Figur machen], mag man nun daheim in alten Lumpen umherschlampen oder auf dem Korso in Seide rauschen, mag man bei Tische darben und auf dem Pincio in wappengeschmückter Carozza einherfahren, mag man als simpler Bürgersmann auf den Visitenkarten als ›Ritter‹ oder ›Kommandeur‹ eines Ordens prunken oder wohlklingende Titel führen, auf die man nicht das mindeste Anrecht hat.«

*Päpstliche Soldaten*

Im Kirchenstaat gab es eine große Anzahl verschiedener Orden, die mit der Verleihung eines Titels verbunden waren; die Titel waren im wesentlichen bei allen Orden gleich (z.B. Cavaliere, Commendatore oder Grand' Ufficiale).

## DIE BRAVEN SOLDATEN

*Li soldati boni*
*23. Mai 1834*

Sobald ein Souverän vom andern meint,
Der hätt' ihm irgendetwas angetan,
Sagt er: »Steh' auf, mein Volk, denn von jetzt an
Ist Krieg, und der und der da ist dein Feind.«

Das Volk, das nicht im Kittchen landen will,
Nimmt sich die Knarre, keiner kann sich drücken,
Und läßt sich brav wie ein Paket verschicken,
Nein, keiner wehrt sich, alle sind schön still.

Dann komm'n die Schafe in den Stall getrabt
Mit halbem Kopf und abgeriss'nem Bein:
Der Hohe Herr hat seinen Spaß gehabt.

Mit Leben spielt er Ball, feine Gelüste!
Aber was Bess'res fällt ihm ja nicht ein,
Als ob man den Scheißtod noch suchen müßte!

## DIE VERBOTENEN WAFFEN

*L'arme províbbite*
*23. Mai 1834*

Freimaurerpack! Tut endlich was dagegen,
Nur eiserne Gewalt kann uns noch retten,
Dann hört das Treiben auf mit den Stiletten
Und diesen Stöcken mit den Teufelsdegen.

Pater Perilli hat ganz recht, bei Gott!
In Eisen legen, bis sie es kapieren,
Wenn einer meint, er braucht nicht zu parieren,
Dann keine Milde mehr und aufs Schaffott!

Roms Dreck aufsammeln? Das wär' keine Kur,
Das Hospital zum Friedhof heilt viel besser,
Aber der Papst tut nichts und zögert nur.

Wer Waffen trägt, der soll im Loch verrecken!
Das trifft nicht uns, wir brauchen unser Messer
In dieser schlechten Welt zu guten Zwecken.

*1. Zeile – Freimaurer:* wieder sind die Liberalen gemeint (s. Sonette Seite 68, 77f. und 258); Stendhal gibt den Bericht eines Abbate del Greco aus Mallorca wieder, wie man dort am Karfreitag in den Kirchen den Haß auf Judas wachrief: »Der Priester erklärte den Frommen, daß Judas ein Verräter, ein Freimaurer und Liberaler gewesen sei; diese Rede endet unter dem Schluchzen der Anwesenden, und das Volk schwört ... ewigen Haß gegen die Verräter, die Freimaurer und Liberalen ...«

*4. Zeile:* Stockdegen.

*5. Zeile:* der Pater ist eine historische Figur; Belli vermerkte in einer Fußnote: »Klosterbruder, Intrigant, agent provocateur [istigatore] und Spion der Regierung.« Es ist leicht zu erkennen, daß das Sonett nicht Bellis Ansicht wiedergibt; wenn er auch nie politisch engagiert war, so galt seine Neigung doch lange Zeit den Liberalen; erst als diese nach der Gründung der kurzlebigen römischen Republik im Mai 1849 gemeinsam mit Roms Pöbel »im Namen der Freiheit« gewaltsame Exzesse verübten (es gab Verwüstungen, Plünderungen und Morde, man verbrannte in Freudenfeuern Karossen von Kardinälen und Beichtstühle), erschrak Belli vor den Geistern, die er zwar nicht laut gerufen, doch heimlich – schreibend – herbeigesehnt hatte: er hatte sich mit seinem Sinn für Gesetz und Ordnung die Freiheit anders vorgestellt; die römischen Sonette hätte er nun veröffentlichen können: »sein Anstand – vielleicht auch nur Weitsicht – ließ ihn sich anders entscheiden« (Janni).

*8. Zeile:* Belli spricht von der *»forca«*, dem Galgen; es gab auch die Guillotine, siehe unten, ferner Seite 110 und 259.

*12. Zeile:* wer mit einem Messer angetroffen wurde, mußte mit Prügelstrafe auf dem ›Bock‹ rechnen (s. Sonett Seite 125 f.), wie Ponti berichtet; er bezeugt auch, daß Messerstechereien an der Tagesordnung waren; mit dem Thema befaßte sich auch die AZ vom 14. August 1833 in einem langen Bericht, in dem sie »Schreckenslehren« Mazzinis und der 1831 von diesem in Paris gegründeten Vereinigung »Junges Italien«, der man eine Reihe von politischen Morden anlastete, scharf verurteilte: »Man findet dann in der Art, wie sogar Leute von gutem Schlage eine solche Gräuelthat zu beschönigen suchen, den Vorwurf des Hangs zum Meuchelmord, den man so oft den Italienern gemacht hat, nicht ungegründet, und wenn es auch richtig ist daß die bessere Klasse durchaus den blutdürstigen und rachgierigen Charakter nicht hat, wie die untere Volksklasse, so fühlt sie doch lange den Abscheu und das starke Entsezen vor dem Meuchelmorde nicht, die sie ihrer Stellung nach nothwendig fühlen sollte. … Es bleibt in der That eine, wenn auch nicht unerklärbare, doch immer sonderbare Erscheinung in der Weltgeschichte, daß gerade bei den Bewohnern der beiden Halbinseln, der spanischen und italienischen, der Meuchelmord hat so einheimisch werden können, daß er sich wie eine nationale Eigenschaft bis auf unsere Zeit erhalten, während dis in der alten Zeit in beiden Ländern doch durchaus nicht der Fall war. Aus dieser Leichtigkeit und Gleichgültigkeit, mit welchen der Italiener den Meuchelmord seit so vielen Jahren zu betrachten gewohnt ist, lassen sich auch die häufigen Verschwörungsversuche erklären, die sehr gefährlich seyn würden, wenn sie glüklicher Weise in Italien nicht auch leichter zu entdeken wären als in anderen Ländern. Die Käuflichkeit ist größer als die Verschwiegenheit, und die Freude am Geld übertrift die Lust zum Mord, so daß der gegenseitige Verrath das Gegengift ist, welches gewiß die scheußlichen Absichten des jungen Italiens zernichten und die Häupter desselben dem sichern Verderben preisgeben wird.«

## ALLTÄGLICHE DELIKTE

*Li dilitti d'oggigiorno*
*4. Juni 1834*

Den Ehebruch hat er auf dem Gewissen,
Aber Don Marco hat ja nichts verbrochen.
Saverios Bruder hat er schlimm beschissen,
Doch nein, er wird vom Papst glatt freigesprochen.

Gestohlen hat er: Bauern Land geraubt,
Betrogen hat er, alles offenbar,
Doch Seine Heiligkeit hat's nicht geglaubt:
»Wir meinen, daß es nur Gerede war«.

Dann flüsterte jemand dem Papst was ein
– Gott hat sich schlau eines Spions bedient –
Don Marco soll ein Liberaler sein …

Das hat den Heiligen Vater sehr erschreckt.
Man hat Don Marco, wie er's längst verdient,
Ohne Prozeß sofort ins Loch gesteckt.

*10. Zeile:* Spion, s. Seite 47 und 177.
*11. Zeile:* Liberaler, s. Seite 79 f.

## DIE LÄDEN AM CORSO

*Le botteghe der Corso*
*12. Juni 1834*

Am Corso gibt es Cafés und 'nen Haufen
Von vornehmen Läden, du kriegst für dein Geld
Brötchen, Bücher, Perücken ... was dir gefällt,
Feine Kleider und Uhren, was zu saufen.

Obst, Schränke, Pelze und Becken zum Taufen,
Neu'ste Antiquitäten aus aller Welt,
Und ein Geschäft hat, hübsch ausgestellt,
Suspensorien und Bruchbänder zu verkaufen.

Du siehst Kavaliere und schicke Frauen,
Die nichts anderes tun als spazieren gehn,
Um sich und die Auslagen anzuschauen.

In jeden Drecksladen gucken sie rein,
Vor jedem Scheißfenster bleiben sie stehn,
Vor den Suspensorien sieht du kein Schwein.

*Zum Titel:* der Corso, heute Via del Corso; die Straße führt in gerader Linie von der Piazza del Popolo zur Piazza Venezia; den Namen hat sie von den seit 1400 im Karneval üblichen Pferderennen *(= corso di cavalli)*, s. Anmerkung S. 239 f.; die

Pflasterung auch dieser Straße, wie auch der Piazza del Popolo, wurde aus der Kasse finanziert, die Steuerabgaben der Huren vereinnahmte (s. Seite 97), der sogenannte *»donne curiali«* = Hofdamen.

*1. Zeile:* zahlreiche Cafés waren früher Treffpunkte der Fremden und der römischen Gesellschaft; Stendhal: »Geht man den Korso hinunter, so findet man im Erdgeschoß des Palazzo Ruspoli [Nr. 307, heute Sitz einer Bank] das schönste Café Roms. Man erstaunt über die Pracht dieser Säle und ihre Unsauberkeit. Einen Marmortisch zwanzigmal am Tage abzuwischen, ist die schlimmste Pein für einen Römer...«; es war das Café Nuovo, Ponti nennt es »das literarische Café Roms«; auch Adel und Klerus verkehrten hier. Die Geistlichen bevorzugten aber das Café Veneziano, auch nahe beim Corso; hier traf man häufig Giacomo Ferretti (s. Seite 217ff.), Bellis Freund, Schwiegervater seines Sohnes Ciro, und vermutlich verkehrte auch Belli hier; die Ausländer, besonders die Deutschen, traf man im Café Greco an der nahen Via Condotti; das Greco hat eine Geschichte, die schon Bücher gefüllt hat; in beiden Cafés lag die AZ aus (Delius). Das Café Greco besteht heute noch.

Bellis Aufzeichnung der gebotenen Möglichkeiten ist im wesentlichen noch gültig; bis 1816 stand noch der Galgen an der Ecke Via della Frezza, nahe dem Hause Via di Corso 20, in dem Goethe 1786 wohnte (heute als Gedenkstätte zugänglich); er beschrieb den Corso eingehend (»Das römische Carneval«) und stellte fest: »Der Corso, eine von den wenigen Straßen in Rom, welche das ganze Jahr rein gehalten werden, wird nun sorgfältiger gekehrt und gereiniget.« (s. Sonett Seite 184, Zeile 9)

Stendhal notierte auch: »Der Geruch von verfaultem Kohl und die Lumpen, die man durch die Fenster in den Zimmern erblickt, machte mich zwei Jahre lang ungerecht gegen den Korso. Er ist vielleicht die schönste Straße auf Erden.«

*In der Zeile 12* spricht Belli von *»païni«*, übersetzt mit

*Karneval: das Pferderennen*

›Kavaliere‹; Belli spricht in den Sonetten oft von ihnen; der Bessergekleidete wurde in Monti oder Trastevere gern mit *»sor païne«* angeredet; dazu Reumont: »Die Païni sind die römischen Elegants aus der Mittelclasse, die sich namentlich Sonntags in ihrem Glanze zeigen, von Mittags an wo die letzte Messe in St. Carlo am Corso zu Ende geht und diese Hauptstraße mit Menschen gefüllt ist ... höchst sorgfältiger Anzug, hellfarbige Halsbinde, Wespentaille und mühsam zugeknöpfter kurzer Ueberrock, enge Beinkleider und in immense Spitzen auslaufende lackirte Stiefel, in denen sie ängstlich auftreten, um sie nicht zu beschmutzen; die Haare lang und auf beiden Seiten heruntergekämmt, meist ein Stutzbart ... Nicht wenige von ihnen sind jolis garçons [= hübsche Burschen], aber die Mehrzahl scheint schwache Augen zu haben, weshalb sie nach englischer Sitte eine Lorgnette zwischen Brauen und Nasenknochen einkneifen, wovon sie wahrscheinlich blaue Flecken mit nach Hause bringen ... Ohne sie würde Roms Sonntagspromenade viel von ihrem Charakter verlieren.«

Von Kölle beschreibt den Tageslauf eines römischen Adeligen: »Spät aufgestanden, die Messe in der Hauscapelle gehört, dem Verwalter oder Handwerker Audienz gegeben, ein paar Besuche gemacht oder empfangen, Mittagessen allein oder mit wenigen Vertrauten, Sommers Siesta. Corso von 22 bis 24 Uhr. Eis im Wagen vor dem Kaffeehaus genossen. Rosenkranz bis 2 Uhr, Gesellschaft bis 5 Uhr, Bette.« Kölle beschreibt auch den

Corso: »Wenn die Polizei die Straßen fegen läßt, so machen die Römer ungefähr dieselben Gesichter, wie die Kinder, wenn man sie wäscht. ... Ein Kranker, welcher viele Jahre hindurch den ganzen Tag am Fenster saß, will bemerkt haben, daß man dreimal mehr Männer als Frauen, und unter zehn Männern einen Livreediener, unter fünfzehn einen Geistlichen rechnen könne, wenn man die auf den Straßen Wandelnden zählt. Sonntags nach der Messe ist eine Art Pantoffelparade auf dem Corso zwischen San Carlo und Platz Colonna und Via del Babuino. Um diese Tageszeit zeugt es vom schlechtsten Ton, sich im Wagen im Corso blicken zu lassen.«

## MEINE SCHWIEGERTOCHTER

*La mi' nora*
*12. Juni 1834*

Mein Sohn, der blöde Hund! Als Offizier
Hat er Napoleons Feldzug mitgemacht
Und mir die Schwiegertochter mitgebracht,
Den Doktor hat die Dame, na, sein Bier.

Mich macht sie wild, ich kann die nicht ertragen,
Das geht den ganzen Tag »Gescheit, dies Buch!«,
»Die Erde dreht sich...«, »Klug, der Dichter, klug...«,
»Er ist bewohnt, der Mond, würde ich sagen...«

Das hör' ich mir von einem Mann an, gut,
Von dieser Trine nicht, das geht zu weit,
Die ist so schlau, daß sie im Haus nichts tut.

Nähen und putzen, in der Küche stehen,
Mir Enkel machen, ja, das wär' gescheit!
Die wird mir noch schön auf die Nerven gehen.

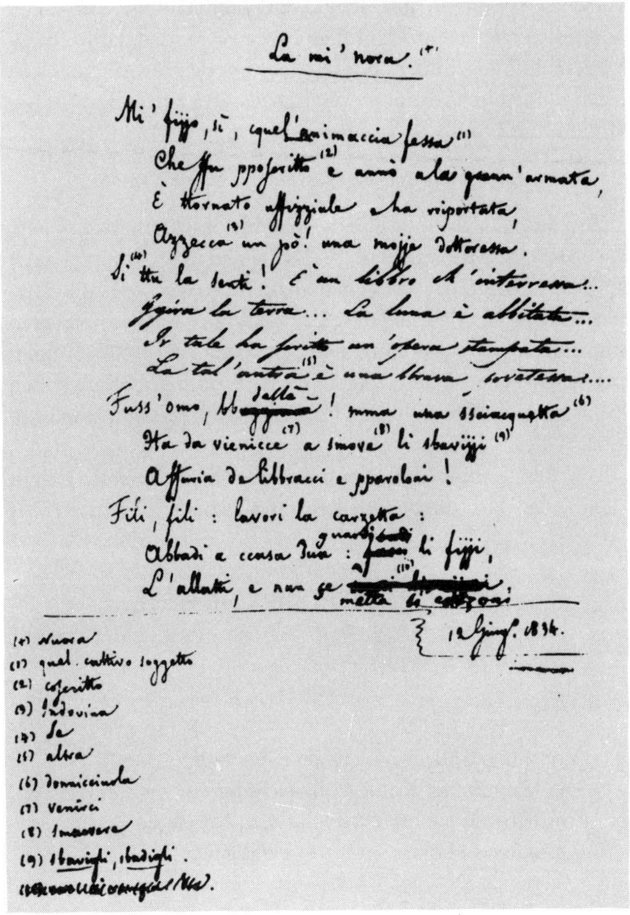
La mi' nora.(+)

Mi' fijjo, sì, quel'animaccia fessa(1)
Che ffu pposcritto(2) e annò a la gran'armata,
È ttornato uffizziale e ha riportata,
Azzecca(3) un pò! una mojje dottoressa.
Si(4) ttu la senti! È un libbro ch'interressa...
Ggira la terra... La luna è abbitata...
Er tale ha scritto un'opera stampata...
La tal'antra(5) è una bbrava scrivatessa....
Fuss'omo, bbuggiarà (dàlli)! mma una sciacquetta(6)
Ha da vienicce(7) a smove(8) li sbavijji(9)
Affuria de libbracci e pparoloni!
Fili, fili: lavori la carzetta:
Abbadi a ccasa sua: guardi li fijji,
L'allatti, e nun ce metta li carzoni.

12 Giug.º 1834.

(+) Nuora
(1) quel cattivo soggetto
(2) coscritto
(3) Indovina
(4) Se
(5) altra
(6) donnicciuola
(7) venirci
(8) smuovere
(9) sbavigli, sbadigli.

*»Meine Schwiegertochter« in Bellis Reinschrift*

Muscetta ist davon überzeugt, daß hier Molière mit seiner Komödie »Die gelehrten Frauen« Pate gestanden hat; in Bellis Aufzeichnungen finden sich Stellen aus dem Stück, das sich gegen unweibliche Frauen richtet. Muscetta zitiert daraus, wie Molière die Frauen wünschte:

*Elle sache ignorer les choses qu'elle sait*

= dem Sinne nach: sie sollte es verstehen, nicht alles zu zeigen, was sie weiß; Muscetta: »Belli dachte genau so, wenn er auch ein Befürworter der Frauenemanzipation war wie alle fortschrittlichen Intellektuellen seiner Zeit. Hier setzt er nun einen brummigen Schwiegervater alter Schule in Szene und will einen rückschrittlichen Mann zeigen, der sich im berüchtigt groben Stil Napoleons hinsichtlich Funktion und Mission der Frau ausdrückt.«

Aus der Einfalt der Argumente schließt Roberto Vighi darauf, daß hier die Schwiegermutter spricht.

## EINE SCHÖNE RÖMISCHE SITTE

*Un ber gusto romano*
*22. Juni 1834*

Von allen Spielen war früher das beste,
Die Wände mit Kohle vollzuschmieren.
Am liebsten suchten wir uns zum Verzieren
Ganz neue Häuser und noble Paläste.

Wir malten Schimpfwörter und Engel im Himmel,
Die Lottozahlen und Bilder von Tieren,
Und konnten uns ganz köstlich amüsieren,
Wenn einer mal Scheiße schrieb oder Pimmel.

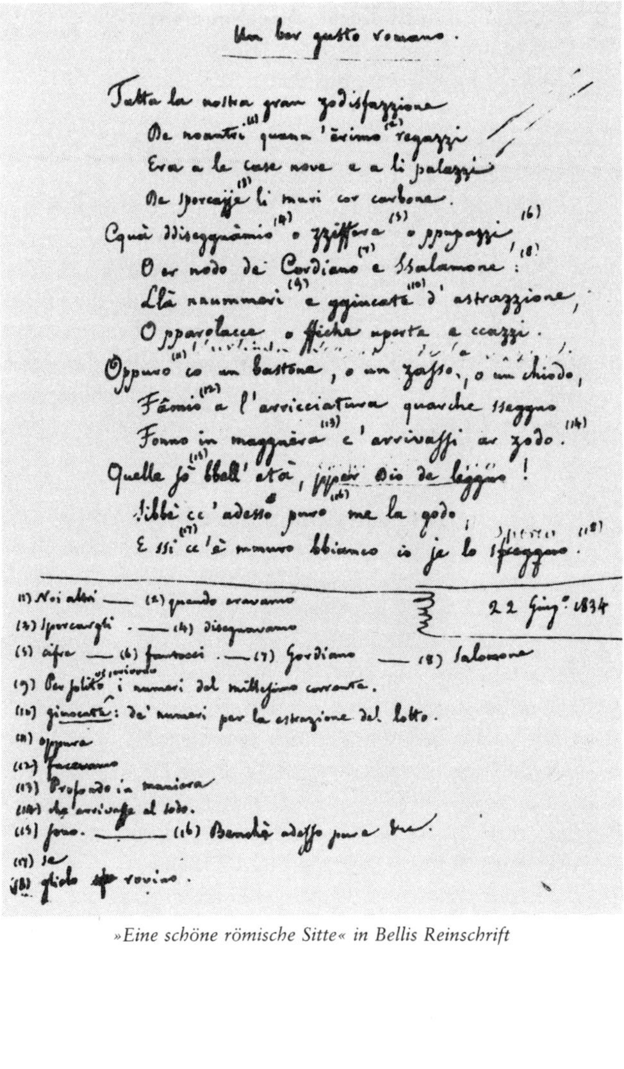

Un ber gusto romano.

Tutta la nostra gran sodisfazzione
De noantri[1] quann'èrimo[2] regazzi
Era a le case nove e a li palazzi
De sporcajje[3] li muri cor carbone.

Cquà ddiseggnàmio[4] o zziffera[5] o ppupazzi,[6]
O er nodo de Cordiano[7] e Ssalamone:[8]
Llà nnummeri[9] e ggiucate[10] d'astrazzione,
O pparolacce, o ffiche uperte, o ccazzi.

Oppuro[11] co un bastone, o un zasso, o un chiodo,
Fâmio[12] a l'arricciatura quarche sseggno
Fonno in maggnèra[13] c'arrivassi ar zodo.[14]

Quella sò[15] bbell'età, pe ddio de leggno!
Sibbè cc'adesso[16] puro me la godo,
E ssi[17] cc'è mmuro bbianco io je lo sfreggno.[18]

(1) Noi altri — (2) quando eravamo
(3) sporcargli. — (4) disegnavamo
(5) cifre — (6) fantocci. — (7) Gordiano — (8) Salomone
(9) Per solito i numeri del millesimo corrente.
(10) giuocate: de' numeri per la estrazione del lotto.
(11) oppure
(12) facevamo
(13) Profondo in maniera
(14) che arrivasse al sodo.
(15) sono. — (16) Benchè adesso pure ora.
(17) se
(18) glielo rovino.

22 Giug.o 1834

»Eine schöne römische Sitte« in Bellis Reinschrift

Wir nahmen auch Stöcke, Nägel und Steine
Und ritzten Namen, je tiefer, je besser,
Der Putz mußte weg, das war ja das Feine!

Mich juckt es noch oft, wie in alten Zeiten,
Dann nehme ich Kreide oder das Messer
Und mach's wie damals, ich kann's nicht bestreiten.

Diese römische Sitte lebt weiter; die Kohle ist durch Spraydosen ersetzt, hinzugekommen sind Plakate; sie und die aufgesprühten Schriften verdecken häufig die an privaten und öffentlichen Gebäuden angebrachten Steintafeln, die unter Hinweis auf § 663 des Strafgesetzbuchs Maueranschläge und Aufschriften verbieten.

## DAS GÄNSEBLÜMCHEN

*La gnocchetta*
*28. Juni 1834*

Eine Jungfrau von sechzehn, hübsch, ungeküßt,
Die selbst sagt, sie hat nie mit einem gepennt,
Und des Knaben Wunderhorn also nicht kennt...
Ich muß sagen, daß sowas ein Wundertier ist.

Giovanni, die Sache läßt mich nicht schlafen,
Die muß ich mir näher ansehn, die Kleine,
Du kannst dir schon denken, wen ich meine:
Die Tochter vom dicken Gärtner beim Grafen.

Wenn sie lügt, muß man ihr einen verpassen,
Zur Strafe für so eine Aufschneiderei,
Wenn's wahr ist, kann man sie auch nicht so lassen.

Ein Römer wie ich kennt gewisse Sachen:
Ich bringe besonders gern Dummen was bei,
Um aus ihnen gute Christen zu machen.

Vighi (St.B.) zählt das Sonett zur Gruppe der ironischen, mit denen Belli sich gegen Faulheit, Unehrlichkeit und Schläue eines zynischen und boshaften Volks wendet, das sich unter der Maske der Heuchelei sicher glaubt.

Die Worte des Kirchenstaat-Pappagallo sind nichts als Großsprecherei; Ponti berichtet, daß die päpstliche Regierung in Fragen der Sittlichkeit nicht mit sich spaßen ließ: »Wehe den Mädchenverführern! Aut dotet aut nubet [lat. = zahlen oder heiraten]: es gab keinen Ausweg. Der Schuldige kam ins Gefängnis, bis er sich entschieden hatte, seine Freiheit ... zu opfern und die aufgezwungene Hochzeit zu akzeptieren. Dabei ging es seltsam zu. Kaum war der Entschluß bekannt geworden, lief das Volk in Massen vor dem Gefängnis zusammen. Lautes Gemurmel: die Braut erschien. Ein Priester, ihr Pfarrer, nahm sie bei der Hand und führte das Mädchen, zitternd und rot vor Verlegenheit, an ein vergittertes Fenster des Gefängnisses, vor dem sie niederknieen mußte. Drinnen, hinter dem Gitter, erschien der Umriß eines Mannes, bleich und verängstigt. Der Pfarrer murmelte die rituellen Worte und stellte dann feierlich die Frage, der zwei geseufzte ›Ja‹ folgten. Eine Hand streckte sich durch das Gitter, der Pfarrer nahm sie und drückte sie in die der Braut. Sie waren verehelicht, das Übel war getilgt. Die Tore öffneten sich, der Bräutigam erschien, er war in ... Freiheit ... stieg eilends in die Kutsche zu der Braut, die vor Scham mehr tot als lebendig war...«

Solche Erfahrungen machten nicht nur Eingeborene, sondern auch Pappagalli aus dem Norden. Der deutsche Dichter Wilhelm Waiblinger aus Heilbronn, den seine Künstlerkollegen wegen seines schäbigen Aussehens »Bettelpoet« nannten, schrieb 1827 aus Rom an einen Freund: »Vor Mädchen muß man sich hier hüten, wird man gepackt, hat man nur die Wahl zwischen Ehe und Galeere.«

Noack, der das berichtet, erzählt auch von dem bitteren Schicksal des Düsseldorfer Malers Peter Cornelius, der geglaubt habe, »die Dichtung in Goethes Elegien ungestraft zur Wahrheit machen zu können«, sich aber nach wiederholten Besuchen bei der Geliebten im Weinberg ihres Vaters plötzlich von den Brüdern des Mädchens umstellt sah: er mußte ihnen versprechen, ihre Schwester zu heiraten. Über das Schicksal dieser Ehe berichtete einige Jahre später der Theologe Ferd. Florian Fleck aus Dresden: »Von seiner Gattin lebt er [Cornelius] getrennt; sie ist Italienerin und durch Zwang an ihn gekommen.«

Der 25jährige Hamburger Speckter (der lebensfrohe Maler lebte fast vier Jahre in Rom; er starb schon 1835) bedauerte 1831, »daß man nicht einmal hübsche Mädchen hier die Cour machen kann ohne Furcht entweder vor Dolchen, oder vor Heirathsanträgen von elterlicher Seite«. Einige Tage nach der Krönung Gregors XVI., am 16. Februar 1831, sah Speckter den neuen Papst in der Peterskirche, beobachtete aber während der Messe auch eine hübsche Römerin und gelangte beim Verlassen der Kirche in ihre Nähe: »Wie ich ... sie ... durch die Brille betrachtete, schlug sie mir diese auf einmal von der Nase und gab mir zugleich bei der Gelegenheit eine tüchtige Ohrfeige.« Dabei sagte sie zu ihrer Freundin: *»Adesso non puô vedere niente«* (Jetzt kann er nichts mehr sehen); Speckter nahm es mit Humor und machte einen neuen Annäherungsversuch: sie lief ihm davon. (Erwin Speckter, 1806–1836, entstammte einer namhaften Hamburger Künstlerfamilie und lebte von 1830 bis 1834 in Rom.)

## DIE SCHÖNHEIT

*La bellezza*
*20. Oktober 1834*

Schönheit ist ein Geschenk, von Gott gegeben,
Die kaufst du nicht um alles in der Welt.
Doch wenn du schön bist, hast du immer Geld,
Dann wirst du reich und hast es leicht im Leben.

Wer will schon Kirchen, Kühe, Weiber sehen,
Die häßlich sind? Wie hat's denn Gott gemacht,
Mit seiner Mutter? Er hat nachgedacht
Und sich gesagt: ich will sie jung und schön.

Schönheit gefällt, drum ist sie gut, nie schlecht,
Sie wird mit Freundlichkeiten überhäuft,
Und wenn sie unrecht hat, bekommt sie recht.

Sieh doch die Katzen, da gibt's kein Erbarmen:
Was häßlich ist, wird kurzerhand ersäuft,
Der schöne Rest trinkt Milch und schläft im Warmen.

Von Raumer erzählt, eine der schönsten Frauen Roms habe ihm gesagt, Schönheit sei die gefährlichste Gabe des Himmels; sie wolle lieber der häßlichste Mann, als das schönste Weib in Rom sein. »Die Herren um sie widersprachen, ich gab ihr Recht, weil mir würde unerträglich gewesen seyn, die Huldigungen unzähliger Gecken und Laffen anzuhören, oder gar anzunehmen.«

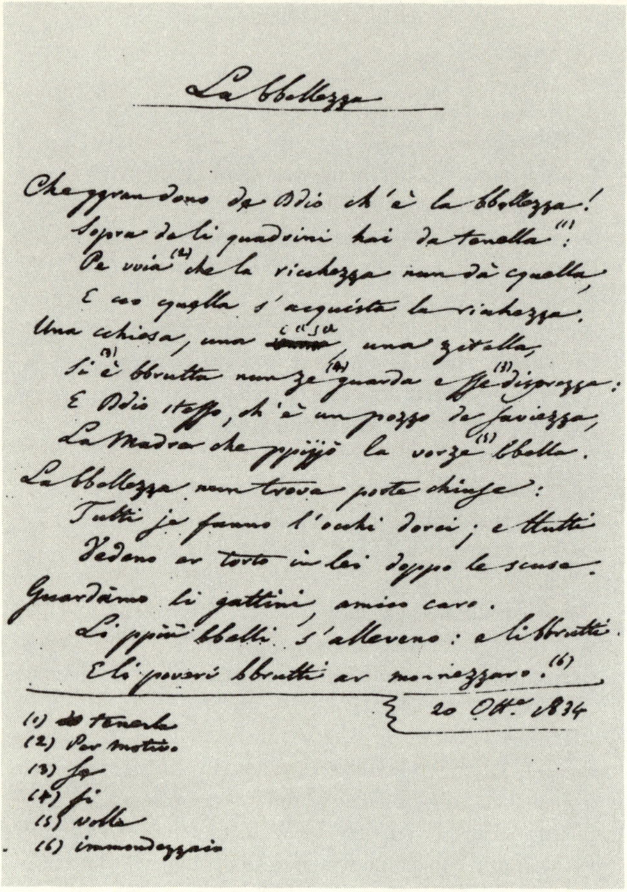

La bbellezza

Che ggran dono de Ddio ch'è la bbellezza!
Sopra dali quadrini hai da tenella[1]:
Pe vvia[2] che la ricchezza nun dà cquella,
E cco cquella s'acquista la ricchezza.
Una chiesa, una ~~[illegible]~~ casa, una zitella,
Si[3] è bbrutta nun ze[4] guarda e[3] sse disprezza:
E Ddio stesso, ch'è un pozzo de saviezza,
La Madre che sscejjé la vorze[5] bbella.
La bbellezza nun trova porte chiuse:
Tutti je fanno l'occhi dorci; e ttutti
Vedeno ar torto in lei doppo le scuse.
Guardamo li gattini, amico caro.
Li ppiù bbelli s'alleveno: e li bbrutti?
E li poveri bbrutti ar monnezzaro.[6]

20 Ott.e 1834

(1) ~~da~~ tenerla
(2) Per motivo
(3) Se
(4) si
(5) volle
(6) immondezzaio

*»Die Schönheit« in Bellis Reinschrift*

## DIE HABGIER

*La golaccia*
*27. Oktober 1834*

Wenn ich mir das besehe auf der Welt,
Wo alle sich für Ruhm und Reichtum plagen,
Wie sie schon alles haben und doch klagen,
Daß er nicht dicker ist, ihr Sack voll Geld,

Dann sag ich: blind seid ihr! Die Gier im Nacken
Bringt euch doch nur um Tag und Schlaf, wofür?
Ihr rafft und schachert, dann klopft's an der Tür,
Der mit der Sense kommt, um euch zu packen.

Der Tod tickt in den Uhren, unsere Frist
Ist kurz, kann es nicht sein, daß diese Zeit
Schon morgen für uns abgelaufen ist?

Wie weise ist des Pilgers Zuversicht!
Auf langer Fahrt trägt er sein Reisekleid
Und darin ein Stück Brot, mehr braucht er nicht.

## BARMHERZIGKEIT

*La carità*
*30. November 1834*

Was ist, mein Junge, bist du heute blind,
Hast du den armen Krüppel nicht gesehen?
Da dürfen wir nicht einfach weitergehen,
Komm, nimm das Geld und bring es ihm, mein Kind.

Denk immer, wenn du einen armen Teufel siehst,
Es könnte Jesus Christus selber sein,
Drum tu ihm was in seinen Hut hinein,
Hunger tut weh, du weißt nicht, wie das ist.

Du weißt auch nicht, ob es dem armen Mann
Nicht schon bald besser geht, wer kann das sagen?
Und ob der dir nicht einmal helfen kann.

Wir beide essen heute Abend wieder,
Tun wir's auch morgen? Das mußt du dich fragen.
Menschen sind Adams Söhne, sie sind Brüder.

## DIENSTMÄDCHENKLÜNGEL

*L'affarucci de la serva*
*12. Dezember 1834*

Komm Pippo, iß doch noch ein Stück Fasan,
Und da ist Sauerkraut mit Ananas,
Trink auch den Rotwein. Na, wie schmeckt dir das?
Den Käse und das Brot nimmst du dir dann.

Nachher um zehn, das bleibt wie abgemacht:
Du kommst zur Ecke, wenn die Turmuhr schlägt
Und wartest. Dann hat sie sich hingelegt
Und kriegt von mir die warme Milch gebracht.

Wenn du zur Tür gehst, daß dich keiner sieht!
Ich komm' ans Fenster und geb' dir das Zeichen.
Die Treppe knarrt, paß auf bei jedem Schritt.

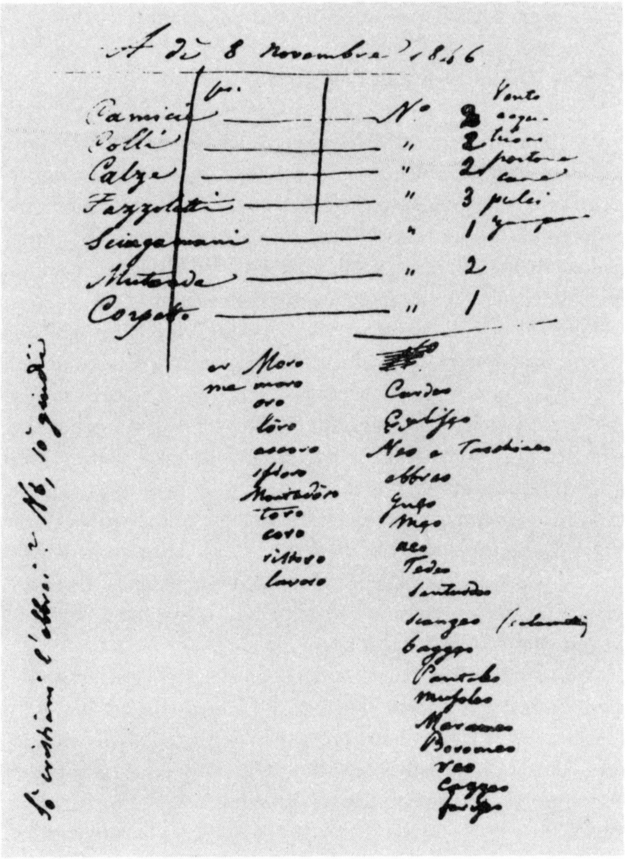

*Reimwörter auf dem Wäschezettel*

Und wenn du oben bist, da brennt das Licht.
Komm gleich ins Zimmer, du brauchst nicht zu schleichen,
Madam weiß, daß du kommst, das stört sie nicht.

Von Kölle hat der römischen Dienerschaft ein Kapitel seines Buchs gewidmet: »Wo die meisten und ersten Herren unverehelicht sind [der Klerus], spielen die Diener begreiflich eine bedeutende Rolle. Hiezu kömmt noch der Hang der Römer, sich nicht zu ermüden, und ... denen, von welchen etwas zu gewinnen, den Wind abzugewinnen. Der römische Diener ist ... unglaublich dienstfertig, wenn es gilt, eine Schwäche des Herrn auszubeuten ... und nachlässig in seiner Kleidung und Haltung. Hinter einer Cardinalskutsche, vor welcher die Wache ins Gewehr tritt und die Trommel rührt, stehen oft Gesellen mit sechstägigem Barte, schmutziger Wäsche und schlecht gekämmten Haaren ... Die Cardinäle müssen ... eine zahlreiche Familia [Dienerschaft] halten, und bezahlen sehr wenig Löhnung, wogegen die Trinkgelder desto mehr eintragen ... Die weibliche Dienerschaft ist bescheidener, fleißiger, wohlfeiler als die männliche, aber häufig hat man Verdruß wegen Mann oder Liebhaber.«

Was hinter dem Rücken der »Herrschaft« vorging, beschreibt Belli im Sonett »Diener und Hausmädchen«.

Vielen der damaligen Romreisenden fiel auf, daß die meisten herrschaftlichen Bediensteten schmutzige und zerlumpte Livreen trugen; zerrissene Strümpfe und verschlissene Schuhe waren die Regel. Joseph Görres beschreibt 1825 die »liebenswürdige Vertraulichkeit« zwischen Herrn und Diener: »Nicht selten siehst du die vornehmsten unter ihnen von der Karosse aus mit den hinten aufstehenden Bedienten Gespräch halten, und zwar in dem Corso selbst ... ohne daß eine solche Vertraulichkeit im mindesten anstößig erschiene.« Dem Volk, auch der geringsten Klasse, sei ein ungemein richtiges Gefühl der Schicklichkeit eigen; der Herr bleibe Herr, der Diener doch Diener. (Der rheinische Schriftsteller Görres lebte 1776 bis 1848.)

## SO IST ES AUF DER WELT

*Le cose der monno*
*20. Januar 1835*

Daß Gott nichts taugt, daß er nicht existiert,
Nur Dumme trösten sich mit solchem Blech.
Wenn einer Glück hat, hat er auch mal Pech,
Wer heut' bescheißt, wird morgen angeschmiert.

Der Papst hilft Armen, wenn es ihm gefällt,
Schon lauern welche, die sie fertigmachen,
Die jammern laut, während die andern lachen,
So läuft die Welt, und immer geht's ums Geld.

Dabei bleibt Arm und Reich am Ende gleich:
Wohlstand bekommt nicht gut und macht nicht froh,
Der Arme, der zufrieden ist, ist reich.

Jeder will mehr und kein Mensch hat Geduld:
Die Sonne scheint nachts nicht, das ist mal so,
Und wem der Mond nicht reicht, hat selber schuld.

## DAS GOTTESHAUS

*La casa de Dio*
*28. Mai 1835*

Christus vergibt fast alle Übeltaten:
Freßsucht, Landfriedensbruch und Hurerei,
Erpressung, Messerstiche, Räuberei,
Die Sünden von Beamten und Privaten.

Das eine Mal, als er nichts mehr verzieh,
Ging's um die Kirche, und das ging ihm nah,
Da sah er rot, da platzte er beinah,
Und brüllte wie ein angestoch'nes Vieh.

Mit Schaum vor'm Mund, die Peitsche in der Hand,
Rannte er wie ein Wilder in den Tempel,
Und Hiebe bekam jeder, den er fand.

Will man dem Evangelium vertrauen,
War diese Schlägerei nur ein Exempel,
Danach hat Jesus niemand mehr verhauen.

## DIENER UND HAUSMÄDCHEN

*Er servitore e la cammeriera*
*1. September 1835*

Die gnäd'ge Frau ist wirklich eine Nummer,
Die treibt's mit jedem, und ganz ungeniert.
Uns, schöne Betta, macht das keinen Kummer
Und uns'rem Herrn ist's Wurscht, was hier passiert.

Du bist ja keine Dame, Gott sei Dank!
Und ich kein müder Lahmarsch wie der Herr,
Drum komm mal, süßes Biestchen, auf die Bank,
Komm, laß dich küssen und mach kein Geplärr.

Jetzt zier dich nicht, mein Schätzchen, komm mal schön,
Ich mein's doch gut mit dir, komm auf mein Knie:
Ich würde nie nach anderen Mädchen sehn

Als Bettas Mann … nun bist du platt, erschlagen,
Ja, ich mein's ehrlich, nur mein Herzchen: nie
Darfst du dich wie die Gnädige betragen!

## DER GEHORSAM

*L'ubbidienza*
*12. September 1835*

Wo ist denn da für Christen ein Problem?
Gehorsam sein verlangt nicht viel Geduld,
Wer nicht gehorchen kann, ist selber schuld,
Gehorchen ist bequem und angenehm.

Gott selbst hat sich bemüht, das einzurichten:
Der Papst denkt sich für uns was aus und lenkt.
Der Christ gehorcht, Denken wird ihm geschenkt,
Das ist gerecht, so teilt man sich die Pflichten.

Wem von uns wär' wohl die Idee gekommen,
Durch höh're Steuern unsern Staat zu retten?
Die Arbeit hat der Papst uns abgenommen,

Und die war schwer, wenn man's nur richtig sieht:
Wer schwitzt denn mehr, frag' ich, die Marionetten
Oder der Puppenspieler, der sie zieht?

Muscetta: »…dieser totale Pessimismus ohne jede Hoffnung war Folge der Machtverhältnisse: von oben wurde diktiert, die unten mußten sich im Gehorchen üben, wie es Sismondi in seiner ›Geschichte der italienischen Freistaaten im Mittelalter‹ beschrieben hat … Und das völlige Mißtrauen in die Fähigkeiten der Herrschenden brachte die Regierten sogar dazu, ihre Befreier einfach abzulehnen, sie zu hassen, zu töten.« Mit dieser Haltung begegnete Roms Volk den Franzosen und ihrer Römischen Republik von 1797, die 1799 schon wieder verschwunden waren.

Von Raumer schließt das Buch seiner Eindrücke im Italien des Jahres 1839 mit einer Betrachtung über den Kirchenstaat so ab: »Über keinen Staat ist es schwerer ein Urtheil zu bilden, als über den römischen, weil die weltliche und die kirchliche Herrschaft so mannichfach ineinander greifen ... Gesteht man auch dem geistlichen Elemente gern seine vollen, und im Kirchenstaate überwiegenden Rechte zu; so kann man doch den gewichtigen Zweifel nicht unterdrücken: ob es nothwendig sey, fast die gesamte Verwaltung aller Zweige in die Hände von Geistlichen zu legen. Heilsam ist es gewiß nicht; so wenig als wenn man in einem sogenannten militairischen Staate alle Ämter ... mit Officiren besetzte...«

Von Raumer war nur wenige Wochen in Rom gewesen; der weitgereiste preußische Verwaltungsjurist und Historiker, der 1810 bei Hardenberg gelernt hatte, wollte objektiv bleiben, mochte nichts ohne Vorbehalt als gegeben annehmen; was er an kaum Glaublichem in Rom erfahren hatte, war ihm zu viel des Schlimmen: er hielt es einfach nicht für möglich.

## DER BLINDE

*Er ceco*
*14. September 1835*

Der blind und fromm? Das ist Schauspielerei,
Mit Nüssen hat er neulich noch hausiert,
Und weil sich das Geschäft wohl nicht rentiert,
Ist er jetzt blind und singt die Litanei.

Die zarte Stimme hat er einstudiert
Und macht Krileision, Krileision…
Dann säuselt mit dem gleichen falschen Ton
Das Weib da, seine Frau, und respondiert.

Der hat schon zwanzig, dreißig feste Kunden
Und zahlt beim Saufen in den Kneipen bar,
Das können längst nicht alle Vagabunden.

Genau besehen, lebt er vom Gebet
Und macht es wie die Priester am Altar:
Kein übles Leben, wenn man's nur versteht.

*4. bis 6. Zeile:* Litanei, in der katholischen Kirche ein Bittgebet zur Abwehrung von Unglück, abwechselnd von einem Vorsänger oder Vorbeter und von der Gemeinde gesprochen oder gesungen; sie beginnt immer mit dem Anruf »Kyrie eleison!« (= Herr, erbarme dich), hier von Bellis Römer verballhornt.

*8. Zeile:* respondieren = antworten; die oben erwähnten Wechselgesänge heißen auch Responsorien.

Muscetta sieht im letzten Terzett einen Stilbruch: »Sobald soziales Engagement und antiklerikaler Haß glänzend gelungene Schmähungen und geschliffen, geistvolle Epigramme auslösen, hören wir den Dichter und sind von der formalen Folgerichtigkeit seiner Worte gefangen. Aber man kann nicht anders, als die satirische oder spaßhafte Wendung abzulehnen, wenn sie plötzlich hinzukommt, um ein poetisch abgerundetes Bild zu stören.« Das zweite Quartett, meint Muscetta, sage doch schon alles. »Aber für Belli ist es eben eine unverzeihliche Verworfenheit, es Priestern nachzutun und so Gebete unter die Leute zu bringen. Ihm genügt es nicht, diese Verworfenheit darzustellen, er will sie näher erklären und kommentieren: so begnügt er sich nicht mit einer Fußnote, er tut es im Schluß des Sonetts.«

*Nachbarinnen*

## HILFERUFE EINER UNTERMIETERIN

*Le chiamate dell'appiggionante*
*16. September 1835*

Sabella! – Hä? – Sabella, guck mal eben,
Komm mal ans Fenster! – Ja, ich komm ja schon. –
Ich brauch dein kleines Töpfchen, das aus Ton. –
Das brauch ich selbst, das kann ich dir nicht geben. –

Kannst du mir dann wohl etwas Knoblauch pumpen?
Ich bin heut morgen nicht zum Markt gekommen,
So drei-vier Zehen, das genügt vollkommen,
Und Schmalz, ein bißchen, so 'nen kleinen Klumpen,

Und dieses kleine Pfännchen brauch' ich auch! –
Ich laß das Körbchen runter, Betta, warte! –
Du, Petersilie noch und etwas Lauch! –

Nun sag's schon gleich, was willst du denn noch mehr? –
So'n Stückchen Speck vielleicht. – Ich hab' 'ne Schwarte,
Die kriegst du auch, dann ist die Küche leer.

1. *Zeile:* Sabella = Isabella.
10. *Zeile:* Betta = Elisabetta.

Verdone schreibt, mit diesem Dialog könne er auf der Bühne ein Volksstück anfangen. (St. B.)

## DER JÄGER

*Er cacciatore*
*[ohne Datum]*

Du gehst mir auf die Nerven Junge: Nein!
Jäger ist der und hat ein Wolfsgesicht,
Ich heirate gewisse Leute nicht,
Da lache ich, Du darfst ruhig böse sein.

Sowas! Für seine Pfanne fängt der Wicht
Unschuldige Vögel, das ist hundsgemein,
Was tun die dem denn schon, so lieb und klein,
Daß ihnen dieser Kerl die Hälse bricht?

Ich will dir sagen, was ein Jäger ist:
Wer grausam Vögel umbringt, hat kein Herz,
Der taugt nichts, der ist auch kein guter Christ.

Und was der Mensch sich noch zu sagen traut!
»Die sind so klein, die fühlen keinen Schmerz« …
Wie der wohl schreit, wenn man sein Hirn einhaut.

Belli gibt dazu in einer Fußnote wieder, was er sich viele Jahre vorher in seinem Zibaldone aus dem Buch »Einsamkeit« des

Schweizers Hans Georg Zimmermann notiert hatte: »Wer die Jagd aus Neigung liebt, trägt den Geist der Zerstörung in sich und wird, je nach seiner Stellung, immer gefährlich für die Gesellschaft sein.«

Nach Roberto Vighi lehnt hier ein Mädchen einen Bewerber ab; die Anrede »mein Junge« hält er für herablassend ironisch.

Ponti erzählt vom ›*roccolo*‹, der Jagd auf Vögel mit aufgestellten Netzen, bei der sich auch die Aristokratie traf und vergnügte: »Die geladenen Gäste versammelten sich in einem kleinen Häuschen, aus dessen Fensterchen man das Gehölz sehen konnte, vor dem ein feines Netz aus Seide und noch eines mit gröberen Maschen gespannt war. Die armen Vögelchen, herbeigelockt durch Töne aus dem Inneren des Häuschens, ließen sich auf den Zweigen nieder ... In einem gegebenen Augenblick zog ein Jäger eine Vogelscheuche hoch, alle Vögel flogen aufgeschreckt davon, in die Netze, in denen sich vor jedem Vogel Säckchen ausbeulten; die Gäste liefen heraus, sie zu fangen, und schrien dabei so laut, wie sie konnten, wie um sich für das ihnen vorher auferlegte Schweigen schadlos zu halten ...«

Merkwürdige Jagdmoral gab es auch anderswo, und nicht nur in früheren Zeiten. Emil Ludwig berichtet aus der Zeit um 1900: »Da es die Masse bringen mußte und dem Jäger das Wild vor dem Rohr vorbeigetrieben wurde, brachte es der Kaiser in drei Dezembertagen beim Fürsten Donnersmarck auf 1675 Stück und konnte in seinem 43. Jahre auf einen Granitblock in goldenen Lettern setzen lassen: ›Hier erlegte S.M. Kaiser Wilhelm II. Allerhöchst seine 50000. Kreatur, einen weißen Fasanenhahn.‹«

Des Kaisers Jagdleidenschaft erstreckte sich auch auf Größeres: »Als beim Streik der Trambahner 1900 auf dem Dönhoffsplatz in Berlin Unruhen ausbrachen, drahtete er dem Generalkommando: ›Ich erwarte, daß beim Einschreiten der Truppe mindestens 500 Leute zur Strecke gebracht werden.‹« (E. Ludwig, zitiert aus »Zwölf Jahre am deutschen Kaiserhof« von Graf Robert v. Zedlitz-Trützschler, Stuttgart 1923)

Jagdgeschichten aus Rom erzählt von Raumer: »Den 31. Mai [1839], an Tiecks Geburtstag [der Dichter Johann Ludwig Tieck], ward die Jagd eröffnet, aber vor Rom kam es zu nichts Erbaulichem. Darauf zog ich es vor, Morgens bei Tages- und Abends bei Kerzenlicht ein Treibjagen im Bette und einigen größeren Revieren abzuhalten.« Das geschah im Hotel Cesári, damals eines der besten Häuser [es besteht noch]; hier wohnten Garibaldi und Mazzini, Mommsen und Gregorovius, auch Stendhal, der es wegen seiner zentralen Lage (nahe Piazza Colonna) und wegen der zivilen Preise rühmte. Von Raumer gefiel es nicht, auch wegen des nächtlichen Lärms auf den Straßen: »Einige Mordents [französisch = Bisse], welche kritische Flöhe den Katzenmelodien hinzufügten, hielt ich für schlechte Überladung, mußte sie aber als italienische Zugabe mit in Kauf nehmen.«

Von Kölle: »Den Lerchen wird durch nächtliches Licht mit Spiegeln nachgestellt. Die Verminderung aller Vogelgattungen ist auch hier eine natürliche Folge der vermehrten Zahl der Jäger. ... Nicht löblich ist es von ihnen, daß sie, wenn sie mit noch geladener Flinte nach der Stadt zurückkehren, diese gegen Dachrinnen, Inschriften, Mauern und Thore abfeuern [s. Sonett Seite 192], welche daher überall um die Stadt vandalisch zugerichtet sind. ... Ungeachtet sie gewöhnlich etwas Rauhes dadurch annehmen und auch ihre häuslichen Verhältnisse oft durch diese Leidenschaft sich nachtheilig gestalten, so ist dennoch nicht zu läugnen, daß durch die Jagd und ihre Folgen der unglaublich lähmenden Erziehung in etwas gedämpft, und einige Energie erhalten werde.«

## DIE DROSCHKENKUTSCHER

*Li vitturini de piazza*
*23. September 1835*

Wie läuft's denn, Meister Peppe? – Alles mies,
Nichts tut sich? Meister Nello, keine Fuhren.
Für Kutscher ist das hier kein Paradies,
Das ist ein Land für Kellner und für Huren. –

Stimmt, leider. Ich steh seit zwei Tagen rum,
Die letzte Fuhre war ein Rudel Pfaffen
Zum Lateran in ihr Kollegium,
Die Hälfte haben sie bezahlt, die Affen. –

Und ich? Abends im Stall, wenn ich mich frag',
Was ich getan hab', sag' ich: einen Dreck.
Die Unterhaltung führ' ich Tag für Tag...

Kutsche, der Herr? Hier, bitte, steig'n Sie ein!
Hallo! – Das wird nichts, Peppe, der ist weg. –
Ich sag' ja, Nello, nichts, es soll nicht sein.

Ponti berichtet, daß die Römer – gerade zu Bellis Zeiten – keineswegs Freunde geordneter beruflicher Tätigkeiten waren. Berufe, die Fleiß und Ausdauer verlangten, waren in Händen der aus der Provinz und aus anderen Teilen der Halbinsel Zugereisten; die Wirte waren meist aus den Abruzzen, die Köhler aus Genua. Römer wurden gern Pflasterer oder Droschkenkutscher und Fuhrleute, Berufe, die man in frischer Luft ausüben konnte, und die nichts weiter verlangten als Kraft und Geschick.

Im Bürgerstand war es nicht besser; von Raumer: »Unsere Jugend, sagte mir ein hoch gepriesener Italiener, studiert und arbeitet nicht; sie kennt und ehrt nur die Weisheit ... der

Journale.« Damals gab es in Rom zwei Tageszeitungen. Über den Adel schrieb von Raumer: »[er] entspricht vielleicht noch weniger seinem Begriffe, [er ist] … überreich, heruntergekommen; fast immer unthätig. Die einfachste, edelste und natürlichste Beschäftigung, der Landbau, welche in England und Deutschland den Adel erhält und fördert, wird in Italien verschmäht. Eben so selten wollen die Vornehmen in Staatsdienst treten … die Freiheit geht hervor aus Anstrengung und Entsagung, nicht von Unthätigkeit.«

## ABREISE IN DIE SOMMERFRISCHE

*La partenza pe la villeggiatura*
*24. September 1835*

Aah, Frau Irene, geht es wieder fort?
Wo geht die Reise hin, darf man wohl fragen?
Frascati, herrlich! In den heißen Tagen
Ist es dort frisch, ein wundervoller Ort.

Ja, eine Dame kann sich sowas leisten…
Wir reden, und die Kutsche wartet schon…
Ach, ist das nicht der gleiche Postillon,
Mit dem Sie schon im vor'gen Sommer reisten?

Sind alle Koffer oben, Frau Irene?
Geben Sie acht, es sieht nach Regen aus…
Tun Sie sich doch was Weiches auf die Lehne.

Auf Wiedersehn! Wann kommen Sie zurück?
Im Herbst, wie schön, ja nutzen Sie's nur aus.
Gute Erholung, werden Sie schön dick!

## RÜCKKEHR AUS DER SOMMERFRISCHE

*Er ritorno da la villeggiatura*
*24. September 1835*

Willkommen Frau Irene! Wieder da?
Wie geht's, wie war die Fahrt, ging alles glatt?
Und wie Sie aussehn, nein, da bin ich platt!
Was frag' ich, wie es geht, man sieht es ja!

Wir war'n in Sorge, Sonntag sagt mein Mann:
Ob was passiert ist? Denn bei dem Verkehr,
Den Überfällen ... Post klappt auch nicht mehr:
Ihr Brief kam gestern, denken Sie mal an!

Sie haben uns ja sooviel zu berichten...
Ach, übrigens ist Memmo in der Lehre,
Und jetzt die Cholera, man hört Geschichten!

Ja, Frau Irene, was wird noch passieren...
Die schönen Brezeln, nein, was für 'ne Ehre!
Da kann ich mich doch gar nicht revanchieren!

Ponti widmet der Sommerfrische der Römer in den Jahren 1814–31 ein ganzes Kapitel seines Buches; damals glaubte man, das römische Sommerklima sei sehr gesundheitsschädlich.

Nachgewiesen ist die Tatsache, daß im Sommer die Sterblichkeit höher war als im Winter (s. Seite 48). So flohen denn auch die Fremden im Sommer aus Rom. Die erfahrenen Römer aber, so Ponti, blieben im Sommer in der Stadt, wenn auch unter Anwendung gewisser Vorsichtsmaßnahmen: sie schlossen sich in ihren großen Wohnungen ein, ließen die Fenster hermetisch verschlossen und lebten im Dunkeln und in der so bewahrten Kühle des Hauses: »Sie schwindelten sich mit endlos langen Siestastunden über die drückend-heißen Sommernachmittage hinweg ... in dieser Zeit waren die Häuser stumm, die Tore verriegelt, viele Läden geschlossen ... man sah draußen keine Seele ... abgesehen von – wie es eine römische Redensart festgehalten hat – Hunden und Engländern [Nur Hunde und Engländer laufen durch die Sonne]. Erst am Abend, wenn die *›ponentina‹* [= der bei Sonnenuntergang aufkommende Wind] wehte und die Stadt aus ihrem todmüden Dämmern aufweckte, bevölkerten sich Salons und Kaffeehäuser ... Auch Schulen und Büros blieben den Sommer über geöffnet, wenn auch oft nur zum Schein. So ging das bis September. Dann änderte sich die Lage wie durch einen Zauberschlag! Eine Flucht in alle Richtungen begann: die Angestellten verließen die Büros, die Schüler ruhten vom mühseligen Studieren der klassischen Fächer und der Redekunst aus ... und Alle strebten in einmütiger Begeisterung der Reise aufs Land zu.« Für den Adel und die Bürger, die es sich leisten konnten, war es Mode, in die Albaner Berge zu fahren (s. Sonett Seite 177f.). Wer keine eigene Kutsche hatte – deren Besitz zeugte von Rang und einigem Stande (s. Sonett Seite 57f.) – nahm den *›vetturino‹*, den Lohnkutscher; die Fahrt kostete weniger als 80 Baiocchi, je nach Komfort; die Strecke war kurz und belebt, nur selten machten Briganten sie unsicher.

## ARME LEUTE

*La famija poverella*
*26. September 1835*

Kommt Kinderchen, seid still, schön stille sein,
Pappa kommt gleich, seid lieb, dann freut er sich.
– Du heilige Jungfrau hilf, erhöre mich,
Ich bitte dich, hilf, laß uns nicht allein. –

Nein, meine Herzchen, seid ganz lieb, nicht weinen,
Sonst wein' ich auch. – Mir will das Herz zerspringen. –
Pappa wird sicher was nach Hause bringen,
Dann gibt's ein schönes Brot für meine Kleinen.

Ich hab' euch doch so lieb, ihr wißt es nicht.
Was sagst du, Peppe? Nicht im Dunkeln sein?
Wir haben doch kein Öl, da gibt's kein Licht.

Die arme Lalla friert, gleich wird dir warm,
Da an der Mauer sitzt man auch nicht fein,
Komm her zu mir, Mamma hält dich im Arm.

*12. Zeile:* Abkürzung von Adelaide.

Vigolo: »Belli empfindet den Hunger der armen Leute als soziales Faktum und drückt die Schande einer ganzen Gesellschaftsordnung aus, die bemüht ist, die letzte und nackte Wahrheit zu verbergen.«

## DER VATER UND DIE TOCHTER

*Er padre e la fija*
*25. September 1835*

Ein Traum, zu kurz, um alles zu erfassen,
Ein Drama, rührend und so wunderschön!
Das muß ich mir ein zweites Mal ansehn,
Und wär' ich krank, ich würd' mich tragen lassen!

Ich war entzückt und sah nur das Gesicht
Der mutterlosen Tochter Stella an.
Der Vater schrie, ein gnadenloser Mann:
»Sie ist mein Kind, und doch ist sie es nicht!«

Die Rolle dieser süßen Tochter spielte
Ein Engel und Amalia war sein Name...
Ich kann nicht sagen, was ich alles fühlte!

Die Sprache! Dieser Ausdruck! Liebenswert!
Gesegnet sei die Mutter, sei die Amme!
Dies Wesen hat der Himmel uns beschert.

*Zum Titel* schrieb Belli diese Fußnote: »›Estella oder Vater und Tochter‹, Theaterstück von Scribe, frei übersetzt und für die italienische Bühne bearbeitet von unserem Freunde Giacomo Ferretti. Es wurde im ›Teatro della Valle‹ von der Schauspielgesellschaft mascherpa aufgeführt; in den Titelrollen sah man die hervorragenden Künstler Luigi Domeniconi und Amalia Bettini.«

Vigolo: »Dies ist das erste der Sonette, die der Schauspielerin gewidmet sind; ihr Name zählte im Theaterleben des 18. Jahrhunderts neben denen der Adelaide Ristori und Carlotta Marchiononi zu den berühmtesten. Sie war damals 25 und in der Blüte ihrer Reize. Auch der Briefwechsel des Dichters mit ihr – er hielt bis 1847 an – begann 1835 mit einem Brief vom 29. September; Belli schickte ihr einen Auszug seiner in Versen geschriebenen Novelle ›*Amore infermo*‹ [= Leidende Liebe]: so entstand die gegenseitige Zuneigung und Bewunderung, die bald inniger und leidenschaftlich wurde. Von da an besuchte Belli regelmäßig die Theater in Rom, in denen die Bettini auch während der Karnevalssaison [des Jahres 1836; gleichzeitig immer auch Theatersaison] Triumphe feierte.« Belli widmete der Bettini drei Sonette im Romanesco und siebzehn in Hochsprache. Vigolo weiter in seiner Fußnote: »Alle, die sie kannten, bezeugen übereinstimmend, daß die Bettini mit ihrem blassen Teint und den großen leuchtenden Augen eine einmalig reizvolle Erscheinung war. Ganz Rom war in sie verliebt: Stendhal war vernarrt in sie, wie er in dem autobiographischen ›Leben des Henri Brulard‹ bekennt; ... Rossini war ... ihr zugetan; dabei war sich alle Welt in der Hochachtung ihrer untadeligen Lebensführung einig. Wenn sich in Bellis Familie die Vermutung hielt, zwischen dem Dichter und seiner Bewunderin habe eine echte Liebesbeziehung bestanden, so ist das nach unserer Meinung nicht ausgeschlossen, wenngleich Bellis Begeisterung für die Schauspielerin stärker war als die ihre für den Dichter, den sie ihren Meister nannte, und dessen Größe und Genie sie mit der Hellsichtigkeit einer Frau spürte, die liebt, ohne sich dessen bewußt zu sein. ›Wenn es auf der Welt Dichter von wahrem, unbestrittenem Genie gibt, seid Ihr der Erste‹, schrieb sie ihm am 2. Juli 1839. ›Und wann werdet Ihr Euch entschließen, ganz Italien mit Euren Dichtungen zu erfreuen? Warum gebt Ihr nicht eine Auslese heraus? Sagt mir nicht, daß Euch viele Sonette verboten würden, genug werden übrigbleiben, um ganz Europa zu erheitern. Ihr seid schließlich ein Dichter zum Ruhm Eurer Heimat, und es ist ein Verbrechen, Eure Werke im Dunkeln zu lassen.‹ Muß man es als unmöglich ausschließen, daß die Bettini, wenn sie auch zwanzig Jahre jünger war, den Gedanken hatte, ihren ›teuren und liebenswerten Dichter‹ zu ihrem Lebensgefährten zu machen, falls er einmal Witwer würde? Man kann es nicht sagen. Gewiß, als ein Mann, der sich schon am Ende und ›dem Grabe nahe‹ fühlte, legte Belli sich und seiner Leidenschaft zu der jungen, schönen Frau Zügel an ... Als er die Krise seiner Leidenschaft überwunden und innerlich endgültig auf die geliebte junge Frau verzichtet hatte, schrieb er unverzüglich an ihren zukünftigen Gatten, als er von der bevorstehenden Hochzeit erfuhr.«

Das Sonett ist das einzige zu Lebzeiten und mit Willen Bellis jemals veröffentlichte; er schrieb es, nachdem er die Aufführung des Stücks gesehen hatte; am 17. Oktober erschien es schon in der Mailänder Zeitschrift »Il Censore Universale dei Teatri« (= Der Universelle Theaterkritiker).

Scribe schrieb an die 500 Theaterstücke und Operntexte; er war Librettist von Adam, Auber, Boieldieu, Halévy, Meyerbeer und Verdi.

Kölle: »Die Schauspieler sind durch die Strenge der Censur sehr in ihrem Repertorium beschränkt, und die Censur erlaubt sich bisweilen die lächerlichsten Änderungen in den Stücken, deren Aufführung sie gestattet. Es werden viele aus dem Französischen übersetzte Stücke gegeben. Rom besitzt den geistvollsten Lustspieldichter unserer Zeit, den Grafen Giraud…« Giraud gehörte zum engsten Freundeskreis Bellis.

Giacomo Ferretti war und blieb Bellis Freund aus frühen Tagen; er war Stückeschreiber und Opernlibrettist; für Rossini schrieb er zwei Libretti und zwei für Donizetti, die Opern blieben kaum in Italien bekannt; umso bekannter war Ferretti in Rom: sein Haus war lange Jahre hindurch Treffpunkt der Künstler; Donizetti war engster Freund der Ferrettis und regelmäßiger Gast im »Salon«; Mendelssohn bewunderte dort die Schönheit der Tochter Cristina, die später Bellis Sohn Ciro heiratete; auch Verdi und Bellini kamen oft und gern, ebenso wie der dänische Bildhauer Bertel Thorwaldsen (Belli hat, als einer der Begründer der Accademia Tiberina, 1823 den Namen Thorwaldsen ins Album der Mitglieder eingeschrieben). Ferretti war einige Jahre Redakteur der Theater- und Kunst-Zeitschrift »Lo Spigolatore« (= Der Ährenleser), die auch viele Beiträge Bellis, meist Kritiken, brachte. Ferretti lebte von 1784 bis 1852.

Vier Theater von Rang gab es im damaligen Rom, das Valle, das Argentina, das Tordinona und das Apollo; die beiden erstgenannten spielen noch heute. Opern wurden meist im Argentina oder im Apollo aufgeführt, viele von Verdi unter Leitung des Komponisten; Gastspiele von reisenden »Compagnien« waren die Regel; die Stimmen müssen nicht sehr bedeutend gewesen sein; am 10. Januar 1833 berichtete der AZ-Korr. aus Rom: »Die Theater haben ihre Faschingszeit schon begonnen. Die Römer freuten sich, als der trefliche Sänger Gentili angekündigt war; denn ein guter Tenor ist ein weißer Rabe in Italien. Gentili sollte neben der braven deutschen Sängerin Unger im Theater Valle glänzen…« Im Rückblick auf den Karneval von 1836 schrieb der Berichterstatter der AZ: »In meiner Liebe zur Musik habe ich auf die hiesige Oper bereits seit mehreren Jahren so gut wie verzichtet. Im Theater Tordinone wurden der Moses von Rossini nach der neuen, wie mir scheint, nicht verbesserten Bearbeitung, Romeo und Giulietta von Bellini, und die Puritaner; im Teatro Valle Rossini's Barbier von Sevilla und die Cenerentola [Libretto von Ferretti] gegeben.«

Stendhal notierte sich am 1. Januar 1811 in seiner Loge im Argentina-Theater: »... es lohnt sich nicht, sich so darum zu bemühen. Rossinis ›Tancred‹ wurde gespielt. In Brescia oder Bologna hätte man ihn nicht zu Ende kommen lassen. Das Orchester ist noch schlechter als die Sänger, nun aber erst das Ballett! Die Ballettgruppe, die Rom begeistert, ist in dem kleinen Nest Varese in der Lombardei fast ausgepfiffen worden.«

Ständig geöffnet waren die Theater nur zwei Monate bis zum Karneval (Reumont). Theaterbesuche waren kein reines Vergnügen. Nicht umsonst waren die galauniformierten Polizisten im Hause. Stendhal beobachtete – wahrscheinlich am 2. Januar 1811, seine Daten sind ungenau –: »Ich komme zu früh ins Valletheater. Doch alle Parkettplätze sind numeriert, und wer nicht zeitig da ist, hört nichts. Ich vertreibe mir die Zeit der Lektüre der Polizeivorschrift. Die Regierung kennt ihre Leute: es sind furchtbare Bestimmungen. Hundert Stockhiebe auf dem Schafott [das Cavalletto, s. Seite 127], das auf der Piazza Navona dauernd aufgeschlagen ist, mit Fackel und Schildwache daneben, wenn ein Zuschauer einem anderen den Platz wegnimmt. Fünf Jahre Galeere, wer dem Theaterportier *[la maschera]*, der die Plätze anweist, Widerstand leistet. Die Verurteilung geschieht ex inquisitione, in den sanften Formen der Inquisition. Alles, was ich bei den Zuschauern sehe, zeigt den völligen Mangel an Rücksicht, Ehre, Höflichkeit, die größte Unverschämtheit neben der größten Niedrigkeit, wenn man Widerstand leistet ... Ich lasse diese Polizeiverordnung abschreiben: sie wird eines der Entlastungsdokumente meiner Reise sein, wenn man mich bezichtigt, den Despotismus des Kirchenstaates zu sehr zu schmälern.«

Zwei Wochen, bevor Belli das Sonett schrieb, brachte die AZ ein Bild seiner Stadt in Zahlen: »Das Diario di Roma gibt die hiesige Einwohnerzahl in dem mit dem letzten Osterfeste zu Ende gegangenen Jahre auf 153,678, ohne die Juden. Es befinden sich 41 Bischöfe, 1468 Weltgeistliche, 2023 Mönche und 1476 Nonnen hier. Die Zahl der Eretici, Turchi und Infedeli [= Ketzer, Türken und Ungläubige] belief sich auf 201 (im Jahre 1830 auf 260). Gestorben sind in diesem Jahre 5275 Personen, geboren wurden 4373 Kinder. Zunahme der Bevölkerung seit Ostern vorigen Jahres 1221 Seelen.« 25 Prozent der Einwohner lebten von Bettelei, Diebstahl oder Nichtstun, weitere 70 Prozent hatten ihr bescheidenes Auskommen; es gab also nur ein kleines Theaterpublikum.

## DIE KONFERENZ UNTER VIER AUGEN

*Er congresso tosto*
*2. Oktober 1835*

Sie alle im Palast sahen ihn gehen,
Den Herrn Minister, Seine Exzellenz,
Er kam nach Rom, um Seine Eminenz
In auswärtiger Angelegenheit zu sehen.

Der Kardinal legt' eine Akte an
Und gab dem Gast auch huldvoll Audienz,
So traf man sich zur kleinen Konferenz,
Die Großmächte betreffend, sagte man.

Unter vier Augen sprach man das und dies.
Roms heiße Tage wurden diskutiert
Und auch das Regenwetter von Paris.

Dann öffnete der Kardinal die Türen
Und sprach: »Wir sind uns einig, und man wird
In Kürze die Gespräche weiterführen.«

Der Palast ist der Vatikan.

Belli in seiner Fußnote: der Besucher war der Conte de Rigny, Marineminister von Frankreich. Er versuchte damals, vom Vatikan die Häfen Civitavecchia und Gaeta als Flottenstützpunkte Frankreichs zu bekommen. Sein Gesprächspartner war der Kardinalstaatssekretär für auswärtige Angelegenheiten.

## WAS MACHT DER PAPST?

*Cosa fa er Papa?*
*9. Oktober 1835*

Was macht der Papst? Na ja, er säuft und pennt,
Futtert, trinkt Kaffee, guckt zum Fenster raus,
Macht Späßchen, lümmelt sich und tobt sich aus,
Wie einer, der ganz Rom sein Eigen nennt.

Familie hat er nicht, muß niemand fragen,
Wenn er's Orchester stimmt und dirigiert.
Geht mal was schief, was ist dann schon passiert?
Er hat das letzte Wort, er hat das Sagen.

Die Luft, das Wasser, Sonne, Brot und Wein
– Genau, als lebte sonst kein Schwein auf Erden –
Alles für ihn gemacht: 's ist alles mein.

Der Schlaukopf hat den richtigen Beruf:
Er möcht' so einsam wie der Herrgott werden,
Eh' der sich Engel und den Menschen schuf.

*Bellis Fußnote:* »Wenn es stimmt, was unser Römer behauptet, könnte Petrus hier wiederholen, was er über [Papst] Bonifaz [VIII.] gesagt hat.«

Belli bezieht sich hier auf »Die Göttliche Komödie« von Dante, ›Das Paradies‹, 27. Gesang, Verse 22ff. Hier, in der Strafrede Petrus' gegen die Päpste, heißt es:

Er, der auf Erden meines Stuhls sich anmaßt,
Ja, meines Stuhls, ja meines Stuhls, der ledig
Ist vor dem Angesicht des Sohnes Gottes,
Hat meine Ruhstatt zur Kloak entweihet,
Voll Blut und Stanks...

## DIE RELIGION UNSERER ZEIT

*La riliggione der tempo nostro*
*11. Oktober 1835*

Was für 'ne Religion! ist das noch Religion?
Salbadern, Kreuzchenschlagen, Murmeln, Knien,
Bittgang, Hut ab, dicht hinterm Baldachin,
Fisch, Feuerwerk, Festspiele zur Passion.

Das Kleid ist neu, man geht zur Prozession
Mit Rosenkranz und Kreuz und Kerze hin
Und holt mit Leidensmiene als Büßerin
Sich schnell am Klingelbeutel Absolution.

Reliquien, Aschenkreuz, Glockengebimmel,
Heiligenbildchen, Weihwasser, Fastenbier,
Damit erschwindeln sie sich den Himmel.

Das Evangelium, das lesen sie nicht,
Es bleibt ja auch keinem die Zeit mehr dafür.
Die Krämer benutzen es noch: als Gewicht.

s. Sonett Seite 47

3. *Zeile:* Bittgang, besondere Art der Prozession; der Geistliche geht mit der Monstranz unter einem Baldachin; dicht dahinter gehen die angesehenen Persönlichkeiten.

»Eines der typischen Beispiele für die auf rythmischer Aufzählung aufgebauten Sonette – eine Art, die sich oft bei Belli findet, aus Freude an der Vokabelfülle und am Musikalischen mit dem fast Rossinischen Crescendo. Das drängende Hämmern der Substantive füllt – nach der Zwischenfrage in ersten Vers – die Quartette und das erste Terzett, um sich in der Kadenz des letzten aufzulösen, in einer musikalischen wie moralischen Kadenz...« Das schreibt Vigolo zum Original (die Übersetzung kann dessen Kraft nur ahnen lassen).

»Diese zweitausend Sonette erscheinen mir weniger als bittere Satire auf die Sitten oder als fröhliches Monument der Ironie, vielmehr als ein Drama voll religiöser Bitterkeit, als ein Bekenntnis zudem, daß die Falschheit schon seinen eigenen Glauben durchdrungen hat.« (Ennio Francia, St.B.)

Ein kongenialer Zeuge ist Leopold von Ranke; 1827 bis 1831 mehrfach in Rom, sah er manches mit kritischen Augen. »Dieser Glaube, daß er überall Gott begegnet, gab seinem Schaffen den unverrückbaren inneren Halt«, schreibt Horst Michael (Einführung zu Rankes »Weltgeschichte«, Hamburg 1928).

Ranke: »Im Heiligen Rom begann schon früh die Abwendung der höheren Stände vom Glauben in eine antireligiöse Haltung, während das ganze Volk einem fast heidnischen Aberglauben verfiel. Luther erlebte zu seinem Staunen, wie die Priester beim Messopfer blasphemische Worte sagten, um das Opfer zu leugnen. Es gehörte zum guten Ton in der guten Gesellschaft Roms, den Grundsätzen des Christentums zu widersprechen.« (»Die römischen Päpste in den letzten vier Jahrhunderten«, München 1938; s. dazu auch in Rankes »Die Geschichte der Päpste« die »Erinnerungen an römische Zustände im Jahre 1829«.) Im Mittelalter kam in Deutschland die Warnung auf: »Gehe nicht nach Rom, willst du bleiben fromm.«

Über die Religiosität in und um Rom schreibt Stendhal: »Das Landvolk der Campagna (s. Sonett Seite 233) ist derart mit Katholizismus durchtränkt, daß nach seiner Auffassung nichts in der Natur ohne Wunder geschieht. Ein Hagelschlag kommt zur Strafe für einen Nachbarn, weil er das Kreuz, das auf seinem Felde steht, nicht mit Blumen geschmückt hat. Eine Überschwemmung ist eine Warnung des Himmels, um eine ganze Ortschaft auf den rechten Weg zurückzuführen. Stirbt im Monat August ein junges Mädchen am Fieber so ist dies eine Strafe für seine Liebschaften. Der Pfarrer schärft dies jedem seiner Beichtkinder ein. Durch Ammen, Kindermädchen und Dienstboten aller Art teilt sich dieser tiefe Aberglaube den höheren Ständen mit. Ein sechzehnjähriger römischer Marchesino ist der furchtsamste Mensch auf der Welt und wagt nur mit dem Hausgesinde zu reden; er ist viel blöder als ein Nachbar, der Schuhmacher oder Bildhändler. Das römische Volk, das alle Lächerlichkeiten der Kardinäle und anderer großer Herren am päpstlichen Hof mit ansieht, ist bei aller Frömmigkeit viel aufgeklärter; jede Art von Affektiertheit wird sofort mit einem satirischen Sonett bedacht ... Der Papst übt also zwei ganz verschiedene Machtbefugnisse aus; als Priester kann er einen in den Himmel bringen, während er ihn als Menschen hinrichten läßt (wie den armen jungen Mann, der 1828 an der Porta del Popolo mit der Keule hingerichtet *[mazzolato]* wurde. Er war unschuldig. Siehe die Hinrichtung der Beatrice Cenci im Jahre 1599 und die Vorkehrungen, die

Clemens VII. traf, um ihr im letzten Moment die Absolution zu erteilen).«

Stendhal an anderer Stelle: »Die römischen Fürsten sind im allgemeinen von Lakaien oder armen Priestern erzogen, die den unsinnigsten Aberglauben als Grundlage der Religion betrachten. Alle Welt glaubt hier mehr an Vorzeichen als an das Evangelium. Beiläufig gesagt, scheint das Evangelium in Rom keinen sehr großen Glauben zu finden. Man hält es offenbar absichtlich im Hintertreffen, und Sie würden in Rom vergeblich nach Bibelgesellschaften suchen, wie sie in London, Paris, Berlin usw. existieren. Man scheut sich davor. In Rom glaubt man an die Heiligen und an die Madonna; nach Gott fragt man nicht viel.«

Von Raumer schreibt über die Religiosität im Kirchenstaat: »Neben den wahren, ächten, ich möchte sagen idealen Katholiken, haben sich in Italien nach zwei verschiedenen Seiten hin ... Auswüchse gebildet. Die Massen ... hegen gar mancherlei Aberglauben, welcher ... bis in das baare Heidenthum hineinführt.«

## DER ANFANG

*Er principio*
*17. Oktober 1835*

Ich trug das Meßbuch in die Sakristei
Und dachte mir: wie blöd, daß du nicht weißt,
Was »in principio erat verbum« heißt,
Drum fragt' ich Pater Markus, was das sei.

Der guckt mich mal kurz an und murmelt was
Und küßt das Kreuz der Stola und sagt: »Na?«
»Was heißt das bitte?« frag' ich. Er sagt: »Ja,
Im Anfang war das Wort, bedeutet das.«

»Was für ein Wort?« – »Ein Wort«, sagt er, »mein Sohn,
Das in den alten Zeiten fromme Leute
Getröstet hat als heil'ge Religion.«

Ich sage: »Da versteh sich einer drauf!
Im Anfang also war ein Wort, und heute
Da quasseln sie und hören nicht mehr auf.«

*»Im Anfang war das Wort...«* = Anfang des Johannes-Evangeliums; es wird in der katholischen Kirche am Ende der Messe gelesen.

Muscetta rechnet das Sonett zu den Voltairianischen Bellis: »[Voltaires] ›L'Histoire de Jenni ou l'athée et le sage‹ wird ihn für immer davon überzeugt haben, daß Diskussionen über methaphysische Dinge jenen ›luftgefüllten Ballons ähneln, die sich kämpfende Parteien gegenseitig zuschicken. Sie platzen, die Luft entweicht; nichts bleibt zurück‹ [von Belli im Zibaldone notiert]. Von der Vergeblichkeit eines Erforschens der Urgründe war Belli tief überzeugt, und aus diesem Wissen schrieb er die Spötterei ›Im Anfang war das Wort‹. Das einfältige religiöse Erlebnis hat einmal den endlosen Schwall theologisierender Tradition begründet, weil – wie [bei Voltaire] der ›unverschämte Schwätzer‹ Nieuwentyd sagte – ›Gott uns die Ohren gegeben hat, um glauben zu können, denn der Glaube kommt vom Hörensagen‹.«

## DIE WITWE DES ERHÄNGTEN

*La vedova dell'ammazzato*
*29. Oktober 1835*

Gut, junge Frau, sie haben ihn gehängt.
War das nicht besser als im Knast krepieren?
Da hilft kein Jammern und kein Räsonieren,
Der Mensch stirbt immer anders, als er denkt.

Darüber grübeln hat gar keinen Zweck,
Der Tod kommt, wie er will. Nicht mal Napoleon,
Der andere sterben ließ, kam gut davon:
Der Herr der Erde starb im Meer, weit weg.

Dieser verdammte Tod sagt uns zum Glück
Nicht, wo und wie wir mal dran glauben müssen.
Uns packt's im Bett, im Krieg, im Suff, am Strick.

Gewisse Sachen sind in Gottes Händen.
Der weiß schon, was er tut, und wir, wir wissen,
Wie unser Anfang war, nicht, wie wir enden.

Der Originaltitel lautet, wörtlich übersetzt, ›Die Witwe des Umgebrachten‹; der Inhalt des Sonetts spricht aber dafür, daß die Justiz für den Tod des Mannes verantwortlich war; Belli sagt in der 2. Zeile, schlimmer wäre es doch gewesen, im Gefängnis zu sterben; in der 11. Zeile spricht er von der *»forca...«*, dem Galgen, also dem Strick, wobei die drei Punkte dem Wort eine gewisse Bedeutung geben. Gewiß ist, daß dieser Philosoph, den Belli sprechen läßt, zur Unterwelt Trasteveres gehört, wo auch die Verbrecher nicht ohne Gottvertrauen waren.

## DER TÖPFER

*Er pilàro*
*8. November 1835*

Unser Herr Zensor meint – der Gott, der Geck!
Der sonst nichts kann als andre kritisieren:
Töpfern kann man als Kunst nicht akzeptieren,
Denn Ton ist, sagt er, weiter nichts als Dreck.

Vielleicht auch sein Papier, auf das er schreibt?
Dreck kann man höchstens sein Geschmiere nennen!
Schreiben und Töpfemachen muß man können,
Es wird zur Kunst, wenn man es gut betreibt.

Der Große wird erst groß, er fängt klein an:
Napoleon ist Bonapart geworden,
Er wurde Herr und war ein kleiner Mann.

Wenn mich mein Lehrer nicht belogen hat,
Lebten Roms Gründer nur von Raub und Morden,
Jetzt ist Rom heilig und die Ew'ge Stadt.

*1. Zeile:* Zensur, die staatliche Überwachung gedruckter, gesprochener und ins Bild gesetzter Veröffentlichungen, war nicht allein im Kirchenstaat üblich, es gab sie in fast allen Ländern bzw. Staaten oder Fürstentümern Europas, im Deutschland des 19. Jahrhunderts zuletzt im Deutschen Bund bis 1866.

*13. Zeile:* wann Rom wirklich gegründet wurde, ist unbekannt; die Historiker haben den 21. April des Jahres 753 v. Chr. als Gründungstag angenommen. Als Gründer gelten die Zwillinge Romulus und Remus; Romulus – heißt es – brachte Remus um; er organisierte auch den ersten, bekannten Raub in Rom: den der Sabinerinnen; er tötete den Sabinerkönig Titus Tatius, nachdem er sich mit ihm verbündet hatte.

Eine Sonderstellung hatte die vom Heiligen Stuhl eingerichtete Bücherzensur, die zum »Index librorum prohibitorum« (= Verzeichnis der verbotenen Bücher) führte; der sogenannte Index wurde – mit Wirkung für alle Katholiken – zuerst 1559 veröffentlicht und dann laufend geändert und ergänzt; der letzte amtliche Index stammt aus dem Jahr 1948 und galt bis 1966; verboten waren darin u.a. Schriften des italienischen Dichters Gabriele d'Annunzio und des französischen André Gide. Auch heute noch überwacht die katholische Kirche Druckveröffentlichungen: das Lesen beanstandeter Schriften gilt als Sünde.

Am 18. Oktober 1835 (20 Tage später schrieb Belli das Sonett ›Der Töpfer‹) schickte der römische Korrespondent der AZ seiner Zeitung diesen Bericht aus Rom: »Unterm 22 Sept. sind durch Decret der Inquisition folgende 13 Bücher verboten worden: 1) de la France, par Henri Heine. 2) Œuvres de H. Heine: Reisebilder. 3) Œuvres de H. Heine: de l'Allemagne...« Die Meldung blieb ohne jeden Kommentar, dabei wäre er wohl am Platz gewesen, weil Heinrich Heine 1831 als Berichterstatter der AZ nach Paris gegangen und hier auch noch 1835 – wenn auch nur gelegentlich – für die Zeitung tätig war. Es ist nicht ausgeschlossen, daß der Korrespondent in Rom den Namen seines Kollegen in Paris nicht kannte; warum die Redaktion schwieg, ist leicht zu erraten. Im übrigen zogen Berichterstatter und Redaktionen es damals vor, Artikel nicht namentlich zu zeichnen.

# DER LETZTE TAG DES KARNEVALS

*L'urtimo giorno de Carnovale*
*16. Februar 1836*

Ja, ich versteh euch schon, Frater Pasquale,
Das ist nicht neu, das sind die alten Reden.
Im Karneval tun Christen das Normale:
Sich amüsieren ... ihr verdammt sie, jeden.

Ich gebe ehrlich zu, in diesen Tagen
Passieren schon die allertollsten Sachen,
Ihr müßt euch drüber freu'n und danke sagen:
Was würdet ihr denn ohne Sünden machen?

Acht Tage, um das Leben zu versüßen,
Nein, sagt ihr, nein! Wo ist der Sinn des Streits?
Man muß doch schließlich vierzig Tage büßen!

Laßt doch die Leute mal ein bißchen naschen,
Ihr habt ja Weihwasser und Aschenkreuz,
Damit kann man sich das Gewissen waschen.

Über den römischen Karneval siehe auch das Sonett auf Seite 239. Über die Fastenzeit s. Seite 149ff.

*»Acht Tage...«:* tatsächlich feierte man im Durchschnitt elf Tage.

*Letzter Tag des Karnevals*

## DIE WÜSTE

*Er deserto*
*26. März 1836*

Mein Gott, das werd' ich nicht noch mal riskieren,
Daraus, um nichts als Quark zu holen, nein!
Da will ich lieber ... na, mir fällt nichts ein...
Nein, lieber soll der Schlachter mich kastrieren.

Zur Meierei zehn Meilen, und kein Strauch,
Kein Schatten weit und breit und kaum ein Stein,
Auf einem Friedhof kann's nicht stiller sein,
Du schreist: kein Echo. Und kein Wind, kein Hauch.

Wohin du siehst, das Land wie abgemäht,
Als hätten sie den Hobel angesetzt,
Kein Haus, kein Mauerrestchen, das da steht.

Dann sah ich einen Karren, leer, zerbrochen,
Und wie ich näher kam, erst ganz zuletzt,
Sah ich den Fuhrmann liegen, tot, erstochen.

Das Sonett wird von der Literaturkritik als eines der bedeutendsten Bellis bezeichnet.

*Zum Titel:* gemeint ist die römische »Campagna«, das Land in der Umgebung Roms, eine »unabsehbare Einöde« (MK), zu Bellis Zeiten nur belebt von vereinzelt gelegenen größeren Gutshöfen, meist im Eigentum des (Kirchen-)Staates oder kirchlicher Einrichtungen.

Vittorio Clemente (St.B.): »In dem herrlichen Sonett genügt das eine Wort ›*rasa*‹ = abgemäht [9. Zeile]..., um die ungeheure, furchterregende Einsamkeit lyrisch zu beschreiben.«

Nur in diesem Sonett hat Belli die Campagna beschrieben, bei deren Anblick ihn Beklemmung befiel; so empfand auch

Wilhelm von Humboldt; »Die Campagna ist eine Einöde«, schrieb er an Goethe; der aber schwärmte von der Landschaft (und nicht nur davon), als er sich mit der Meinung eines (ungenannten) Freundes identifizierte: »Ich kenne für mich nur noch zwei gleich schreckliche Dinge [zuvor hatte er die Ausgrabungen antiker Bauten verurteilt: sie dienten der Gelehrsamkeit auf Kosten der Phantasie], wenn man die Campagna di Roma anbauen und Rom zu einer polizierten Stadt machen wollte, in der kein Mensch mehr Messer trüge. Kommt je ein ordentlicher Papst, was denn die 72 Kardinäle verhüten mögen, so ziehe ich aus. Nur wenn in Rom eine so himmlische Wüstenei ist, bleibt für die Schatten Platz, deren einer mehr wert ist, als dies ganze Geschlecht.« (»Winckelmann und sein Jahrhundert«)

Goethe schwärmte auch von jenem Teil der südlichen Campagna, der den Römern durch Jahrhunderte Schauder einflößte; auf der Reise nach Neapel notierte er am 23. Februar 1787: »Als es tagte, fanden wir uns in den Pontinischen Sümpfen, welche kein so übles Ansehen haben, als man sie in Rom gemeiniglich beschreibt.«

Dickens fand die Landschaft »romantisch« und »bezaubernd«, doch »in gewisser Hinsicht erinnerte mich die öde Campagna an die amerikanischen Prärien. Aber was ist die Einsamkeit eines Landstrichs in dem niemals Menschen gewohnt haben, gegen die Verlassenheit einer Wüste, wo ein mächtiges Volk, das längst von dort verschwunden ist, seine Fußspuren zurückgelassen hat ... Als wir bei Sonnenuntergang ... heimkehrten, ergriff mich das Gefühl, als würde die Sonne niemals wieder aufgehen und an diesem Abend das letzte Mal auf diese Trümmerwelt herabscheinen.«

Verödet war die Campagna erst seit dem Mittelalter; sie war in der Antike von Villen und Gärten belebt, es gab Städte wie Gabii, Veji und Fidenae sowie zahllose kleinere Ortschaften; durch Goten, Vandalen und Langobarden, später durch Normannen und Sarazenen und schließlich durch die sich gegenseitig bekriegenden, fast alles Land besitzenden Fürstengeschlechter der Colonna und Orsini wurde die Campagna zur Wüste; die Pest von 1590/91, der in Rom 60000 Menschen zum Opfer fielen, hat die Entvölkerung beschleunigt. Seither herrschten hier Räuber, die Briganten; sie plünderten die kleinen Höfe der Bauern aus, bis auch diese verschwanden; nur große Gutshöfe konnten sich nahe der Hauptstadt Rom halten.

Nicht aufzuzählen sind die Berichte von Überfällen und Mordtaten in der Campagna. Die Toten holte die »Erzbruderschaft von der Anbetung und vom guten Tod« in die Stadt (s. Sonette Seite 93 und 101); Gregorovius war gerade in Genezzano (bei Palestrina), als bei einem Unwetter vier Menschen aus dem Ort vom Blitz erschlagen wurden: »Gegen die Nacht holte man sie herein; Sie lagen auf einem Karren, bedeckt mit schwarzen Teppichen; ihnen voraus ging die Geistlichkeit mit Kerzen, und es begleitete sie die Totenbrüderschaft in schwarzen Mänteln, Windfackeln in den Händen. Der Anblick war ergreifend. Das Volk harrte draußen vor dem Tor. Als der feierliche Zug mit dem Gesang des Totenpsalms heraufkam und das Tor erreichte, streckten alle in unsäglicher Aufregung ihre Hände empor und stießen ein Klagegeheul aus, so wild, furchtbar und ängstigend, daß es auch das härteste Gemüt würde erschüttert haben. Die vom Blitz Erschlagenen werden nämlich mit Scheu betrachtet, als von Gott hingeraffte Wesen, von denen man nicht weiß, ob sie zur Verdammnis bestimmt seien.«

Speckter schrieb 1832 über eine Fahrt durch die Campagna: »...fanden wir auf der ganzen öden Straße nur einen leeren Weinkarren, auf dem die Führer, vom Sirocco überwältigt [Scirocco = der föhnartige Südostwind] schliefen und den die Pferde halb im Schlaf zogen; an zwei Stellen mitten im Wege lag ein todtes, pestilenzialisch stinkendes Pferd, halb von Hunden zerrissen, und an einem andern, später gefallenen, zerrte sich gerade noch ein Hund ein blutiges Stück aus dem Schenkel heraus.« Bei einer späteren Fahrt durch die Campagna, auf dem Weg nach Neapel, sah Speckter nacheinander fünf tote Pferde liegen: »...das ist eine der Hauptstraßen des päpstlichen Staates.«

## DIE ZÄNKISCHEN WEIBER

*Le donne litichine*
*27. März 1836*

Wo ist das Luder, wo? Wo ist die Sau?
Klebt meiner Ida eine, he komm raus,
Ich kratz dir mit den Nägeln gleich was aus,
Schön feige auch noch! Komm aus deinem Bau!

Nein, laßt mich los, Signora Anna, laßt!
Die Finger weg, Maria, laß mich gehn,
Der Lusche tret' ich auf die dreck'gen Zeh'n,
Daß die nie mehr in ihre Socken reinpaßt.

Dreigroschenhure! Sich im Loch verschanzen,
Meinst du, das hilft dir, du beschiss'ne Schlampe?
Filzläuse soll'n dich fressen und die Wanzen!

Falls sie die mögen, deine fette Wampe!
Ich reiß dir noch die Ohren aus dem Ranzen,
Nimm dich in Acht, ich krieg' dich schon noch! Schlampe!

Vossler bringt in seinem Essay das Original und leitet es so ein: »Da sich das Leben in italienischen Städten grossenteils in der Öffentlichkeit abspielt, so ist naturgemäss die Berührung mit dem Nachbar und mit den Bewohnern derselben Gasse eine viel häufigere und engere, als sie bei uns zu sein pflegt, abgesehen davon, dass die grössere Lebhaftigkeit und Expansivität den Italiener treibt, ein Gespräch anzuknüpfen mit jedem, der ihm

*Streit der Frauen*

gerade geschickt kommt. Umso leichter entstehen auch Streitigkeiten und heftige Wortwechsel. Von der derben und kräftigen Sprache die bei solchen Gelegenheiten zur Anwendung kommt, möge das folgende Zeugnis ablegen. Zwei Weiber geraten auf der Strasse hart aneinander, weil die eine die Tochter der anderen geschlagen hat ... Ueberhaupt sind Hohn- und Schimpfworte von ganz elementarer Kraft in Rom. Körperliche Gebrechen und Krankheiten wirft man sich vor in der abscheulichsten Weise. Jede Uebersetzung muss eine Verwässerung werden, und ich verzichte darauf, weitere Proben zu geben aus diesem Gebiet, das Belli mit besonders reichlichen Belegen bedacht hat.«

## DAS GESICHT DER WELT

*La faccia der monno*
*23. September 1836*

Die Welt ist rund!? Was für ein Blödsinn! Mann,
Die ist nicht rund: laß dich von mir belehren,
Ich kann den Quatsch nun langsam nicht mehr hören,
Fang doch mal endlich mit dem Denken an.

Wo du auch hingehst, geht es auf und ab...
Von hier bis C'vitavecchia sieben Mal,
Sieb'n Mal ein Berg und sieben Mal ein Tal,
Wo geht's da rund? Guck nach, setz dich in Trab.

Geh doch bloß mal zum Monte Mario,
Nach Tivoli, zum Pincio, nach Sankt Peter:
Da gehst du nichts wie rauf und runter, so.

Rund ist ein Knäu'l, 'ne Kugel, eine Tonne,
'Ne Zwiebel, eine Nuß, ein Barometer,
Rund ist ein Ei, ein Kloß, ein Ball, die Sonne!

Auch hier gilt, was anfangs zum Sonett »Und wie ist's da?« angemerkt ist. Belli gefiel die Sicherheit, mit der seine einfältigen Römer ihre Dummheiten vortrugen.

## DER KARNEVAL VON 37

*Er carnovale der 37*
*20. Januar 1837*

So, heute kam der päpstliche Befehl,
Jetzt haben wir's: kein Karneval dies Jahr!
Angeblich wegen Choleragefahr,
Den wahren Grund kennt doch jedes Kamel.

Das wird ja ein paar schöne Pleiten geben,
Kostüme, Masken ... alles ist gemacht,
Aber daran wird eben nicht gedacht,
Wovon sollen die armen Leute leben?

Sollen wir unsere Konfetti fressen?
Ja, nichts mit Fensterplätzen und mit Kerzchen!
Daran zu denken, haben sie vergessen,

Und alles nur aus einem einz'gen Grunde:
Der Heilige hat Schiß, das arme Herzchen!
Nur weiter so, und Rom geht vor die Hunde.

Man feierte in Rom den Karneval an den letzten elf Tagen vor Aschermittwoch, sofern der Papst die Genehmigung dazu gab. 1837 hatte er ihn verboten.

Belli vermerkt in einer Fußnote zum ersten Quartett: »Die unbändige Angst seiner Heiligkeit.« Er hat sich in mehreren Sonetten über die Furchtsamkeit des Papstes lustig gemacht.

1837 berichtete auch Bunsen in seiner Eigenschaft als preußischer Gesandter an seinen König Friedrich Wilhelm III., wie weit die Furcht Papst Gregors ging: als der hannoversche Geschäftsträger Georg August Kestner (ein Sohn der Charlotte Buff) dem Papst einen englischen Diplomaten vorstellen wollte, der in voller Uniform erschienen war, habe Gregor erklärt, er werde niemanden empfangen, der einen Degen trägt.

1837 war Gregors Angst begründet, doch konnte von akuter Choleragefahr keine Rede sein; die Seuche brach erst im Herbst des Jahres aus. Was der Papst in Wirklichkeit befürchtete, war der Ausbruch von Unruhen auch in Rom. Schon lange erschütterten blutige Aufstände den Norden des Kirchenstaats. Die AZ hatte immer wieder darüber berichtet, so auch im Februar 1831: da waren die letzten Tage des Karnevals verboten worden, als maskierte Carbonari auf dem Corso einen Umsturz versucht hatten und dort Schüsse gefallen waren. Auch im Februar 1832 berichtete die AZ von Beschränkungen der Festlichkeiten: Aufstände, vor allem in Ravenna, waren die Ursache: »...die gewöhnlichen Lustbarkeiten sind erlaubt, aber die Masken und die sogenannten Moccoletti sind streng verboten.« Man befürchte, so hieß es weiter, daß der »durch den Karneval verursachte Umsaz« von normalerweise eine Million Scudi nun um zwei Drittel sinken werde, »ein bei der Armuth und dem geringen Handel Roms ungeheurer Verlust«, der vor allem die kleinen Kaufleute, Krämer und Handwerker treffe.

*moccoletti* = Kerzchen; der letzte Tag des Karnevals brachte den Römern den ersehnten Abend der *moccoli:* tausende drängten sich dann in den engen Straßen, und jeder mußte ein brennendes Licht tragen und versuchen, das der anderen auszublasen; wer kein Licht mehr trug, dem schrie man zu: *sia ammazzato!* = umgebracht soll er werden! Der Brauch stieß viele Fremde ab.

Konfetti waren damals kleine bunte Kugeln aus Gips; man bewarf sich aber auch mit Konfekt oder Blumensträußen.

Fensterplätze: deren Vermieten brachte viel Geld ein.

*Kavalier im Karneval*

Wie Goethe in seiner klassisch gewordenen Schilderung das Fest beschrieb (»Das römische Carneval« in Italienische Reise III), so verlief es auch noch fünfzig Jahre später. Im Mittelpunkt stand immer das Rennen durch die danach so benannte Via del Corso. Doch es liefen nicht nur Pferde.

Gregorovius (»Wanderjahre«) beschreibt, wie seit 1468 die Juden die Rennschauspiele auf dem Corso eröffnen mußten: aus dem Jahre 1667 ist überliefert, wie die Juden »nackt, nur mit einer Binde um die Lenden« um die Wette laufen mußten.

»Man gab den Juden, wie man auch später zu tun pflegte, ehe sie rannten, reichlich zu essen, um den Lauf ihnen selbst beschwerlicher, dem Volk aber ergötzlicher zu machen. Sie liefen vom Arco Domiziano bis zur Kirche San Marcus am Ende des Corso in voller Furie und unter dem Hetzgeschrei und dem Jubelgelächter Roms, während der Heilige Vater auf dem reichverzierten Balkon stand und herzlich lachte.« Montaigne hat es 1581 miterlebt und war nicht sehr angetan: »Fastnacht war infolge der Zustimmung des Papstes dies Jahr in Rom ausgelassener als die vorhergehenden Jahre. Wir fanden aber nicht viel dahinter. Den Korso entlang ... ließ man bald vier bis fünf Kinder, bald Juden, bald Greise ganz nackt von einem Ende bis zum andern ein Wettlaufen anstellen. Man hat weiter kein Vergnügen davon, als sie an seinem Platz vorübereilen gesehen zu haben. Ebenso wird es mit Pferden gemacht...«

1668 befreite Papst Clemens IX. die Juden von dieser Schande und legte ihnen auf, statt des Rennens jährlich 500 Scudi zu bezahlen. Noch zu Bellis Zeiten mußten sie die Preise für die Sieger des Pferderennens stiften.

Über die Behandlung der römischen Juden hatte die AZ anläßlich der Eröffnung des Karnevals am 14. Februar 1833 eingehend berichtet: »Die hiesigen Israeliten, größtentheils Abkömmlinge der von Titus nach Rom gebrachten Sklaven, haben sich, trotz der Barbarei des Mittelalters und der sie beschwerenden Verachtung stets erhalten, aber einen schmuzigen, eigenthümlich kriechenden und äußerst verschmitzten

Charakter angenommen. Sie wurden im Mittelalter barbarisch gedrükt, und erst die französische Revolution brachte ihnen Abhülfe, so daß sie jezt wenigstens wie Menschen behandelt werden. Vor der Revolution mußten sie ein eigenes gelbes Abzeichen am Hute tragen, durften weder fahren noch reiten, ohne Erlaubniß nicht in das Theater gehen, und in früheren Zeiten mußten sie sogar während des Karnevals, zur Allgemeinen Belustigung des Pöbels, in Säken eingenäht im Corso wettlaufen. Schon lange wurde dieser barbarische Brauch abgeschaft und dafür das Pferderennen eingeführt, wozu die hiesige Judengemeinde die Preise hergeben muß, welche 2125 fl. [= Gulden] betragen und immer pünktlich vor Anfang des Karnevals bezahlt werden müssen. Der allgemeine Tribut, den die Juden jährlich für Schuz geben, beträgt 1200 fl., außerdem müssen sie der hiesigen Anstalt für zu bekehrende Juden jährlich 2750 fl. zahlen, und nebst verschiedenen andern Auflagen zahlen sie in Allem, außer den gewöhnlichen Steuern, jährlich 13,000 fl. Wenn man bedenkt, daß nur 3400 Juden hier leben, und unter diesen 2200 arme von Almosen lebende sind, so sieht man, daß dieses Volk hart gedrükt ist, besonders da sie für ihre Armen und Kranken, so wie für ihre Verwaltung etc. selbst sorgen müssen. Außer einigen reichen Familien gibt es deswegen gewöhnlich nur ganz arme Juden hier, und das Elend unter ihnen hat einen sehr hohen Grad erreicht. Die Regierung bekümmert sich nicht darum, und blos der jezt regierende Papst hat sich darin menschenfreundlich vor allen seinen Vorgängern ausgezeichnet, daß er den armen Juden, wenn gleich wenig, doch immer etwas [375 fl.] bei seiner Thronbesteigung austheilen ließ, und zwar in dem nemlichen Verhältnisse, wie das gewöhnliche Almosen an die christlichen Armen vertheilt wurde. Die Juden wären übrigens noch glüklich, wenn sie sich blos über das Geldhergeben zu beklagen hätten; sie sind aber auch in andern Hinsichten außerordentlich bedrükt, dürfen z.B. keine Güter kaufen ohne Erlaubniß der Inquisition, sich nicht von Rom entfernen, an keiner Kirche vorübergehen, wo das Sakrament ausgestellt ist, und müssen gewöhnlich alle Sonnabend einer von einem donnernden Kapuziner gehaltenen christlichen Predigt beiwohnen. Sie wohnen in einem zusammengedrängten schmuzigen Quartier, das alle Abend zwei Stunden nach Untergang der Sonne geschlossen wird, und dessen Thore sich bei Nacht nur gegen ein, übrigens mäßiges, Thorgeld öfnen. [Schwäbischer Merkur]«

Speckter, im allgemeinen ein unermüdlicher Freund froher Feste, mißfiel 1831 sein erster römischer Karneval. Er empörte sich über die grausame Behandlung der Juden, die dabei noch die Kosten der Festlichkeiten tragen mußten. Er schrieb, er habe unter den Masken keine lebenden Menschen, sondern Leichen gesehen: »Gesichter, aus denen keine Seele mehr sieht.« Und: »Das ist überhaupt furchtbar hier, wo Alles so durcheinander wogt, nämlich das Gemisch von Sklaverei und Freiheit. Diese bildschönen Mädchen, die aber unter strenger Pfaffenzucht auferzogen, nie aus dem Hause und den Augen der Mutter kommen, denen Alles als Sünde angerechnet wird, denen nichts erlaubt ist als beten und essen und trinken; die von Jugend auf die Freiheit nur verfluchen, nur als ein Gift kennen lernen, hier werden sie nun das Einzige Mal im Jahr ausgeführt, hinaus in das wahnsinnige Toben einer falschen Freiheit, und müssen mit toben.« Speckter fand Goethes Schilderung »nicht stark genug«: »Ich wünschte, nie den Carneval gesehen, sondern nur Goethe darüber gelesen zu haben.« Das Pferderennen entsetzte ihn: »Die Gäule hatten brennenden Schwamm hinten auf den Schwanz gebunden und waren mit Stachelklingeln geschmückt.« Diese Tierquälerei war zuviel für ihn, und als er erfuhr, daß binnen weniger Tage viele Morde geschehen waren – allein in der Campagna waren acht Bauern umgebracht worden – schrieb er: »Das ist Rom – so schön und doch so herzempörend, elend und widerlich, eine Blume voll Schmeißfliegen und Wespen.«

Auch Goethe und E.T.A. Hoffmann haben das römische Karnevalstreiben kritisiert. Hoffmann vermißte die Gemütlichkeit – jedenfalls läßt er das den deutschen Maler Franz Reinhold sagen (»Prinzessin Brambilla«); Goethe fehlte »die innere Fröhlichkeit«. Hoffmanns Maler kritisierte weiter: »Der Carneval ist viel einförmiger als der Cölnische, aber dafür auch auf zehn Tage vertheilt, während die schmutzigen Cölner Straßen nur zwei Tage den Mummenschanz dulden.«

Der Bremer Naturforscher Dr. Delius (er stürzte am 11. Mai 1854 auf dem Gipfel des Vesuv, wohin er deutsche Freunde geführt hatte, in den Krater und starb, bevor man ihn bergen konnte) verdankte seinem Frack – wie er schreibt – einige Einladungen zu den elegantesten Karnevalsbällen. Am 16. Februar 1854 war er bei der Gala-Soirée des Fürsten Doria; der Eintritt kostete drei Scudi (zugunsten der Kinderheime »für mein theures Geld«); der Ball fand in der Reitbahn des Fürsten an der Piazza Venezia statt, und es war »eiskalt, höchstens 10 Grad, trotz einiger tausend Gasflammen und der 1000 Gäste, und das Licht war für einige Damen entschieden zu hell... Am Anfang des Balles (die feinste römische Gesellschaft war zugegen) ließ sich auch dort eine Dame sehen, die sonst in den höchsten Kreisen keinen Zutritt zu finden scheint, andrerseits aber so bekannt war, daß sich der weibliche Theil der Gesellschaft scheu resp. indignirt von ihr zurückzog...« Als ein Russe die Dame hinausgesetzt sehen wollte, habe sie in einigen römischen Adeligen »warme Beschützer« gefunden. Das unpassendste an dem Ball sei das Gefrorene gewesen, an das man nur mit Zähneklappern habe denken können; »Abgesehen von dem dort herrschenden Clima, das auch den römischen Aerzten eine reiche Aerndte geliefert haben mag, war das genossene Fest ein sehr genußreiches und es war halb 2 Uhr, als ich mich... zurückzog.« Am 27. Februar 54 war Delius auf dem Ball des Bankiers Herzog Torlonia, der jeden einlud, der bei seinem Bankhaus ein – nicht zu kleines – Konto unterhielt; 1400 Gäste waren versammelt. »Beim Eintritt in den ersten Saal wurde der Name angefordert, und ging dann wie ein Lauffeuer durch die Reihe der Bedienten; Du kannst Dir denken [Delius schrieb das an seine Frau Louise], in welchem Zustande diese ehrlichen deutschen und englischen Namen sich befanden, als sie zuletzt, mit wahrer Stentorstimme von dem Chef dieser galonirten Dienerschaft dem Herrn Wirth vorgeschrieen wurden.«

## DER HANDELSMANN VOM CAMPO DE' FIORI

*Er mercantino a Campo-de-Fiore*
*6. Februar 1837*

Die Dame wünscht? Ein Schleier? Bitte sehr.
Peppe, wirf den mal runter! Bitte, junge Frau,
Für eine Königin, dies modisch zarte Grau,
Die Qualität macht man jetzt gar nicht mehr.

Baumwolle, das!? Um Himmels Willen, nein!
Das ist die reinste Seide, kein Voal.
Zu teuer? Für das feine Material?
Sehr schick für Sie, es soll doch für Sie sein?

Na also, wollen Sie, ja oder nein?
Ich gebe ihn für einen Scudo her...
Psst! bleib'n Sie doch! Wie teuer darf er sein?

Die Hälfte? Etwas wenig, würd' ich sagen,
Das kann ich nicht, der kostet mich schon mehr...
Na weil Sie's sind, ich will Sie nicht verjagen.

*Zum Titel:* der Platz heißt richtiger Campo dei Fiori = Blumenmarkt, er hieß im alten Rom schon »campus Florae« = Platz der Flora, so benannt nach einer Römerin aus dem 2. Jahrhundert, angeblich die Geliebte des Triumvirn Pompejus Magnus. Um 1500 stand an der Ecke Via de' Cappellari das Hotel zur Kuh (Albergo della vacca), das der Vanozza Catanei gehörte, der Geliebten Papst Alexanders VI. (Borgia).

Im Februar 1600 wurde hier Giordano Bruno hingerichtet; der Platz war lange Zeit Richtstätte; die Chronik erzählt von einigen Protestanten, die 1594 dort lebendig verbrannt wurden (Guida ai misteri e segreti di Roma).

6. *Zeile:* voile, eigentlich »Schleier«, ein leichtes Baumwollgewebe, damals aus Indien importiert.

## DIE VORLAUTE NICHTE

*La nipote pizzuta*
*1. März 1837*

Mein liebes Kind, du bist mir ganz schön keck,
Nun hör' sich einer die Scheißgöre an,
Kackfrech! Die reißt den Schnabel auf und dann
Steckt sie die Nase noch in jeden Dreck.

Heiraten? Ach! Und was wird Mamma sagen
Und Opa? Aber das ist dir wohl Wurst,
Jetzt ziehst du wieder deinen Flunsch und knurrst,
Man sollte dich verdammt zum Teufel jagen.

Bei mir kommst du nicht durch mit Kapriolen,
Und Unverschämtheit steht dir gar nicht zu!
Als gute Tante sollt' ich dich versohlen.

Gehorchen sollst du, das ist deine Pflicht,
Und freche Reden führen, das darfst du,
Wenn mal die Hühner pinkeln, eher nicht!

*14. Zeile:* Belli merkte in einer Fußnote an: »In Italien sprichwörtlich.«

Von Kölle über den römischen Volkswitz: »Je geschliffener eine Bevölkerung ist, desto weniger eigenthümlichen Witz findet man bei ihr. Dieses würde für viele Hauptstädte des Nordens gelten. Der Berliner Witz ist in der Regel gelehrt, er hat etwas, was an getaufte Juden mahnt; der Wiener ist kernhafter. Der Witz des römischen Volkes hat einen ganz eigenthümlichen Charakter. Er ist augenblicklich schlagend und schonungslos wie der Blitz.«

## DER MUTIGE BÜRGERWEHRMANN

*Er civico de corata*
*25. April 1837*

Wir leben hier im Dschungel, Katharina,
Und nicht in einer Stadt mit Wall und Graben:
Sie hab'n mich überfallen, diese Raben!
Man glaubt, man ist in Afrika ... in China!

Angst ich? Wovor? Mariaundjoseph nein!
Vor einem einz'gen Mann? Da lach' ich nur.
Die Uniform war schuld: ohne Montur
Schlag' ich ein Dutzend Kerle kurz und klein!

Von hinten kam der! Ich sah nur noch rot,
Du, wütend war ich, und konnt' mich nicht wehren!
Ich stand da, hilflos wie ein Idiot

Mit Säbel, Knarre, Bajonett ... zum Lachen!
Gefesselt von dem ganzen Kram, dem schweren,
Nun sag du mir: was konnte ich da machen?

## DER KLEINE ZWISCHENFALL VON VENAFRO

*Er fattarello de Venafro*
*31. Mai 1837*

Wenn diese köstliche Geschichte wahr ist,
Daß unsre armen Kapuzinerpatres
Sich jetzt betätigen als Mörderfratres
– Zu Sankt Franziskus' Ehren, was ja klar ist –,

Dann wird's gefährlich, was die Brüder treiben,
Dann geht es an das Fell und die Moneten.
Drum: Piazza Barberini nicht betreten
Und bei versperrter Tür zu Hause bleiben.

Sagt nicht, daß im Konvent der Kardinal
Die Zügel hält, nein, der schweigt lieber still,
Der weiß, er ist den Brüder piepegal.

Vor denen hat er Schiß, wie alle wissen.
Der Hirt macht brav das, was die Herde will,
Seit seine Schäfchen Becher nach ihm schmissen.

*Zum Titel:* Belli merkte in einer Fußnote an: »Bei Venafro, im Königreich Neapel, begingen Kapuziner aus einem Kloster in Verkleidung auf der öffentlichen Straße Raubüberfälle. Neulich brachten sie bei dem Flecken Torcino den Domherrn Alfonso del Prete und dessen Kutscher um, nachdem sie zuvor 30.000 Dukaten Lösegeld verlangt hatten. Die Polizei konnte die Mörder fassen. Es waren geistliche Brüder mit dem Pater Vikar ihres Klosters.« Später stellte sich heraus, daß als Lösegeld 6.000 Dukaten gefordert worden waren.

2. *Zeile:* die Kapuziner, ein Zweig des Franziskanerordens, konstituierten sich 1529 in Italien als Bettelorden: die zur

Schau gestellte Armut wollte gegen Reichtum und Pomp der Kirche protestieren. Man charakterisierte sie bald als das Proletariat unter den Mönchen; sie hatten die strengsten Ordensregeln, was sie nicht hinderte, kirchliche und weltliche Gesetze nach Gutdünken auszulegen. Als wortgewaltige Prediger hatten sie einen großen Ruf. Noch heute gibt es etwa 15.000 aktive Ordensmitglieder in der ganzen Welt. Zu Bellis Zeiten – und lange vorher – war der Orden vielfach Zielscheibe öffentlichen Spotts, nicht zuletzt wegen der körperlichen und geistigen Verwahrlosung der Mönche (MK).

7. *Zeile:* die Kirche des Klosters ist noch heute in den Händen der Kapuziner und liegt hundert Meter von der Piazza Barberini entfernt am unteren Ende der heutigen Via Veneto; der Teil hieß früher »Piazza dei Cappuccini«; das Kloster wurde beim Durchbruch der Via Veneto abgerissen.

*Zu den Terzetten:* zu Bellis Zeiten war Ordensoberer der Kardinal Ludovico Micara, besonderer Schützling von Papst Leo XII., und wegen seiner Strenge bei den Brüdern unbeliebt; Stendhal schreibt, die Mönche hätten ihn wegen seines tyrannischen Regiments verabscheut; sie hatten am 7. Mai 1827 beim Essen im Refektorium des Konvents offen gegen ihn rebelliert und ihn mit ihren Weinpokalen beworfen; es gab mehrere Verletzte. Der Raubüberfall hatte sich am 18. Mai 1837 ereignet; aus den Zeitungsmeldungen, die auch Belli vorgelegen haben werden, geht hervor, daß schon ein Teil des Lösegeldes von der wohlhabenden Familie des Kanonikus del Prete bezahlt war, als es der Polizei gelang, die Räuberbande in einem Tal zwischen Monteroduni und San Agapito im Distrikt Isernia zu umstellen. Es kam zu einem Feuergefecht; in dessen Verlauf erschossen die Räuber beide Geiseln, bevor sie sich ergeben mußten. Erst jetzt stellte sich heraus, daß sie alle Mönche aus dem Konvent San Nicandro bei Venafro waren. Man konnte nachweisen, daß zahlreiche Raubüberfälle aus den letzten Jahren auf ihr Konto kamen, davon einer, über den die AZ am 17. Juni 1834 aus Neapel berichtet hatte.

*Piazza Barberini 1847*

Nach der Festnahme der Bande 1837 fand man unter dem Altar der Klosterkirche Waffen und Munition. Bandenchef war Pater Lorenzo da Campobasso, der Klostervorsteher. Man verurteilte ihn zu lebenslänglicher Freiheitsstrafe. Der Mörder, Pater Alfonso da Vasto, wurde zum Tode verurteilt, später aber von König Ferdinand von Bourbon (von Neapel) zu lebenslänglicher Haft begnadigt. Alle anderen erhielten lebenslängliche Gefängnisstrafen.

Belli kannte das Kloster nahe der Piazza Barberini gut: er hatte darin als junger Mann in den Jahren 1812 und 1813 ein Kämmerchen bewohnt.

Das Kloster wurde 1626 für den Kardinal Antonio Barberini gebaut; sein Bruder war Papst Urban VIII.; dieser ließ viele Bauten errichten und zerstörte dafür, um Baumaterial zu bekommen, solche aus der Antike; noch heute sagt man in Rom ›Was die Barbaren nicht zerstört haben, das zerstörten die

Barberini‹. Der Kardinal aus diesem Hause richtete auch den Friedhof in der Unterkirche des Klosters: hier sind Skelette und Knochen von 4000 Kapuzinern, schmuckvoll angeordnet, ausgestellt, noch heute eine Sehenswürdigkeit (s. Sonette Seite 93 und 101).

Dazu Gregorovius: »Auch die Totenkapelle der Kapuziner auf der Piazza Barberini ist ähnlich verziert wie jene am Ponte Sisto. Nur gelang es dort der Kunst minder gut, das Schreckliche der Natur zu überwinden. Man hat hie und da Gerippe mit Kapuzinerkutten bekleidet, was einen fürchterlichen Eindruck macht. ... Ich sah an der Decke des Gewölbes zwei Gerippe schwebend angebracht, wie man wohl an Kirchendekken liebliche Engel darstellt. Es waren Kindergerippe, einst Prinzessinnen des Hauses Barberini.«

Hebbel dichtete 1845 nach dem Besuch der Stätte:

»Menschen-Gebeine hat man zu Sternen und Blumen
verflochten,
Von der farbigen Wand grinsen sie zierlich herab;
Aufgestapelte Schädel umsteh'n in geordneten Reihen
Dämmernde Nischen, worin manches Gerippe sich streckt,
Wie im Leben, bekleidet mit bräunlicher Kutte, ein Täflein
In der knöchernen Hand, welches das Sterbejahr nennt,
Und ein Führer, ein Mönch, wie diese Toten es waren,
Sagt dir lächelnd: dereinst werde ich ruhen wie sie!
Aber Italiens Sonne bestrahlt durch niedrige Fenster
All den Moder, und sanft plätschert ein Springbrunnen
im Hof.«

Am Treppenaufgang zur Kirche erinnert eine weiße Marmortafel an Kardinal Micara; er starb hier 1847, seine Gebeine ruhen bei denen der Brüder.

Stendhal berichtet, daß sich im Keller des Klosters ein Kerker befand, den die Mönche »Neapel« nannten; war einer von ihnen in dem Gefängnis und fragten Freunde oder Verwandte

*Das Kapuzinerkloster*

nach ihm, so hieß es, der Gesuchte sei in Neapel. Eine einflußreiche Familie gab sich mit dieser Antwort nicht zufrieden und erfuhr durch Druck und Beziehungen, wo dieses Neapel lag.

## DIE FREUNDSCHAFT DIESER WELT

*L'amicizzia der monno*
*6. Juni 1837*

»Exz'lenz erlauben«, sag' ich, »daß ich geh'?«
»Adjö«, sagt er und fragt: »Was treibst du, Ennio?«
»Diener bin ich, wie immer.« Er fragt: »Wo?«
»Immer beim selben noch, beim Herrn Bankjee.«

»Wie«, fragt er ganz erstaunt, »ich hab erfahren,
Der ist verarmt und geht für Geld arbeiten...«
»Gut geht's uns, besser noch als in den Zeiten,
Wo Exzellenz mit ihm befreundet waren.«

Er sagt: »Nanu, er stand doch vorm Ruin
Und wollte Geld von mir und war in Not.«
Ich frag': »Und ham Herr Graf ihm was geliehn?«

»Respekt!«, sagt er, »Wie hat er sich saniert?«
»Geerbt«, sag' ich, »vom Onkel, der ist tot.«
»Und ich«, ruft er, »hab noch nicht gratuliert!«

## ÄHNLICHKEITEN

*Le rassomijanze*
*11. Juni 1837*

Der Graf ist klein, und unser Herr ist groß,
Sein Haar ist blond, und das vom Graf ist grau,
Die Augen, die sind grün, und die vom Herrn sind blau,
Der ist ganz dünn, der Graf so'n fetter Kloß,

Dafür schleicht der Marquis wie eine Tante,
Und unser dicker Graf hüpft wie ein Ball
Und duftet nach Parfüm, der Herr nach Stall,
Der Graf heißt Julius, der Marquis Dante.

Jetzt denkst du doch, Franziska, diese beiden
Sind ganz verschieden. Siehst du, falsch gedacht:
Meine Madam kann die nicht unterscheiden,

Drum kann sie wohl allein auch nicht ruh'g schlafen,
Nicht, daß die sich darüber Sorgen macht:
Mal nimmt sie den Marquis und mal den Grafen.

Wieder einmal wird die Welt der Herrschenden von der allgegenwärtigen Dienerschaft entlarvt (s. Sonette Seite 176 und 204f.); über sie verbreitete sich die Respektlosigkeit gegenüber den »Herrschaften« im Volk.

## DIE EWIGE JUGEND I

*La perpetuvella de la giuventú*
*19. Juni 1837*

So ist und bleibt das mit den Frau'n auf Erden,
Sie können alt sein wie Methusalem
Und hören schon ihr eig'nes Requiem,
Nur alt und runzlig wollen sie nicht werden.

Guck dir die Wachteln im Theater an:
Da schwänzeln sie und machen auf blutjung,
Je älter, desto größer ist ihr Schwung,
Und sehn sich unverblümt die Männer an.

Wenn mal Sankt Anna gute Laune hat
Und so ein spätes Mädchen schwanger macht,
Dann findet bald der große Auftritt statt:

Sobald sich's lohnt – wo sie auch geht und steht –
Schwenkt sie den dicken Bauch in ganzer Pracht
Wie ein Diplom, so lang es eben geht.

9. *Zeile:* die heilige Anna gilt als Schutzpatronin der schwangeren Frauen.

## DIE EWIGE JUGEND II

*La perpetuvella de la gioventú*
*19. Juni 1837*

Stimmt, was du sagst, Giovanni, stimmt genau
So richtig wie das Evangelium!
Ab fünfundzwanzig ärgern sie sich krumm
Über den Taufschein, alle, jede Frau!

Sie meinen, wenn sie aufgedonnert sind
Und schmier'n sich Farbe ins Gesicht hinein
Und stecken was zum Füllen oben rein,
Würden wir Männer vor Begeist'rung blind.

Guck dir die Olle von dem Kalbskopf an,
Von unserm Aldo, die macht das ganz fein
Und fährt ein Kind herum, so oft sie kann.

Das geht ganz einfach: hat man nämlich keins
Und möchte eine junge Mutter sein,
Dann pumpt man sich vom Nachbarn eben eins.

Beide Sonette sind eine Satire auf Sitte und Brauch, schwangere Frauen – als noch bei den Männern in Gunst stehend – zu bewundern und zu beneiden, zugleich sonnten sich die Väter im Glanz ihrer Manneskraft (besonders wenn das Kind ein ›*bel maschio*‹ [gesprochen maskio], also ein schöner Junge wurde); so kam es vor, daß Frauen, besonders ältere, Schwangerschaft vortäuschten oder sich mit einem geborgten Kind sehen ließen, um zu Ansehen zu kommen.

## DIE UNRUHESTIFTER

*Li rivortosi*
*2. September 1838*

Freimaurer, Carbonari, Liberale…
Wie man sie nennt, egal, alles ein Brei.
Das Jakobinerpack das ist dabei,
Wo Stunk gemacht wird gegen das Legale.

Es müßte mal als Papst ein Nero her,
Der alle auf die Guillotine schickt
Und sie in ihrem eig'nen Blut erstickt,
Daß endlich wieder Ruh' und Ordnung wär'.

Uns Arme, von mir aus auch Kirchenleute,
Die Frommen soll'n sie schonen, doch der Rest
Muß weg, die Rübe ab! Nicht morgen, heute.

Laß ein paar Unschuldige mitkrepieren,
Hauptsache, daß die Träger dieser Pest
Verschwinden und nicht andre infizieren.

*Zum Titel:* schon im November 1832 hatte die AZ einen Artikel aus der römischen Zeitung ›Notizie del Giorno‹ veröffentlicht, der so begann: »Die Unruhestifter fahren auf die hartnäkigste Weise fort in ihren verbrecherischen Umtrieben gegen die öffentliche Ordnung; sie hegen fortwährend die thörichte Hofnung die Regierung zu stürzen…«

Vighi betont die beißende Ironie Bellis gegenüber diesem Scharfmacher, der die Wiederkehr des reaktionären Terrors wünscht: »Die widerlichen Übertreibungen stehen im deutlichen Widerspruch zum humanitären Denken der Dichter und lassen unschwer erkennen, daß er sich über den lustig macht, der so redet.«

*Eine Hinrichtung*

Stendhal hatte Napoleons Härte gegen Gewalttäter sehr begrüßt und rechnete anerkennend tausend Hingerichtete gegen fünftausend am Leben Gebliebene auf: »Was wird die deutsche Empfindsamkeit dazu sagen? Ich habe zehn Jahre in Italien zugebracht und dort kleine Truppenabteilungen befehligt, und ich wage zu behaupten: es wäre für dieses Land besser, wenn irgendein Unschuldiger verurteilt würde und niemals ein Schuldiger die Hoffnung hätte, zu entwischen.«

Der fromme Römer, der nach der Guillotine ruft, um die

alte Ordnung zu erhalten, hatte ähnliche Absichten wie Papst Gregor XVI. Dessen Maßnahmen und die seiner Vorgänger trugen »nur dazu bei, den Widerwillen der Bevölkerung gegen die Herrschaft des Klerus ... stärker anzufachen.« (Ranke)

Die blutigen Unruhen im Kirchenstaat nach der französischen Julirevolution von 1830 waren zwar endlich 1832 nach dem Eingreifen der vom Papst zu Hilfe gerufenen österreichischen und französischen Truppen niedergeschlagen worden, die Unzufriedenheit des Volks blieb, das immerhin in der Zeit der französischen Besatzung (besonders 1808–1815) einen Hauch von Freiheiten zu spüren bekommen hatte. Der Druck des Polizeistaats rief nun Gegendruck hervor. Das war – in rohen Umrissen angedeutet – die Lage im Jahre 1838, als Belli das Sonett schrieb.

s. Sonett Seite 68.

## EIN HUNDELEBEN

*La vita da cane*
*31. Dezember 1845*

Du hast es nötig, fauler Hund, zu hetzen!
Der Papst hat nichts zu tun ... du mußt das sagen.
Der Mann muß sich von früh bis abends plagen
Und nur für uns, das müssen wir doch schätzen.

Wer, frag ich, gibt den Segen auf den Plätzen,
Wer muß beim Lieben Gott um Rat anfragen,
Wer muß die Sorgen um den Ablaß tragen
Und sich für all das Sünderpack einsetzen?

Wer zählt scin Geld? Hilft ihm da einer? Nein.
Die neuen Steuern muß er sich abquälen,
Und wer macht Kardinäle? Er, allein.

Denk' an die Bettelbriefe – was das heißt!
Die er persönlich, ohne sie zu zählen
Und ungelesen, in den Abfall schmeißt!

Dies ist das erste der Sonette, die zu Lebzeiten Bellis und ohne seine Erlaubnis veröffentlicht wurden. Es erschien 1846 – in etwas veränderter Form, wahrscheinlich nach dem Vortrag des Dichters aufgezeichnet – in der in Lausanne erscheinenden patriotischen Zeitschrift des emigrierten Italieners DeBoni. Giuseppe Mazzini las es in seinem Londoner Exil, schrieb es eigenhändig ab und schickte die Kopie am 3. November 1846 an seinen Freund und Mitkämpfer Giuseppe Giglioli, Mitglied des Bundes »Junges Italien«; Giglioli, Richter von Beruf, war 1823 vom Erzherzog von Modena wegen seiner revolutionären Aktivitäten verurteilt worden, hatte eine lange Gefängnisstrafe verbüßt und nachher lange in Marseille gelebt, bevor er wieder nach Italien zurückkehrte. Dorthin schickte ihm Mazzini das Sonett als Anlage zu einem Brief mit dem Vermerk: »Wenn du einen treffen solltest, der zu sagen wagt, der Papst täte nicht eben viel, so zeig ihm das beigefügte Sonett.« (Der Brief ist erhalten.) Mazzini hatte das Sonett als gegen den neuen Papst Pius IX. gerichtet verstanden, der 1846 Nachfolger von Gregor XVI. geworden war; Belli aber hatte diesen gemeint; die Wahl von Pius hatte er begrüßt, er hat ihm auch später treu gedient.

Ob er je erfahren hat, daß Mazzini zur Verbreitung des Sonetts beitrug, ist unbekannt; man weiß nur, daß er Mazzini und dessen ihm zu radikalen Liberalismus ablehnte.

## DER TOD MIT DEM SCHWANZ

*La morte co la coda*
*29. April 1846*

Merk dir, man ist entweder Jakobiner
Oder man glaubt an Gott, den Herrn auf Erden,
Und wenn wir glauben – Fürsten oder Diener –,
Wir sind verdammt, der Tod wird grausig werden.

Kein Mensch denkt nach, man lebt in Saus und Braus,
Man liebt, vergnügt sich, quält sich, man erwirbt
Sich ein Vermögen, führt ein großes Haus,
Man macht sich wichtig, ja, und dann: man stirbt.

Dann, sag' ich dir, dann fängt der Ärger an!
Es kommt ein neues Leben, eine Welt,
Die ewig ist, die niemals enden kann,

Niemals, bedenk' das, und dich packt ein Schauer:
Nichts, was uns rettet, nichts mehr, was uns hält,
Nur die verdammte Ewigkeit von ew'ger Dauer.

Vigolo: »Der surrealistische und mittelalterliche Titel erinnert an das allegorische Bild der ›mors caudata‹, jenes seltsamen geschwänzten Ungeheuers oder Skeletts; man konnte sich kein schaurigeres und packenderes Symbol der Ewigkeit ausdenken, dieser niemals endenden Qualen in der anderen Welt. Der Schwanz ist nie bei den Himmlischen zu sehen; nur Tiere und Teufel tragen ihn. Der Tod mit dem Schwanz ist deshalb das Gegenstück zu der barmherzigen Mutter und Heilerin aller Schmerzen der letzten Ruhe; es ist ein entsetzlicher Alptraum, den der Dichter beschwört, man kann ihn nicht vergessen ... Die Verse lassen die tragischen Schreckensgestalten erscheinen, die den alternden Dichter bedrängten, man spürt seine

Angst, seine Gewissensbisse ... Einige Verse der Terzette ... haben den Ton Dantescher Schrecklichkeit.« *(il suono di terribilità dantesca)*

Muscetta: »Ein grandioses Sonett, wenn wir begreifen, was es wirklich war: Ausdruck völliger Fassungslosigkeit eines Menschen, der sich in seine ewigen Widersprüche verstrickt sah, eine tragische Situation, die ihn noch einmal seiner Plebs ganz nahebringt, die in ihren Ängsten erstickt. Er war nicht gelandet beim ›soliden Nichts‹ des Leopardi und noch nicht angekommen bei dem ›wohltätigen Glauben‹ Manzonis, der zu triumphieren gewohnt ist über jeden, der bedrückt ist oder sich dem Gedanken an das ewige Nichts zu ergeben weiß. ...«

Muscetta verweist auf das Sonett »Der Cafetier philosophiert« und weist darauf hin, daß Belli in seinem Werk niemals »die blumenbestandenen Pfade der Hoffnung« des Manzoni betreten hat. In diesem einzigen Sonett, sagt Muscetta, hat er uns eine tragische Schilderung der Hölle hinterlassen, in dieser späten Dichtung aus dem Jahre 1846, als in ihm, dem alternden Manne, die Schrecken der Kindheit wieder auflebten. »Ich glaube allerdings man darf keinen Unterschied suchen zwischen den Zweifeln und Widersprüchen jenes Belli in der Zeit seiner vollen Schaffenskraft und dem, der in seinen letzten Lebensjahren eine so betonte katholische Orthodoxie an den Tag legte. In Wahrheit gab es immer eine lebendige Koexistenz von tiefreligiösem Gefühl und kühnsten und sarkastischen Spöttereien über die christliche Mythologie.«

## DER SELIGE PAPST

*Er Papa bon'anima*
*18. Oktober 1846*

Papst Gregor war zwar brummig, aber gut,
Er war barmherzig, das hat man gewußt,
Das kaiserliche Herz in seiner Brust
Zeigt jetzt sein Testament voll Edelmut.

Er war so arm, man kann es gar nicht fassen,
Er war bescheiden und er hat gespart,
Nur Gold und Silber hat er aufbewahrt,
Das hat er seinen Neffen hinterlassen.

Auch ein paar Tausender hatt' er noch liegen
Und andre Dinge, die nicht wertvoll sind.
Die soll der liebe Gaetano kriegen.

Zigtausend Scudi flossen in die Taschen
Des Kellermeisters, die hat er verdient
Mit dem Verkauf der leergetrunk'nen Flaschen.

Mit Papst Gregor, der am 1. Juni 1846 starb, verschwand »die Hauptperson der Bellischen Dichtung« (Vigolo). In Bellis Aufzeichnungen finden sich in der Rubrik »Sonette, die noch gemacht werden müssen« die Worte *»A papa Grigorio io je volevo bene, perchè me dava er gusto de potenne dí male«* = Papst Gregor hatte ich so herzlich gern, weil ich so schön schlecht von ihm reden konnte.

Vigolo glaubt, daß Belli diese Eintragung machte, als er vom Tod des Papstes erfuhr.

*1. Terzett:* gemeint ist Gaetano Moroni, der einmal Barbier und Tonsor (Tonsur = geschorene Stelle auf dem Scheitel als Standeszeichen des katholischen Klerus) Gregors in dessen

Tagen als Mönch und Abt des Kamaldulenserklosters zu Murano gewesen war. Bei der Thronbesteigung 1831 machte ihn der Papst zum Ersten Adjutanten der Kammer und zum Geheimen Einkäufer und bedachte ihn mit vielen Orden und Ehrentiteln. Der einstige Barbier überraschte alle: er schrieb das »Lexikon der historisch-geistlichen Gelehrsamkeit von der Zeit des Heiligen Petrus bis in unsere Tage« mit über 133.000 Stichwörtern und in 103 Bänden. Vigolo: »Der ehrgeizige Figaro hatte sich ans Studieren gemacht, und schon 1829 [der spätere Papst Gregor hieß damals noch Bartolomeo Cappellari, war Kardinal und Präfekt der Kongregation der Propaganda] zeigte sich der Abbé Rosmini überrascht, ihn ständig beim Lesen und Schreiben zu finden, anstatt beim Faulenzen in den Sälen des Vatikans.« Vigolo bescheinigt ihm allerdings, daß er kein sehr erlauchter Geist war, da ihm allerlei sprachliche Fehler unterliefen.

Bunsen in einem Bericht nach Berlin über Moroni: »Niemand macht mehr ein Geheimnis daraus, daß der Kammerdiener des Papstes Gunst und Ämter zu festen Preisen verkauft.«

*Letztes Terzett:* Vossler zitierte den Inhalt des Sonetts in Prosa und vermerkte zur letzten Zeile: »Anspielung auf Gregors Trinkbarkeit.« Der Papst hatte eine »Trinkernase«, die dem Volk viel Anlaß zum Spott gab. Damaligen ärztlichen Zeugnissen zufolge hatte Gregor Nasenkrebs; ein Deutscher, Medizinal-Rat Clemens Daniel Alertz, Leibarzt des seit 1816 in Rom lebenden Preußenprinzen Heinrich, später Arzt der preußischen Gesandtschaft, hat Papst Gregor im Herbst 1836 »glücklich behandelt« (Noack, Bd. I, S. 436).

# DIESER BELLI IST EIN PHÄNOMEN

*Nachwort*

Dieses Buch bringt eine Auswahl aus den 2279 römischen Sonetten Bellis, die der römische Dichter und Literaturkritiker Giorgio Vigolo erstmalig als Gesamtwerk herausgegeben hat.[1] Seine 1952 bei Mondadori erschienene Ausgabe sowie die von Maria Teresa Lanza, verlegt bei Feltrinelli 1965, liegen dieser Arbeit zugrunde.

Belli datierte fast alle Sonette. Vigolo und Lanza geben sie folgerichtig in chronologischer Folge wieder. Eine Gruppierung nach Sachgebieten wäre für ihn, so hat Vigolo geschrieben[2], gleichbedeutend mit der Zerlegung eines Gobelins in rote, grüne, blaue und gelbe Fäden. Belli selbst hat erklärt, jede Seite könne der Anfang und jede das Ende sein. Die Sonette nennt er Episoden eines Dramas. Die Auswahl aus den Episoden ist so gehalten, daß das Drama zwar gekürzt, aber nicht zum Fragment wurde. Seine Figuren – und der Staat, in dem sie lebten – sind vergangen. Was sie sagen, will uns zum großen Teil so erscheinen, als sei es für heute gesagt.

Wenn Papst, Kardinäle oder Prälaten, damals geistliche und weltliche Herren im Kirchenstaat, so häufig Gesprächsthema sind, ist das nur natürlich: immer, wenn die Zeiten schwer sind, macht sich auch der einfache Mann seine Gedanken über Staat und Staatsführung.

Einiges in der Auswahl mag nur kulturhistorisch von Belang sein. Das meiste behandelt, was Menschen bewegt. Man sorgt

---

1 Neben anderen Werken von Vigolo erschien 1958 in Turin eine von ihm übersetzte Sammlung von Hölderlin-Gedichten und 1945 seine Übersetzung von E. T. A. Hoffmanns »Meister Floh« (Rom).
Vigolos erste Publikation über Belli erschien am 1. Februar 1924 in der Wochenschrift »Il Mondo« und erregte Aufsehen durch seine Feststellung, er stelle nur Dante im Rang vor Belli. Dieser habe im Romanesco, jener im vulgären Florentinisch geschrieben.
Vigolo hat über 20 Jahre seines Lebens der Belli-Forschung gewidmet.

2 Giorgio Vigolo, »Il genio del Belli«, Bd. I, S. 107.

sich um Freuden und Leiden, um Recht und Unrecht, um Not und Tod und um das tägliche Brot und die Familie; wo man in so enger Gemeinschaft lebt, mit Verwandten, Freunden und Nachbarn, sorgt man sich noch um deren Angelegenheiten, selbst wenn sie einen wenig angehen.

Das sind, grob umrissen, die Themen von Bellis römischen Sonetten, das sind auch die Themen dieser Auswahl.

Der Herausgeber hat Sonette mit rein zeitbezogenen Sujets nur herangezogen, wo sie die Zeit beleuchten, in der Bellis Figuren lebten. Die Mehrzahl der hundert – aus den vielen hunderten herausgegriffenen – Sonette läßt Menschen reden, die wir noch heute verstehen. Sie sprechen von Dingen, die nun einmal das Leben von Menschen ausmachen.

»Einen fremden Dichter bei uns einzuführen, dessen Sprache nicht, wie die französische und englische, von allen Gebildeten in Deutschland gesprochen oder doch verstanden wird, kann nur dem Übersetzer gelingen. Biographische Studien, kritische Beleuchtungen von Werken, die dem größten Publikum unzugänglich bleiben, finden ihren Weg nur – zu den engeren, literarischen Kreisen, und ein noch so gefeierter Name, der allein auf diesem Wege über die Grenzen seiner Heimath hinausgedrungen ist, verschallt in Kurzem wieder, ohne mehr als flüchtige Neugier und das oberflächliche Interesse einer historischen Notiz erregt zu haben.

In der Beilage zur Augsburger ›Allgemeinen Zeitung‹ vom Jahre 1871, Nr. 164 u.f. hat einer der gründlichsten und feinsinnigsten Kenner der italienischen Volkspoesie, [Hugo] Schuchardt, in einem ausführlichen Aufsatz auf den Schatz hingewiesen, der in *Giuseppe Gioachino Belli's* Sonetten im römischen Volksdialekt vergraben liegt. Seitdem ist der Ruhm des Dichters – der schon 1863 starb – jenseits der Alpen in stetem Wachsen begriffen.«

So begann ein Essay des deutschen Dichters Paul Heyse (1830–1914), das 1878 erschien.[3]

3 in »Deutsche Rundschau«, Berlin

Heyse ahnte damals nicht, wie langsam der Ruhm des Belli wachsen würde. Fast neunzig Jahre nach seinem Tode – er lebte von 1791 bis 1863 – erschien in Italien eine erste Gesamtausgabe seiner römischen Sonette.[4] Noch heute ist der Dichter vielen Italienern nur dem Namen nach bekannt. Im Ausland kennt man ihn so gut wie gar nicht. Einzelne Veröffentlichungen haben daran nichts ändern können.

Die Eingeweihten wissen heute: dieser Belli ist ein Phänomen. Seine Sonette im römischen Dialekt, dem »greulichen Romanesco«, wie er selber die Sprache der Leute von Trastevere nannte, hat er niemals veröffentlicht. Die Leute sollten gar nicht lesen, was er schrieb. Er hielt auch nicht viel davon, als er das Werk mit einigem Abstand übersehen konnte. Gelegentlich trug er seine Gedichte vor. Das war dann beileibe keine »Dichterlesung«. Er sprach, in Weinlaune, im Kreis seiner Freunde und Mitzecher, und längst nicht alle um ihn herum wußten, daß der animierte Vortragende die Sonette verfaßt hatte.

Belli war Römer, aus gutem Bürgerstand, vom rechten Bürgersinn durchdrungen, gläubiger Katholik, aber antiklerikal angesichts des allzu weltlichen Kirchenstaats und dessen im Irdischen wuchernder Geistlichkeit, durchweg herrschsüchtige Gottesdiener.

Belli war kein Optimist, die Menschheit erschien ihm dazu bestimmt, hüben wie drüben in Verdammnis zu leben. Mit dem Tod stand er auf gutem Fuß. Die chaotischen Zustände im Rom des Kirchenstaats waren sein Alltag, sie haben ihn immer gequält. Reformismus aber war ihm ein Greuel. Dabei ersehnte er sich für sein Rom, seine katholische Welt, Veränderungen, die damals unerreichbar schienen: Ordnung sollte es endlich geben und gleiches Recht für alle. Laut danach zu rufen, hätte seinem Sinn für Ordnung widerstrebt, die päpstlichen Hüter der bestehenden Ordnung hätten es auch nicht geduldet. Deren

4 Mailand 1952: »I Sonetti«, Band 1–3

Gebote befolgte er, wohl mehr aus Respekt vor dem Gesetz als aus Furcht vor den Folgen einer Übertretung. Dazu war man im Bürgerstand erzogen worden. So schrie er nicht, er schrieb. Es war eines Tages über ihn gekommen und sollte ihn lange Jahre nicht mehr loslassen.

Geschrieben hat Belli von Jugend auf. Allein über tausend seiner Briefe sind uns erhalten, die Post war verläßlich, es lohnte sich zu korrespondieren. Als Vierzehnjähriger verfaßte er seine ersten Verse. Was dann folgte, war immer nach der Mode, bemüht feingeistig, angelehnt an große Vorbilder, sentimental und stets in gewählter Hochsprache. Dabei bewegte er sich auf den Spuren des großen Vorbildes Petrarca. Mag es auch hier und da Anklänge dichterischer Kraft geben, Tritt gefaßt hat er nie mit ihm. Folgerichtig war er Mitglied der Dichterakademie. Deren Namen kennt man, auch noch die der Mitglieder, als Dichter sind sie längst vergessen. Belli wäre einer von ihnen geblieben, hätte er nicht jenes einen Tages seine Muse getroffen, ein sprühendes, saftiges Kellerkind, das ihn verzauberte, das er aber in der Beletage nicht vorzeigen mochte. Er schämte sich zeitlebens dieser Liaison mit dem Gewöhnlichen, das ihn so faszinierte. Er hatte die Sprache des Volks von Trastevere als das rechte Mittel entdeckt, sich seinen Abscheu vor Heuchelei und Bosheit, Machtmißbrauch und Rechtsbruch von der Seele zu schreiben und seine Ängste dazu. Dabei haßte Belli dieses Romanesco sein Leben lang, vom gemeinen Volk hielt er nicht viel, und doch drängte es ihn, diesem Volk ein Denkmal zu setzen, wie er in seiner Einführung schreibt. Die Mittel, die er dabei verwendete, sind ihm innerlich immer fremd geblieben. Belli nannte das Romanesco ein entartetes Italienisch (italiano corrotto). Ein Dialekt, meinte er, sei es nicht, weil nur die unteren Volksschichten Roms das Romanesco sprächen. Auch heute hört man es nicht in den oberen Schichten, sie sprechen nicht einmal »Halbmundart«, also römisch gefärbtes Italienisch. In Deutschland kann ein Universitätslehrer, ein Staatsmann, rheinisch gefärbtes Deutsch sprechen, in Italien kann er zum Beispiel den Mailänder Tonfall haben, nie aber den römischen.

Das Phänomen Belli ist noch heute schwer zu erklären: er stand innerlich dem einfachen Volk Roms fern und brachte es doch fertig, dessen Denk- und Sprechweise vollendet in Dichtung zu fassen. In einigen Sonetten meint man, Belli selbst sprechen zu hören. Sonst reden die Römer Trasteveres aller Berufe und Altersstufen, selten einmal Gebildetere, es schwätzen, grübeln oder räsonieren Frauen, Kinder, Männer, Wichte, Weise, Wichtigmacher, Lumpen, Herrschende und Dienende, Böse und Gute, und sie sagen Abscheuliches oder Erhabenes und Plattes, alles was Menschen nur reden, die sich in einem Volk finden, das man gern das einfache nennt. Keine ihrer Aussagen, die nicht nachdenklich machte.

Die 2000 Figuren des Bellischen Dramas sind unsterblich, sie leben noch heute, und nicht nur in Trastevere.

Um 1870 entdeckten deutsche Romanisten und Literaten die ersten, allerdings noch unvollständigen Veröffentlichungen der römischen Sonette von Belli. Sie erkannten sehr bald den Autor als einen Dichter von Rang. Die italienische Literaturwissenschaft hat dem deutschen Sprachforscher und Romanisten Hugo Schuchardt das Verdienst zuerkannt, die Bedeutung Bellis früher erkannt zu haben, als dessen eigene Landsleute[5]. Schuchardt hatte 1871 geschrieben[6]: »Ein Dichter ist Belli, und vielleicht ein bedeutenderer als mancher hochgefeierten Namens: ich kenne keinen, der seiner wunderbaren Natürlichkeit nur nahe käme; freilich sind seinem Ruhm enge Grenzen gesetzt durch die Art desselben.« Die Einschränkung am

5 »Giornale Storico della Letteratura Italiana«, 1913

6 »Allgemeine Zeitung« 1871, Beilage Nr. 164–167, später in »Romanisches und Keltisches«, Berlin 1886

Schluß bezieht sich auf den Dialekt und dessen drastische Ausdrücke. Schuchardt beschränkte sich in seinem Essay darauf, einige Sonette in Prosaübersetzung wiederzugeben. So hielt es auch der große Romanist Karl Vossler in seinem ersten Aufsatz über Belli[7].

Inzwischen hatte Paul Heyse eine erste Auswahl von Belli-Sonetten ins Deutsche übertragen und veröffentlicht[8]. Vossler verweist darauf und schreibt, Belli habe »eine gewandte und treue Nachdichtung erfahren von Paul Heyse, der 59 Sonette Bellis übersetzt« habe[9]. Sogar ein so vollendeter Meister in der Übersetzungskunst wie Heyse, sagt Vossler weiter, habe hinter der Kraft und der Lebhaftigkeit des römischen Dialekts zurückbleiben müssen.

Über Heyses Umgang mit der Umgangssprache wird noch an anderer Stelle zu reden sein. Er hat sich jedenfalls streng an die Sonettform gehalten, seine Reimordnung ist kunstvoll und – den Worten nach – originalgetreu gefaßt.

Später wagte sich Albert Zacher, lange Jahre römischer Korrespondent der »Frankfurter Zeitung«, an eine Übertragung Bellischer Sonette ins Deutsche[10]. Er meinte allerdings, »außerhalb Roms [sei] die Sonettform zu feierlich, um humoristische Wirkung aufkommen zu lassen«. Solcher Wirkung zuliebe kam Zacher dem Original nicht eben nahe. Einige seiner Versuche sind, wie auch die von Heyse, an anderer Stelle wiedergegeben.

Vor Zacher hatte sich übrigens auch Josef Schuhmann auf eine Prosawiedergabe beschränkt[11].

Seit 1900 etwa ist Bellis Name und Werk – nur ganz kurz – in deutschen Enzyklopädien vermerkt. Deutsche Rom-Bücher

---

7 »Neue Heidelberger Jahrbücher«, 1898

8 s. Fußnoten 3 und 9

9 Heyse hat insgesamt 63 Sonette ins Deutsche übertragen. Sie erschienen in Maximilian Hardens »Die Zukunft«, Berlin, 1894, ferner in »Italienische Dichter seit der Mitte des 18. Jahrhunderts«, Berlin 1889

10 »Narrenspiegel der ewigen Stadt«, Leipzig 1906

11 »Academische Monatshefte«, München 1889

erwähnen ihn gelegentlich. Hans von Hülsen schreibt vom »Romanesco, das wir aus Bellis unsterblichen Sonetten kennen«.[12]

Deutsche Belli-Übersetzungen aus jüngerer Zeit sind nicht bekannt, abgesehen von zwei Sonetten, die Toni Kienlechner übertragen hat[13].

Erste Belli-Übersetzung in eine fremde Sprache überhaupt war die von Paul Heyse. Dessen erste dreißig Sonette in Deutsch erschienen 1878 in der »Deutschen Rundschau«. Zwei Jahre später folgten vier Sonette in englischer Sprache, übersetzt von Frances Eleanor Trollope (»Belgravia«, London 1880, veröffentlicht 1871 in »The homes and haunts of Italian poets«, London, 2. Band).

Von Übersetzungen einzelner Sonette in andere Sprachen soll hier nicht die Rede sein. Beachtung fand die Arbeit des amerikanischen Dichters Harold Norse, der sechsundzwanzig Sonette im New Yorker Dialekt übersetzt hat (»The Hudson Review«, Spring, 1956).

Francis Darbousset hat etwa 100 Sonette ins Französische übertragen.

Der englische Dichter Anthony Burgess hat 74 Sonette Bellis ins Englische übertragen, und dabei 71 mit biblischen Themen ausgesucht. Solch einseitige Auswahl wird Belli nicht gerecht, im Gegenteil, sie verfälscht sein Werk. Respekt vor diesem Werk läßt Burgess überhaupt vermissen.

In der novellenhaften Fantasie »ABBA ABBA« läßt er seinen Helden John Keats, der am 23.2.1821 in Rom starb, vor seinem Tod davon träumen, sein geplantes Rom-Poem ganz in Sonetten zu schreiben. So wird Belli – immer nach Burgess! – erst die Idee zu seiner römischen Komödie kommen.

Burgess charakterisiert Belli als einen wüsten Aufrührer. In der im Telegrammstil gehaltenen Biographie heißt es gar:

12 »Rom«, Olten und Freiburg i. B., 1959

13 »7mal Rom«, München 1970

»Belli wurde Zensor und verfaßte 2279 Sonette ... davon die meisten vulgär und obszön, viele blasphemisch.« So nachzulesen auf der Seite 86!

Die Sonette läßt Burgess – aus mangelndem Mut? – von einem imaginären Mr. Wilson übersetzen.

Es gibt auch 43 ins Holländische – und zwar in Amsterdamer Platt – übertragene Sonette. Adrianus Hendrik Luidjens bringt dazu Bellis Originalfassungen. (»Sonnetten van Giuseppe Gioachino Belli«, Rotterdam 1978)

Außer Luidjens haben weder Heyse und Zacher noch die ausländischen Übersetzer ihren Übertragungen die Originale Bellis gegenübergestellt, fast überall fehlen die Originaltitel, Bellis Daten und – das betrifft die nach 1952 erschienenen Übersetzungen – die Nummern der Mondadori- bzw. Feltrinelli-Ausgaben. Diese Nummern, noch in der Heimeran-Ausgabe des H. angegeben, sind hier der Einfachheit halber weggelassen; Originaltitel und Bellis Datumsangaben erlauben es, die Originale in den genannten italienischen Ausgaben leicht aufzufinden.

Die wenigen vorliegenden deutschen Übersetzungen haben den Herausgeber ermutigt, einen neuen Versuch mit neuen Mitteln zu machen. Der Verwirklichung sind viele Gespräche mit italienischen Belli-Forschern und eingehendes Quellenstudium vorausgegangen. Immer wieder stellte sich die Frage, ob Belli überhaupt zu übersetzen ist, und wenn ja, in was für eine Art Deutsch.

Toni Kienlechner schreibt 1970 in ihrem Buch, »der Versuch, Bellis sprachliche Meisterschaft in der Übersetzung wiederzugeben, bleibt vergebliche Liebesmüh«.

Albert Zacher schilderte 1906 seine Überlegungen so: »Dabei bin ich mir bewußt, dass auch auf mich das alte Wort passt: ›Traduttore ... Traditore‹[14]; denn, um Belli dem deutschen Verständnisse näherzubringen, müsste man ihn in einem deutschen Dialekt kommen lassen. Aber in welchem? Im Berliner?

14 Übersetzer... Verräter

Nein, der ist zu protestantisch. Am nächsten läge noch der kölnische, um so mehr, da die Bewohner des ›deutschen Roms‹ in Art, Charakter, Witz und Humor viel Ähnlichkeit mit denen des italienischen zeigen.«

Zacher ist beim Hochdeutschen geblieben. Vossler gab – respektvoll – ausgewählte Sonette lieber im Original wieder. Schuchardt schrieb, die Form Bellischer Darstellung des Römers, »wie er leibt und lebt«, trage »allerdings dazu bei, die Übertragung der Sonette zu erschweren; viele der römischsten sind geradezu unübersetzbar«.

Paul Heyse stellt seinen Übertragungen diese Bedenken voran: »Wenn ich ferner gestehe, daß auch die gereimten Nachdichtungen, die ich im Folgenden mittheile, etwas Unmögliches zu leisten unternommen haben, da von der populären Frische und Eigenart, der ganz einzigen Unmittelbarkeit und Schlagfertigkeit dieser Dialekt-Dichtungen in einer hochdeutschen Nachbildung oft gerade das ›Anzüglichste‹ verloren gehen muß, so scheint es ein ziemlich hoffnungsloses Bemühen, Belli in Deutschland bekannt zu machen, bis die Verbrüderung der beiden Nationen etwas mehr geworden ist, als ein frommer politischer Wunsch, und die fremde Brudersprache unserem Ohre fast so vertraut klingt, wie ihre gallische Schwester.«

Heyses Hoffnung – die Bemerkung drängt sich auf – hat sich bis heute nicht erfüllt. Trotz Massentourismus, der Massen von »Gastarbeitern«, trotz all der Massenmedien und der Bemühungen um ein vereinigtes Europa bilden die Sprachen für die Massen immer noch unüberwundene Barrieren. Nichts hat die alten Mißverständnisse und Vorurteile, nichts die Spannung zwischen den Mentalitäten abbauen können. Das gilt ganz allgemein, und es gilt besonders für das deutsch-italienische Verhältnis. Wo hier Deutsch und dort Italienisch fremde Sprachen geblieben sind, wie soll da jemals dieses römische Italienisch, das Romanesco, breites Verständnis finden? Selbst in Italien ist Belli heute nur wenigen zugänglich, viele verstehen seine Sprache nicht. Oft beschränkt man sich darauf, seine »parolacce« herauszupicken und hinter vorgehaltener Hand zu zitieren: Kraftausdrücke und zotige Redensarten; der Zusammenhang interessiert dann kaum noch.

Der Herausgeber hat versucht, Bellis römische Sonette so ins Deutsche zu übertragen, daß wenigstens ein Abglanz des Originals und dessen Sprach- und Darstellungskraft spürbar wird. Er hatte dabei eine bessere Ausgangsposition als seine Vorgänger um das Jahr 1900. Eine deutsche Alltagssprache stand zur Verfügung, die lange Zeit von Literatur und Philologie überhört oder abgelehnt wurde, soweit sie überhaupt schon außerhalb der Dialektbereiche existierte: das Umgangsdeutsch[15]. Wolf Friedrich[16] definierte es so: »Umgangssprache umfaßt nicht etwa nur die familiäre Sprache der Gebildeten, sondern alles, was wir im Englischen und Romanischen als Slang oder Argot kennen bis hin zum Vulgären oder Obszönen.« Diese Sprache ist nicht zuletzt Ergebnis einer Einebnung von Hochsprache und landschaftlich gebundenen Sprechweisen, gewachsen durch Reisen, Zeitungen, Zeitschriften, Funk und Fernsehen. Umgangsdeutsch kann, sogar mundartlich gefärbt, überall verstanden werden, wo Deutsch gesprochen wird, von Stuttgart bis Wien, von Flensburg bis Zürich. Hätte der Herausgeber einen deutschen Dialekt wählen wollen, ihm wäre, im Gegensatz zu Albert Zacher, die Sprache der Berliner vom Wedding dem Romanesco und seinem unehrerbietigen, kritischen Witz am nächsten gewesen. Nicht von ungefähr hat

15 Karl Kraus lehnte noch unerbittlich ab: »Umgangssprache entsteht, wenn sie mit der Sprache nur so umgehn; wenn sie sie wie das Gesetz umgehen; wie den Feind umgehen; wenn sie umgehend antworten, ohne gefragt zu sein. Ich möchte mit ihr nicht Umgang haben; ich möchte von ihr Umgang nehmen; die mir tags wie ein Rad im Kopf umgeht; und nachts als Gespenst umgeht.« (Magie der Sprache, 1974).

16 in »Idioma«, Internationale Zeitschrift für moderne Sprachen, anläßlich des Erscheinens von Heinz Küppers' »Wörterbuch der deutschen Umgangssprache«, Hamburg 1963.

der amerikanische Dichter Harold Norse 26 Belli-Sonette in den Dialekt New Yorks übertragen[17]. Scharfer Witz blüht am schönsten in Großstädten. Rom war zwar zu Bellis Zeiten eher Provinz, doch immerhin Hauptstadt des Kirchenstaats, Sitz des Papstes.

Nach der Entscheidung des Übersetzers zugunsten der deutschen Umgangssprache waren die Grenzen für ihn klar umrissen. Die Sonettform mußte unangetastet bleiben. Was Vossler über das Romanesco gesagt hatte, galt entsprechend: auch unsere Umgangssprache ist ein Deutsch »mit beschränkten sprachlichen Mitteln«; sie bietet keine Synonyme aus der »gehobenen« Sprachwelt als Hilfsmittel; sie erlaubt keine kunstvollen Wendungen zugunsten einer bequemeren Einpassung in Silbenzahl und Reimordnung. Alle Sonette Bellis sind zudem – von wenigen Monologen abgesehen – Einleitungen zu einem Gespräch, Antworten oder Ausschnitte aus einem Zwiegespräch. Im Deutschen mußte also gesprochen werden, wie einfache, von Bildungsballast ungehemmte Männer, Frauen und Kinder sich unterhalten, die nicht im Dialekt reden und die auch freiweg zu Gebildeteren sprechen, wie ihnen der Schnabel gewachsen ist.

Alle Vorübersetzer haben es – in Reim wie in Prosa – vermieden, den drastischen Belli und die obszönen Reden seiner Figuren wiederzugeben. Sie haben allenfalls vorsichtig Andeutungen davon gemacht. Viele meinten sogar, sich davon distanzieren zu müssen.[18] Josef Schuhmann warnte[19]: »Wer derbe Ausdrücke scheut, lese keinen römischen Dialektdichter. Auch wenn die behandelten Gegenstände ganz sauber sind, ist man keinen Augenblick sicher vor Redensarten, die nicht in den

17 s. S. 273.

18 s. dazu die Anmerkungen zu den Sonetten »Gründonnerstag« und »Die ehrliche Hure« mit den Anmerkungen Karl Vosslers.

19 s. Fußnote 11

Salon passen. Namentlich ein Ausruf, der im Deutschen nicht übersetzbar ist, findet sich allzuhäufig.«[20]

Schuhmann schließt immerhin anerkennend: »Einzelne der Sonette sind übrigens so anständig in jeder Weise, daß wir sie mehrmals in gut bürgerlicher römischer Gesellschaft im Beisein von Damen und von Damen selbst haben recitieren hören.«

Der Herausgeber meint, daß die Damen unserer Tage weniger empfindlich und auch sprachlich emanzipiert sind. Er hat jedenfalls keine Rücksicht auf sie genommen und versucht, Belli nahe zu bleiben, wo immer er Ausdrücke gebraucht, die zu allen Zeiten die Sprache gewürzt haben, und nicht nur die der Trasteveriner.

Paul Heyse hat kein einziges der – sagen wir – heiklen Sonette übertragen. Er kannte 1878 an die 800, mehr waren noch nicht veröffentlicht. Auch darunter waren schon viele scharf gepfefferte, wie er selbst gesteht[21]. Heyse gab sich aber durchaus nicht prüde, er war sogar objektiv genug, Belli ein hohes Lob zu erteilen, das um so höher zu werten ist, da es von einem Dichterkollegen kommt: »[Belli] hat selbst geäußert, daß es sein eifrigstes Bemühen gewesen sei, in seinen Sonetten das Volk genau so sprechen zu lassen, wie ihm der Schnabel gewachsen sei, ohne Inversionen, poetische Licenzen und syntaktische Feinheiten der Schriftsprache. Er habe sich stets nur an die Grammatik des *Gebrauchs* gehalten und darauf geachtet, daß der Rythmus wie etwas ganz Zufälliges den freien Fluß der Sätze begleite. Um so bewunderungswürdiger erscheint der dichterische Tact, der darüber gewacht hat, daß diese Freiheit nie in saloppe Zügellosigkeit ausarten durfte; daß diese gleichsam herausgeschleuderten, im bequemsten

20 Gemeint ist das Wort »cazzo«, einer der – in Italien überzahlreichen – Bezeichnungen des männlichen Glieds. Als Ausruf wird es gebraucht, um Sachen oder Personen verächtlich zu machen. Im Deutschen entsprechen dem Ausruf Verbindungen mit »Scheiß –«

21 Heyse hatte zuerst die Salviucci-Ausgabe von 1865/66 kennengelernt, in der Kraftwörter fehlten.

parlando aneinandergereihten Sätze dennoch nirgend des Maßes und Klanges entbehren und zum echten Gedicht sich zusammenfügen. Nirgend ein leeres Füll- und Flickwort, nirgend ein Zugeständniß an den Reim oder ein Wechsel der Tonart innerhalb des selben Gedichtes. Unter diesen zweitausend Sonetten[22] sind natürlich viele von geringerem Werth und Gestalt, je nach dem Thema, das sie behandeln, oder nach der Stimmung, der sie entsprungen. Einer Strophe dagegen, die unsicher im Stil oder matt im sprachlichen Ausdruck wäre, kann ich mich unter allen mir zugänglich gewesenen nicht entsinnen.«

Heyse gibt damit Meßwerte, die noch heute für die kritische Beurteilung eines Versuchs der Übertragung solcher Sprache in eine andere Gültigkeit haben. Übrigens hat Luigi Morandi (s. Seite 316 f.) in einem Brief an Paul Heyse (am 17. 2. 1910, zu dessen 80. Geburtstag) hervorgehoben, auch Theodor Mommsen sei ein »großer Bewunderer« Bellis gewesen und habe viele Sonette auswenig gekannt; Mommsens »reizendes Töchterchen« habe bei Gesellschaften gern Belli-Sonette vorgelesen.

Belli hat, seiner Bildung und seinen literarischen Idealen und Ambitionen sowie der Mode seiner Zeit treu, vorwiegend Sonette des klassischen Petrarca-Typs geschrieben. So hielt er es auch in seinem Dialekt-Werk.[23]

In der vorliegenden Übertragung ist die strenge Form oft gelockert. Immer ist aber, in jeder Zeile, der fünffüßige Vers eingehalten. Die deutschen Zeilen wechseln jedoch in Zehn-

---

22 Heyse kannte 1889 die 1886–89 erschienenen 1335 Sonette, herausgegeben vom Morandi-Lapi, wahrscheinlich selbst noch nicht.

23 Beim Petrarca-Typ enden die Viererreime, die Quartette, die beide zusammen den Oktavreim bilden, abba/abba oder auch abab/abab. Dem folgt Belli, doch reimt er auch abba/baab. Die zwei Dreierreime am Schluß, die Terzette, haben bei Petrarca – als Sextett zusammengenommen – diese Ordnungen: cdc/dcd oder – anders als bei Petrarca – cdc/ede. Belli hält dabei, wie sein Vorbild, die Zeile durchweg in elf Silben und im fünffüßigen Jambus. (Goethe hat sich z. B. in seinen Sonetten nur an eine Petrarca-Form gehalten und reimt immer abba/abba – cde/cde.)

und Elfsilblern ab. Die deutsche Sprache endet eben nicht, wie die italienische, vorwiegend in Vokalen oder vokalischen Klängen, die im Bellischen Reim, ganz natürlich und selbstlautend, die zehnte und elfte Silbe bilden.

Die meisten Wörter enden im Italienischen mit einem der fünf Vokale. Die Kombination der Endsilbe mit einem dieser fünf Selbstlaute der zehnten Silbe und mit dem verbindenden Konsonanten (Mitlaut) in der elften Silbe sind einigermaßen übersehbar. Die Endungen der deutschen Sprache sind, vergleichsweise, vielfältiger und uneinheitlicher.[24]

Es wurde, weniger korrekt als bei Heyse und mit Rücksicht auf die Endungsvielfalt deutscher Wörter, in den Quartetten und Terzinen auch die Reimordnung gelockert, allerdings vorwiegend im Oktavreim.[25]

Erschwert war die Arbeit durch die wie oben dargelegt qualitativ beschränkten sprachlichen Mittel, durch die – relative – Wortarmut also. Zwar bietet auch das Umgangsdeutsche sehr viele – sagen wir – niedere Synonyme an. In der Übertragung sind aber – gelegentlich vielleicht zum Schaden der Reimbehandlung – keine ausgefallenen Ersatzwörter und Ausdrucksformen verwendet. Diese deutsche Fassung soll weitgehend allgemeinverständlich sein. Nicht immer sind also die Reime so rein wie die Bellis. Gottfried August Bürger, der von Reimen »Richtigkeit, Wohlklang und Harmonie« forderte, meinte, sie sollten »von einem hochdeutschen Ohr, nach echt hochdeutscher Aussprache, nicht aber von dem Auge oder nach einer anderen als hochdeutschen Aussprache beurteilt« werden. Doch vielleicht hätte ja Bürger, lebte er heute, auch

24 Klangvolle vokalische Endgruppen sind im Deutschen selten. Die Endungen sind gemischt und entweder kurz, also »männlich« (Hand – Land), oder »weiblich« (gehen – stehen, Reise – Weise). Das gleiche gilt beispielsweise auch für die englische Sprache. Das Shakespeare-Sonett steigt denn auch in einer stetigen Mischung von zehn- und elfsilbigen Zeilen auf.

25 Die Quartette enden in der Übertragung in zwei Variationen, nämlich entweder abba/cddc oder abab/cdcd. Nur gelegentlich kommen, wie im Original, die Reime abba/abba oder abab/abab. Die Terzettenreimordnung ist vorwiegend efe/gfg oder, seltener, efe/fef, wie auch Belli die Reime ordnet.

das Umgangsdeutsch gebilligt, da er sogar empfahl, »wenigstens verzeihliche Reime« zuzulassen.

Der Herausgeber hat bei der Wiedergabe der im Romanesco geschriebenen Sonette oder Verszeilen nicht die rein phonetisch ausgerichtete Schreibweise Vigolos übernommen, die besonders vollmundige romaneske Töne so wiederzugeben sucht, wie das auch Belli selbst vielfach tat, vielfach, doch längst nicht immer. Oft schreibt Belli Konsonanten, meist am Anfang eines Worts, doppelt, und man liest »bbello«, »nnotte«, »mmamma« oder »ggiorno«, aber auch »fijji« für figli, »zole« für sole, »scerto« für certo, um nur einige Beispiele zu nennen. Aber Belli hat diese Schreibweise, die ja nicht existierte und die er eigens erfand, nicht einheitlich gebraucht. So findet man »cquattro« neben quattro oder »ppeso« neben peso. Vigolo hat sich damals etwas willkürlich für die phonetisch vollmundigere Schreibweise entschieden und doppelte Konsonanten sogar da verwendet, wo Belli selbst sie einfach schreibt. Das aber erschwerte schon einem Römer das Lesen der römischen Sonette. Roberto Vighi hat das Verdienst, sich für die einfachere Schreibweise eingesetzt zu haben. Er selbst hat die hier im Original wiedergegebenen Sonette so vereinfacht, wie Belli es oft tat, wenn er Freunden Verse oder Prosa im Romanesco schickte. So kann auch der Leser, der ein wenig Italienisch versteht, dem Original näherkommen, ohne sich im Gewirr von Konsonanten zu verfangen, die, wie Vighi und auch Carlo Muscetta richtig erkannten, sogar italienische Leser davon abgeschreckt haben, Belli zu lesen.

Belli selbst hat seine Sonette reichlich mit erläuternden Fußnoten versehen, um Ausdrücke des Romanesco zu erklären oder Namen, Zusammenhänge u.a. Sie finden sich auch – in erweitertem Umfange – in allen älteren und neueren italienischen Ausgaben. Der Herausgeber hat diese Anmerkungen zum Teil beibehalten, zu einem erheblichen noch vermehrt.

Viel Böses ist zu lesen, Lautes zu hören, auch manch schriller Ton. Das Gute, vor allem die Guten, kommen dabei viel zu kurz. Sie werden stumme, vielleicht stöhnende Zeugen der Skandale, Auftritte und Histörchen dieses Buchs. Belli steht als der eine Bürger für viele, als der Sprecher der zahllosen Zeitgenossen seines Schlages vor ihm, um ihn und nach ihm, für alle jene also, die nicht von sich reden machen, die nur dulden, die Faust ballen, schweigen und trotz allem, was sie bedrängt, nicht aus ihrer Bahn laufen. Wir dankten es ihnen schlecht, wenn wir nicht von ihnen sprächen, nur weil sie in keiner Zeitungsmeldung, in keinem Polizeibericht, in keiner Prozeßakte erwähnt sind und erst recht nicht in der Skandalchronik. Einige von ihnen läßt auch Belli zu Wort kommen, einige Male ist es der Dichter selbst, den wir aus dieser und jener Figur seines Dramas heraushören: er und seinesgleichen verraten sich durch die gedämpften Töne und durch Gedanken, die nur die Weisen und Leisen kennen, Gedanken, die manchmal ungewandt ausgedrückt werden, aber aus ehrlichem Herzen kommen. Und all das »Negative«, das in diesem Buch zusammengekommen ist, mag deutlich machen, was die Stillen haben erleiden müssen. Ihnen, diesem Teil des Volks von Rom, glaube ich, hat Belli sein Denkmal setzen wollen.

Dem Herausgeber lag daran, Belli Zeugen an die Seite zu stellen, die seine Aussage und die seiner Römer erhärten sollen, damit glaubhaft wird, was manchen unglaublich erscheinen mag. Die Zeugen haben fast alle zu Lebzeiten Bellis dessen Rom miterlebt. Viele Berichte sind in der damals üblichen Rechtschreibung wiedergegeben. Nicht alle Zeugen sind zuverlässig. So ist etwa ein Stendhal nicht immer lupenrein. Schon v. Kölle warnte 1833 davor, ihm alles abzunehmen, denn Stendhal hat niedergeschrieben, was er zehn Jahre und länger zuvor gesehen oder gehört hatte, er schmückte es noch aus, in den ersten Jahren aus Unverständnis, später aus Liebe zu seinem Italien und – nicht zuletzt – der Zensur zu Gefallen.

Die Tatsachen aber, von denen er ausgeht, sind durchweg nicht erfunden: Belli und viele der Zeugen bestätigen es. Der Zensur zuliebe schrieb sogar nicht eben selten der – immer anonyme – Berichterstatter der Augsburger Allgemeinen Zeitung (AZ),[26] denn der schrieb für das Bayern seiner Tage, wo man nicht eben liberal war. Der Zensur hat sich am Ende Belli selber verschrieben. Belli und seine Römer reden einmal klar, ein andermal verschlüsselt, die einen aufrichtig, die anderen verlogen ... objektiv ist wohl keiner, übrigens auch der Herausgeber nicht. Hätte er sich streng um Objektivität bemüht, es wäre ein ganz anderes Buch herausgekommen. Doch dem Geist des Bellischen Dramas hätte es dann vermutlich nicht entsprochen.

Es lag nahe, Belli Zeichnungen des Bartolomeo Pinelli (1781 bis 1835) beizugeben. Er war Römer, Trasteveriner sogar, gut mit Belli bekannt, aber nicht Bürger, wie dieser, sondern ewiger Bohemien. Sein Vater war Steinmetz, eine Zeitlang machte er für die Fremden Gipsfiguren, die Familie lebte ärmlich. Pinelli hatte als »Malbube« angefangen: er ging den ausländischen Malern zur Hand, besorgte ihr Gerät und holte ihnen wohl auch Wein und Imbiß. Die Fremden interessierten sich weniger für die Römer als für das klassische Rom und seine pittoresken Motive, manchen war es nur recht, wenn ihnen der Malbube die Figuren in ihre Veduten einzeichnete und sie so belebte. Einer seiner Meister war Franz Kaisermann aus dem schweizerischen Yverdon (1766–1833), der seine Aquarelle vorwiegend an Roms Fremde verkaufte, und das mit einer Geschäftstüchtigkeit, die bei den Zeitgenossen weniger umstritten war als seine Kunst; einer der wenigen, die ihn als Landschaftsmaler bewunderten, war Friedr. von Schlegel. Kaisermann lebte 36 Jahre in Rom, er hat Pinelli in mancher Richtung beeinflußt, nur geschäftstüchtig ist sein Schüler nie geworden. Da er begabt war, nahm ihn die damals hochange-

26 Noack nennt einige Namen römischer Korrespondenten der AZ und anderer deutscher Zeitungen (Bd. I, S. 433/4)

sehene Akademie S. Luca auf, der auch viele der etwa zweihundert deutschen, in Rom lebenden Künstler angehörten, wie J. F. Overbeck und Peter Cornelius, die beide Pinelli kannten. Der aber gehörte schon nicht mehr zu ihrem Kreise, er lungerte in Kneipen beim einfachen Volk, seine Werkchen verkaufte er an Andenkenläden und die Fremden, seine Motive waren meist die damals gängigen Ansichten der Stadt, Postkartenersatz. Seine Begabung, die Belli erkannt hat, vergaß er darüber, Geldverdienen war ihm wichtiger, nicht zuletzt das Saufen in den Kneipen, wo er sich auch die Leberzirrhose antrank, an der er starb. Mehrfach hat Belli ihn in Briefen und Sonetten erwähnt. Bei seinem Tod schrieb er das Sonett »La morte der Sor Meo« und bescheinigte ihm darin, ohne Bosheit, in freundschaftlicher Trauer, daß der Signor Bartolomeo den schweren Rausch nicht überlebte, den er sich, wie jeden Tag, auch am Abend vorher angetrunken hatte. Der Amerikaner Samuel Morse (Erfinder der Morsezeichen) hat davon berichtet, wie er in Rom und hier in der »Osteria del Gabbione« gelegentlich Belli und Pinelli getroffen habe; in ihrer Gesellschaft habe er auch den englischen Bildhauer John Gibson (ein Schüler Thorwaldsens) und den französischen Maler Horace Vernet gesehen.

Pinelli hat Rom und die Römer nie kritisch gezeichnet, am besten ist er, wo er die einfachen Leute nur skizzenhaft erfaßt. Er wird schwer erträglich, wo er dem schlechten Geschmack seiner Käufer Rechnung trägt, ein pompöses Rom zeigt, dessen Menschen sogar in antike Gewänder hüllt, also ein Rom darstellt, wie viele der Fremden es sehen wollten.

Die für dieses Buch getroffene Auswahl wird dem wahren Bild des Bellischen Rom einigermaßen gerecht. Um jene Tage noch besser zu illustrieren, sind auch einige Aquarelle des Sohnes, Achille Pinelli, und des Pariser Malers Antoine Jean-Baptiste Thomas (1791–1834) eingefügt. Thomas war eine Zeitlang Stipendiat der französischen Akademie Villa Medici. Ein Teil seiner alle auf das Jahr 1817 datierten 142 römischen

Aquarelle erschien 1823 bei Firmin Didot in Paris unter dem Titel »Un an à Rome et dans ses environs«. Viele der Bilder befinden sich heute im Museo di Roma.

Einige Fotografien stammen aus den letzten Lebensjahren Bellis, der Frühzeit des Lichtbildes, andere, spätere geben Szenerie und Ereignisse ziemlich genau so wieder, wie sie sich zu Lebzeiten des Dichters darstellten.

Der Herausgeber hat Vielen dafür zu danken, daß dieses Buch entstehen konnte. Besonderen Dank schuldet er den Freunden Roberto Vighi, Muzio Mazzocchi Alemanni, Carlo Muscetta und Gianni Bonagura, die ihm ihre Zeit geopfert haben, nicht zuletzt auch den Helferinnen und Helfern in Münchens Staats- und Universitätsbibliothek, in Roms Deutscher Bibliothek und in der Hertziana, in der National-Bibliothek wie in der Angelica und in allen anderen Bibliotheken und Archiven, die er bemüht hat.

## SONETTE IN DER ÜBERTRAGUNG ANDERER AUTOREN

### DER TAG DES GERICHTS

*Paul Heyses Fassung*

Vier Riesenengel werden mit Trompeten
Nach den vier Winden Alles allarmiren
Und dann ein mächtiges Geschrei vollführen:
Heraus ihr Schläfer all' aus euren Betten!

Dann kriecht ein groß Gewimmel von Skeletten
Rings aus der Erde vor auf allen Vieren,
Die neu mit Fleisch und Bein sich ausstaffieren
Und dann wie Küchlein sich zur Glucke retten.

Und diese Glucke wird Gottvater sein,
Der scheidet Schwarz' und Weiße; Jene werden
Ins Kellerloch und Die aufs Dach gebracht.

Zuletzt kommt noch ein Engelsschwarm herein,
Der löscht, wie sonst vorm Schlafengehn auf Erden,
Rasch alle Lichter aus – und Gute Nacht.

*Albert Zachers Fassung*

Majestätisch mit der Drommete am Munde
Stellen vier Engel sich in die Runde.
Sie blasen und rufen mit lauter Stimme:
»Heraus, wen's trifft, bei unserem Grimme!«

Dann kriechen nach der Art der Tiere
Die Skelette her auf allen Vieren,
Gedrängt wie Küchlein auf der Tenne,
Die Schutz gesucht bei ihrer Henne,

Diese Henne ist aber der Herr, der weise,
Die Küchlein teilt er in schwarze und weiße,
Aufs Dach dann die Engel die weißen hissen,
Die schwarzen werden in Keller geschmissen.

Dann kommen die Engel in großem Gewimmel.
Erst löschen sie alle Lichter am Himmel,
Drauf lassen sie noch den Vorhang herunter
Und gehen zu Bette froh und munter.

## EIN HUNDELEBEN

*Paul Heyses Fassung*

Wie? Nichts zu thun? der Papst hat Nichts zu thun?
Schandmäuler ihr! Ha, Nichts zu thun! Ich dächte!
Wenn euch nur so der Henker holen möchte,
Wie er sich Tag und Nacht nicht gönnt zu ruhn.

Wer soll dann mit Gottvater sprechen? Nun?
Wer absolviert die armen Sündenknechte?
Wer segnet denn Gerecht' und Ungerechte
Vom Wagen aus? Wer zählt in seinen Truh'n

Das Geld und spendet Ablaß scheffelweis?
Wer hilft ihm denn die Cardinäle machen?
Und Zöll' und Steuern, – muß er sie nicht schärfen?

Und muß er täglich nicht in saurem Schweiß
Die tausend Bittgesuch' und Armensachen
Zerreißen und in den Papierkorb werfen?

*Albert Zachers Fassung*

Unser Papst sei beneidet;
Denn er ist ein Mann von Geist
Und von großer Herzlichkeit.

Jeder weiß, wie er sich müht.
Hat er nicht den Gang gebaut,
Der vom Schloß zum Engel zieht?

Ist das nichts, du frecher Wicht?
Wenn's ihn gruselt, weiß er doch,
Wo zur Rettung hin er flieht.

Außerdem ruht er oft aus,
Ißt und trinkt gut und dazu
Fährt er viel im Wagen aus.

Täglich füllt er auch aufs neu
Den Papierkorb bis zum Rand
Mit Suppliken pflichtgetreu.

Und dann wollt ihr – wie gemein! –
Sagen, daß er faul sei, – ei,
Kann ein Dienstmann fleißiger sein?

## DIE WÜSTE

*Paul Heyses Fassung*

Bei Gott, Madonna und den Heil'gen – nein!
Nie werd' ich wieder Canna holen gehen.
Das Ärgste lass' ich lieber mir geschehen,
Ich will mit Haut und Haar des Teufels sein!

Kein Baum zehn Miglien weit ins Land hinein,
Kaum irgendwo ein Brocken Fels zu sehen.
So todtenstill – man hört den Äther wehen;
Kein Mensch antwortet, fängst du an zu schrei'n.

Wohin du schaust – nur Eb'ne, kahl und offen,
Als wär' der Hobel drüber hingefegt,
Nicht Haus noch Hütte – mir ward schlimm zu Muthe.

Das Einz'ge, was ich unterwegs getroffen,
War nur ein Karren, überquer gelegt,
Und drin der Kärrner todt in seinem Blute.

## DAS LEBEN DES MANNES

*Toni Kienlechners Fassung*

Neun Monat' im Gestank; dann Wickelkind
Mit Schmätzen, Schmatzen und Geheule
Am Gängelband, im Laufstall: jede Beule
Mit Polsterkäppchen abgeschirmt vom Grind.

In Hosen dann, beginnt das Schul-Gefrett,
Das ABC, Frostbeulen und die Tatzen,
Die Röteln, Durchfall bis zum Platzen,
Ein wenig Scharlach, Pocken und ins Bett.

Das Handwerk dann, das Fasten und das Placken,
Die Miete, das Gefängnis, die Regierung,
Spital, und Schulden, Liebeszwacken –

Im Sommer Hitze, Schnee im Winter alle Jahre.
Zu guter Letzt, mit Gottes Segen –
Der Tod – magst nun gar zur Hölle fahren!

## S.P.Q.R.

*Paul Heyses Fassung*

Die S.P.Q. und R., die so erhaben
Fast über jeglichem Palastthor stehn,
Sind vier nur ganz gewöhnliche Buchstaben,
An denen nichts Besonderes sonst zu sehn.

Doch ich entsinne mich, als man uns Knaben
Das Lesen beigebracht mit Ach und Weh'n,
Die vier beisammen schon gesehn zu haben
Im Abecebuch, ohn' es zu verstehn.

Und eines Tages, da der Bock mich stieß,
Thät ich den Lehrer, Don Fulgenzio fragen,
Warum die Lettern überall vorhanden.

Wißt ihr, was er darauf mich hören ließ?
Die vier Buchstaben, Dummkopf, wollen sagen:
Soli preti qui regneno! Verstanden?

*Albert Zachers Fassung*

Ich war ein kleiner Bursche
Und lernte mit vielem Weh.
Weil ich geprügelt wurde,
Das dumme ABC.

Und weil an allen Palästen
Ich las: S.P.Q.R.,
Und nimmer kunnt' ergründen,
Was eigentlich das wär' –

Fragt' eines Tags den Pater
Fulgenzo ich: »Mein Herr,
Könnt Ihr mir denn nicht sagen,
Was ist: S.P.Q.R.?«

»Soli Petri qui regnano.«*
Hat er darauf gesagt,
Und da das wahr ist habe
Ich weiter nicht gefragt.

## ERZIEHUNG

*Albert Zachers Fassung*

Punktum eins! Spar' mir die Schande,
Daß die Freunde, daß die Vettern –
Denn das ist die schlimmste Bande –
Je aufs Kapitol dir klettern.

* Zacher sagt Petri, also Petrusse, und nicht preti = Priester

Denk' ad zwei, die Zeit ist teuer,
Naht sich drum mit weisen Lehren
Dir ein simpler Biedermaier,
Heiß' ihn, sich zum Teufel scheren.

Gibt ad drei dir wer beim Tanze
Eine Kopfnuß, mbé, dann schreie
Nicht erbärmlich, sondern pflanze
Redlich ihm dafür gleich zweie.

Spielen viertens andre Kegel,
Nütze den Moment und saufe
Ihren Wein auf, beste Regel
Sei dies deinem Lebenslaufe.

Schließlich: Rosenkranz in Hose!
Das ist christlich und das ehrt dich.
Doch daneben, aber lose,
Trag den Dolch, denn der bewehrt dich.

*Toni Kienlechners Fassung*

Hör zu, mein Sohn, und folg des Vaters Rat!
Paß auf, daß keiner dich bescheißt!
Hat einer dich geohrfeigt? Eh du schreist
Hau ihm gleich zwei und hau ihn platt!

Und wenn ein anderer Schweinehund
Gar glaubt, er hab dich was zu lehren,
Sag ihm, er soll den eigenen Dreck aufkehren,
Gefälligst halt er seinen Mund!

Würfelt oder spielt ihr um den Becher,
Dann sauf ihn selber aus, mein Sohn!
Der andere braucht nichts (der ist schwächer).

Doch christlich sein ist gut (und lohnt sich besser);
Drum trag zwei Dinge stets im Hosensack:
Den Rosenkranz und das geschliffne Messer.

# DER DICHTER, SEIN LEBEN UND SEIN WERK

Giuseppe Gioacchino Belli wurde am 7. September 1791 in Rom geboren. Der Vater Gaudenzio, damals 29, war Buchhalter im Verwaltungsdienst des Kirchenstaates, also päpstlicher Beamter. Die Mutter Luigia Mazio war 19. Sie hatte Gaudenzio 1790 geheiratet. Dessen Vorfahren waren zumeist Buchhalter oder Juristen, die der Luigia vorwiegend Kaufleute im Bankfach. Giuseppe Mazio, Luigias Bruder, war wohlhabender Bankier in Neapel, der Hauptstadt des angrenzenden Königreichs. Dem Jungen hatten die Eltern eigentlich den Rufnamen Gioachino zugedacht, doch Giuseppe, zum Kosenamen Beppe gekürzt, gefiel allen besser, auch dem Sohn, und als er zehn war, nannte er sich, nicht zuletzt dem bewunderten Onkel in Neapel zuliebe, Giuseppe Gioachino. Später, 1816, fügte er noch das zweite »c« hinzu und schrieb sich Gioacchino, wie der verehrte Rossini, dessen »Barbier von Sevilla« im gleichen Jahr in Rom uraufgeführt worden und dem er viele Jahre danach in distanzierter Freundschaft verbunden war. Die Mutter teilte ihre Liebe gerecht zwischen Beppe und dem 1792 geborenen Bruder Carlo. Früh lernten die Kinder lesen und schreiben, und früh schon wurde das Lesen zur Lieblingsbeschäftigung des Älteren, der von nun an nie genug Bücher haben konnte. Im Hause Belli herrschten Güte und strenge Ordnung gleichermaßen. Die Kinder liebten die Mutter, vor dem Vater hatten sie eher Respekt. Das friedliche Leben der Familie blieb nicht lange ungetrübt. Als die französische Revolution sich auch in Italien auswirkte und im Februar 1798 die »Römische Republik« ausgerufen wurde, brach Unheil über die Bellis herein. Ein Vetter Gaudenzios, der neapolitanische General Gennaro Valentini, war in jenen Tagen Gast in dessen Hause. König Ferdinand von Neapel hatte ihn mit der Aufgabe betraut, zur gemeinsamen Abwehr der Franzosen die bourbonischen Truppen Neapels und Siziliens mit den päpstlichen Streitkräften zu vereinen, aber die Franzosen waren schneller gekommen als erwartet. Valentini wollte fliehen, wurde aber von den Eindringlingen verhaftet und tags darauf auf der Piazza Montecitorio, vor dem heutigen Parlament, standrechtlich erschossen. Die Bellis mußten flüchten, Gaudenzio wurde wegen der Beherbergung des Vetters zum Feind der neuen Republik erklärt und sein Vermögen beschlagnahmt. Er fand Zuflucht bei Freunden, die Mutter reiste mit den Kindern bei Nacht über die nahe Grenze ins Neapolitanische. Gleich am ersten Tag stahl man ihnen das Gepäck und 10.000 Scudi dazu, und als sie in Neapel ankamen, um hier beim Bankier Giuseppe Mazio zu bleiben, erfuhren sie, daß man auch in Neapel nach ihnen fahndete: Gaudenzio Belli stand im Verdacht, den General Valentini an die Franzosen verraten zu haben. Dem Bankier gelang es, die drei in einem Nonnenkloster zu verstecken. Dort überstanden sie unbehelligt auch den Einmarsch der Franzosen in Neapel am Ende dieses schlimmen Jahres. Im Juni 1799 kehrte König Ferdinand aus dem Exil zurück, und im August war es auch mit der Römischen Republik zu Ende; der Papst wurde wieder Herr im Kirchenstaat. Die Sache der Bellis klärte sich auf, sie wurden von beiden Seiten rehabilitiert. Vater Gaudenzio bekam sein Vermögen zurück und eine Art Wiedergutmachung dazu: er wurde Chef der Verwaltung des Hafens von Civitavecchia, eine hochbezahlte Stellung, die ihm zudem Zeit und Gelegenheit zu eigenen Geschäften ließ. 1800 traf er mit der Familie dort ein und kam schnell zu Ansehen und beträchtlichem Vermögen. 1801 wurde die Tochter Flaminia geboren[1]. Man führte ein großes Haus und hielt täglich gastfreie Tafel, von der zahlreiche Nichtstuer profitierten, die der großzügige Gaudenzio freihielt und beschenkte. Der kleine Beppe hatte den Onkel in Neapel gern gemocht, den General Valentini verehrt, diese ganze Tischgesellschaft haßte er, hellsichtiger als sein Vater. Der schien in seinem neuen Glück von aller Strenge verlassen,

1 sie wurde 1827 Nonne und starb 1841 im Kloster.

vielleicht in einer Vorahnung des baldigen Endes. 1802 brach in Civitavecchia die Cholera aus. Gaudenzio Belli stellte sich mit anderen Bürgern als freiwilliger Helfer zur Verfügung und pflegte die Kranken. Dabei steckte er sich an. Wenige Tage später, am 25. März, war er tot. Ein nachgeborener Sohn starb wenige Wochen später. Schlaue Freunde, die ein gutes Jahr lang die Gastfreundschaft des Hauses genossen hatten, nutzten auch diese Situation zu ihrem Vorteil und brachten die in Geschäften unerfahrene Witwe ganz schnell um den größten Teil des von Gaudenzio nachgelassenen Vermögens. Als sie 1803 mit ihren drei Kindern und dem treuen Hausmädchen Clementina wieder nach Rom zog, waren ihr nur wenige Wertgegenstände geblieben, deren Verkaufserlös immerhin für zwei Jahre kargen Lebens reichte. Man lebte jetzt im Hause Via del Corso 391. Von da hatte es der nun zwölfjährige Giuseppe Gioacchino nicht weit zum »Collegio Romano«, dem – wie damals üblich – von Geistlichen geleiteten Gymnasium. Die Mutter verdiente etwas Geld mit Schneiderarbeiten, doch sie war oft krank, und die Kinder und Clementina mußten sie wochenlang pflegen. 1806 heiratete sie wieder, einen jüngeren Mann, Michele Mitterpoch, Sohn eines deutschen Bäckers und Bankangestellter. Aber die harten Jahre hatten ihr alle Kraft genommen. Nach fünf Monaten starb sie, die drei Kinder waren Waisen. Beppe war sechzehn, Carlo fünfzehn, Flaminia sechs. Ein Onkel nahm die Kinder auf. Er liebte und verwöhnte sie bald wie die eigenen. Das machte die Tante eifersüchtig, und nach wenigen Wochen hatte sie sich durchgesetzt: die Kinder kamen aus dem Haus, diesmal zu einer verwitweten Tante, die sie nur widerstrebend bei sich duldete.

Später schrieb Giuseppe Gioacchino einem Freund, wie bitter diese Zeit war: was man ihnen gab, warf man ihnen wie Almosen hin und erwartete dafür mehrfach am Tage Handküsse und dankbare Unterwürfigkeit. Unerwartet half ein Pate, der Erzbischof und spätere Kardinal Odescalchi, dessen Vornamen Anton Maria auch Taufnamen Beppes waren, mit einer kleinen Monatszahlung. Die Tante profitierte davon. Oft saßen die Kinder beisammen und sprachen von den Eltern, besonders von der geliebten Mutter, und das tröstete sie. Die Verwandten besorgten den Knaben, nun siebzehn und sechzehn, eine kleine Stellung in der Buchhaltung des Fürsten Rospigliosi, wo ihr Onkel Amtsvorsteher war. An den freien Nachmittagen war Giuseppe Gioacchino, der Ältere, in den kirchlichen Archiven tätig. Nun reichte die Entlohnung der Brüder knapp für das Essen, so daß sie auch hier der Tante nicht mehr zur Last fallen mußten. Für Beppe war es der Beginn eines neuen Lebensabschnitts: er hatte zum ersten Mal das Gefühl der Freiheit. Das der Verantwortung hatte er schon nach dem Tod des Vaters empfunden. Einem Freund schrieb er wenige Jahre später, wie groß damals seine Unsicherheit gegenüber dem Leben war. Er hatte Angst vor der Freiheit und vor den Pflichten, immer Furcht vor neuen Schicksalsschlägen, und die ständige Sorge um die Geschwister belastete ihn schwer. Bald geriet er in eine leichtlebige Gesellschaft neuer, gleichaltriger Freunde, denen es nicht schwerfiel, sein Vertrauen zu gewinnen. Er ließ sich mit den anderen gehen: er spielte, lungerte in Billardsälen und vertat mit den Kumpanen die Nächte, und die Mädchen, die er in der Gesellschaft kennenlernte, nannte er später »zahlreich, meist launenhaft, stets vergnügungssüchtig«. Sie stürzten ihn, gestand er, immer wieder in neue Liebesabenteuer, »leicht wie die Partnerinnen und zerbrechlich wie die gegenseitigen Empfindungen«, doch immer blieb die »gegenseitige Achtung«. Bei dem Treiben kamen Bücher und Studien um einiges zu kurz, aber einige Zeit war doch immer für sie da. Als er zwanzig war, schrieb Belli seinem Freund Filippo Ricci über all dies und die frühen Kindertage in einer Art Selbstanalyse, die er »Mein Leben« nannte. Damals hatte er die Krise soeben durch strenge Selbstkritik überwunden. Gute Freunde hatten ihm dabei geholfen. Die ersten hatte er auf der Schule kennengelernt, die meisten blieben ihm Freunde fürs Leben.

Zwei Jahre bevor er den Brief an Ricci schrieb, 1809, als Napoleon in Rom schon ein Jahr das Sagen hatte und den Papst Pius VII. in Frankreich gefangenhielt, versetzte die französische Behörde den jungen Buchhalter in die staatliche Domänenverwaltung. So war er gezwungen, Französisch zu lernen. Nach einem Jahr beurlaubte man ihn mit einer kleinen Abfindung. Er zog zu einem Freund und wurde für eine Zeitlang, vermutlich ein Jahr, Sekretär des Fürsten Stanislaus Poniatowski, Verwandter des Polenkönigs und bedeutender Sammler von Werken antiker Kunst in Rom. Wieder hatte der junge Belli Berührung mit der großen Welt, deren Sitten er nicht eben nachahmenswert fand. 1812 kam für ihn wieder ein schweres Jahr – der Bruder Carlo starb – und ein unstetes dazu. Er verdiente sich Geld mit dem Kopieren literarischer Schriften und mit Nachhilfeunterricht in Geographie und Rechnen, und nahm seinerseits dafür Unterricht in Englisch, Mathematik und Naturwissenschaften. Wieder zog er um, in ein Kämmerchen im Kapuzinerkloster an der heutigen Via Veneto, eine Hilfe, die er dem Klostervorsteher, dem späteren Kardinal Micara, verdankte. Jetzt schrieb er schon seit sieben Jahren Gedichte, Sonette und Elegien, und die öffneten ihm die Pforten der damals tonangebenden »Akademie der Hellenen«. Man nahm den Adepten als Mitglied auf und gab ihm – so war es der Brauch – einen klingenden Beinamen: »Tyrtäus, der Lakedämonier«. Er lernte neue Leute kennen, erwarb sich schnell Freunde und Gönner, verließ aber schon 1813 – von idealen Vorstellungen beflügelt – mit dreißig Hellenen die Akademie, um die »Accademia Tiberina« zu gründen, die Akademie der Tiberiner. Er wurde ihr erster Sekretär. Hohe geistliche Herren, deren wohlwollende Protektion man suchte, waren die Patrone des Clubs, und die Mitglieder gaben sich ihnen devot, wobei viele anders und ziemlich liberal dachten, auch Belli und seine Freunde. Er gehörte der Akademie 50 Jahre lang an, bis zu seinem Tode, wenn er auch 1828 – vom Klüngel angewidert – formal ausgetreten war; zehn Jahre

*Maria Conti, die Gattin des Dichters*

später wurde er in aller Form wieder Mitglied, in allen Ehren. 1850 wählte man ihn zum Präsidenten. Vossler nennt die Tiberina mit Recht »eine jener schlimmen Akademien«, weil da auch der platteste Dichterling als poeta laureatus gefeiert wurde. Immerhin mehrte auch der junge Belli sein Ansehen, als er im Gründungsjahr sein langes Poem über die Pest in Florenz vom Jahre 1348 vortrug. Nun galt auch er als Dichter unter all den dichtenden Beamten, Ärzten, Anwälten und Kaufleuten, denen das Verseschmieden Prestige eintrug und oft die ersehnte Protektion eines Prälaten, und die sich viel darauf einbildeten, Tiberiner zu sein. Belli genoß bald besondere Hochachtung, da er – sonst meist verschlossen und melancholisch – gern beißenden Witz hören und sehen ließ, wo immer er fröhliche Gesellschaft antraf, die sein mimisches Talent beim Parodieren und Rezitieren genoß. Eine Zeitlang bewunderte ihn eine junge Frau, die Gräfin Pichi, geborene Maria Conti. Ihren Mann, den Grafen Pichi, berüchtigt wegen seiner galanten Affären, hatte sie 1811, nach zehn Jahren trüben Zusammenlebens, verlassen. 1816 starb er, sie war frei, und im gleichen Jahr heiratete sie den elf Jahre jüngeren Belli. Er habe sich heiraten lassen, warfen ihm sogar seine Freunde vor. Es wurde im Laufe der Jahre eine gute Ehe. Er habe aus Mitleid geheiratet, sagte Belli später, daraus sei dann Freundschaft und schließlich Liebe geworden. Mariuccia, so nannte er sie, war eine kluge Frau. Schon bald erwarb sie sich bei den früheren Kritikern Respekt und deren Freundschaft. Sie ließ ihrem eigenwilligen Mann alle Freiheiten, ohne daß man je von einem Streit zwischen den beiden gehört hätte. Ihr Tod im Jahre 1837 war ein schwerer Schlag für Belli. Einem Freund, dem Grafen Neroni Cancelli, schrieb er: »Sie war mir alles, Gattin, Freundin, Mutter, liebevolle Trösterin.« Sicher ist, daß auch ihre finanzielle Großzügigkeit ihm alle Sorgen genommen hat. Zum ersten Mal konnte er reisen, wohin er wollte. Die Reiseziele blieben nah, Florenz, für ihn eine herrliche Stadt, Terni, hier hatte er Pflichten und Freunde, Neapel, der Lärm dieser Stadt entnervte

*Aus dem Reisetagebuch: der Furlo-Paß*

ihn: »Keine Stadt für den armen Belli«, schrieb er, aber dann Mailand, wo es ihm besonders gut gefiel: nichts von der Enge des Kirchenstaates; hier lernte er die Werke des Carlo Porta kennen, im Mailänder Dialekt geschrieben, die ihm die große Idee eingaben. Die römischen Sonette wären nie entstanden, hätte der Dichter nicht in seiner Frau und deren Vermögen einen Rückhalt gehabt, der es ihm erlaubte, zu lesen, zu studieren und zu schreiben, auch Dinge, die man damals nicht laut sagen und erst recht nicht publizieren durfte. Lesen, studieren, schreiben ... das betrieb er mit der ihm eigenen Gründlichkeit. 1824 legte er sein »Zibaldone« an, die Hefte mit Aufzeichnungen von Gehörtem und Gelesenem. Bis nach 1840 hat er es sorgsam geführt, 4525 Stichworte oder Themen sind darin verzeichnet, alle penibel numeriert und in einem vorbildlichen Inhaltsverzeichnis katalogisiert. Allein aus dem »Decamerone« finden sich da über 300 Begriffe (Nummern 1485–1503). Belli hat sie überschrieben: »Inhaltsverzeichnis des ›Decameron‹ von messer Giovanni Boccaccio, Bürger von Florenz, P. Caselli e.C., 1824 – 5 Bände, mein Eigentum.« Belli notierte sich auch über 100 Namen und Stichworte aus Manzonis Roman »Die Verlobten«, weiter finden sich Notizen aus den Werken von Voltaire, Montesquieu, Rousseau, John Locke, Walter Scott, Balzac, E.T.A. Hoffmann, Mme. de Staël, Byron, Leopardi und vielen anderen. Ursprünglich war das »Zibaldone« für den 1824 geborenen Sohn Ciro angelegt. Damals schrieb Belli: »Wenn ich aus ihm einen Mann nach meinem Herzen gemacht haben werde, habe ich nicht umsonst gelebt. Und wenn mein letzter Tag kommt, so hoffe ich, wird mir nur dies eine um ihn leid tun: ihn der Verderbnis eines Jahrhunderts zu überlassen, in dem das Schicksal Belohnung und Strafe nach Willkür austeilt.«

Die Erziehung dieses einzigen Sohnes hat sich der Vater schwergemacht. In seinem »Zibaldone« finden sich viele Notizen und Gedanken zu diesem Thema, so Aufzeichnungen aus Lockes Werk, das ihm in französischer Übersetzung vorlag

*Aus dem Zibaldone: Entwurf zu einem Denkmal*

(»De l'éducation des enfants«, Lausanne 1760). Neun Jahre lang war Ciro auf dem Gymnasium im »Frommen Kolleg der Weisheit« in Perugia. Zu dem Entschluß, ihn in ein Kolleg zu geben, hatte ihn ein Wort Montaignes bewogen: »... ce n'est pas une raison de nourrir un enfant aux girons de ses parents.« (= es gibt keinen Grund, ein Kind bei seinen Eltern zu erziehen). In den Jahren 1832–1841 hat der Vater den Sohn häufig in Perugia besucht und ihn mit mündlichen und brieflichen Ratschlägen überhäuft. Damit hat er nur erreicht, daß Ciro sich ihm entfremdete. Dabei hatte er es ganz anders und viel besser machen wollen als sein eigener Vater. Er hat unter dem Fehlschlag sehr gelitten, dem Sohn aber immer liebevoll die Treue gehalten. Ciro hat den Vater nur um drei Jahre überlebt. Eine glücklichere Hand hatte Belli mit seinen Freundschaften. Sie hielten ein Leben lang. Einer der engsten Freunde war der Journalist, Stückeschreiber und Opernlibrettist Giacomo Ferretti, ein in der Tiberina mit Recht hoch angesehener Mann.

Dessen Tochter Cristina wurde später Ciros Frau und der Liebling des Schwiegervaters. Ihr und all seinen Freunden schrieb Belli immer wieder Briefe. Sie sind fast alle erhalten und zeugen von aufrichtiger Anteilnahme und ernster Lebensauffassung. Die meisten sind an Mariuccia gerichtet. Es gab aber auch Freundinnen. Die lebhafte Korrespondenz mit ihnen – uns ebenfalls erhalten – ist nie kompromittierend , immer ist der Ton respektvoll, allenfalls herzlich, selten klingt Eros an, Sexus niemals, den er nur in seinen Sonetten als den »gran gusto«, die große Lust, besingt.

Zwei Frauen haben Belli neben Mariuccia und Cristina viele Jahre lang gefesselt, die Marchesa Vincenza Roberti – von ihm Cencia genannt – und die gefeierte junge Schauspielerin Amalia Bettini. Von beiden wußte die Ehefrau. Sie hat sie souverän geduldet, ohne Klage und Widerspruch, und immer als die Erste im Spiel. Nicht zuletzt durch diese Haltung hat sie sich die Liebe des Ehemannes und die Hochachtung des anfänglich so mißtrauischen Freundeskreises erobert.

*Giacomo Ferretti*

*Cristina Belli*

Die Marchesa Roberti hat Belli fast 30 Jahre lang gekannt. Er hat sie oft in Morrovalle, bei Macerata in den Marken gelegen, besucht. Daß gerade hier eine Reihe der erotischen Sonette entstanden ist, hat später zu allerlei Vermutungen geführt. Tatsache ist, daß niemals etwas von einer intimen Beziehung der beiden bekanntgeworden ist. Begründeter ist schon die Annahme, ein reizvolles Dienstmädchen der Marchesa habe Belli 1831 zu den oft obszönen Sonetten angeregt, Beweise dafür gibt es nicht. Noch bevor er 1816 heiratete, bekam Belli dank der Beziehungen der Familie Conti eine Stellung in der päpstlichen Finanzverwaltung. Der Fünfundzwanzigjährige wurde als »Buchhalter dritter Klasse« mit 10 Scudi Monatsgehalt eingestellt, ein Jahr später schon war er in die zweite Klasse versetzt und bekam 15 Scudi. Aufgabe und Salär waren klein, dafür hatte er viel freie Zeit. Nach zehn Dienstjahren ließ er sich in den einstweiligen Ruhestand versetzen – Beziehungen machten alles möglich – und bekam ein Ruhegeld in fast voller Höhe des Gehalts. Seit seiner Verheiratung hatte Belli keine wirtschaftlichen Sorgen mehr gehabt, das Gehalt war ein Taschengeld. Man wohnte im noblen Palazzo Poli, einem weitläufigen Bau, dessen südlicher, zum Teil noch erhaltener Seitenflügel die eine Hälfte der Felsenszenerie des Trevibrunnens stützt, während der nördliche, in dem die Bellis wohnten, bis über den Bereich der später hier durchgebrochenen Via del Tritone hinausging. Man hatte Personal, Pferde und Kutsche und damit schon hohen gesellschaftlichen Status. Im Palazzo Poli[2] residierte in der Beletage, also im vornehmen ersten Stock, die russische Fürstin Zenaide Wolkonsky; ihr Mann war im napoleonischen Krieg Feldadjutant von Zar Alexander I. gewesen. In ihrem Salon verkehrten Belli und seine engen Freunde, und hier hörte Nikolai Gogol den Dichter seine römischen Sonette rezitieren. Sie begeisterten ihn so sehr, daß er dem Literaturkritiker Charles-Augustin

---

2 1853–1861 hatte hier auch der Komponist Peter Cornelius seine Wohnung.

*Die Marchesina Roberti*

*Der Palazzo Poli*

Sainte-Beuve davon schwärmte und Freunden in St. Petersburg nicht weniger begeistert schrieb. Im Palazzo Poli hat Belli seine besten Jahre erlebt und seine größte Schaffenskraft entfaltet. Die Sorgen kamen erst nach Mariuccias Tod wieder. Sie hatte einen kleinen Besitz in Terni und Grundstücke in Rom in die Ehe gebracht, und weil sie nicht gern reiste, wollte sie den römischen Besitz selbst verwalten, um Terni sollte sich ihr Mann kümmern. Nun, 1837, stellte sich heraus, Belli hatte gut gewirtschaftet und alles erhalten, Mariuccia dagegen hatte sich, wie Bellis Mutter 1802 in Civitavecchia, auf Ratgeber und Advokaten verlassen und alles verloren und Schulden dazu. Belli mußte unter dem Druck der Gläubiger die Wohnung im Palazzo Poli räumen und zu Verwandten ziehen. Da blieb er zwölf Jahre, dann zog er zu Ciro und Cristina in ein Haus der Familie Ferretti, wo er bis zu seinem Tode lebte.

15 Scudi Pension, dazu die bescheidenen Einnahmen aus Terni, mehr hatte Belli nicht, er war wieder arm. Doch er hatte Ansehen. Er gab Schülern Privatstunden und übersetzte englische Novellen, für den Freund Ferretti auch französische Theaterstücke. Die Lebenslust, die er zwanzig Jahre hatte

genießen können, war dahin. Nun beherrschte ihn wieder die Angst vor dem Leben auf Erden und in der Ewigkeit, nach dem Tode. 1837 war Rom von der Cholera bedroht. Belli fühlte sich dem Tod näher als dem Leben und machte sein Testament: die bis dahin fertigen römischen Sonette, fast 2000, sollten verbrannt werden. Die Freunde gaben ihm wieder Mut, sie halfen, wo und wie sie konnten, seine Not hatte sie ihm enger verbunden. Sie holten ihn auch 1838 zurück in die Akademie der Tiberiner.

So konnte auch die Ausbildung des Sohnes Ciro in Perugia weitergehen. Er studierte nachher in Rom Jura und wurde Richter. Ihm zuliebe hat Belli viele Entbehrungen auf sich genommen. Gelegentliche Erwägungen, doch eine Auswahl der römischen Sonette zu veröffentlichen, hat er aus Sorge um des Sohnes Karriere wieder verworfen. Er hielt das Werk zudem für literarisch unbedeutend und unvollkommen. 1837, unter dem Eindruck des Todes seiner Frau, übergab er die Manuskripte Freunden, die sie nach seinem Tode vernichten sollten. 1839 erhielt er sie zurück und gab sie nun dem Monsignore Vincenze Tizzani, auch Tiberiner und ein vertrauter Freund, der sie bis 1842 verwahrte und sie dann wiederum an Belli zurückgab, bis er sie 1855 abermals in einer zum Verbrennen bestimmten Kassette erhielt. Tizzani war Bischof von Terni gewesen, später dann Kanonikus und Generalprokurator der Kirche und des Klosters S. Pietro in Vincoli. In dreijährigen Bemühungen hatte er vom Papst die Erlaubnis erwirkt, ein frommes Werk Bellis in der päpstlichen Druckerei auf deren Kosten herauszugeben. 1856 erschienen diese »Hymnen des römischen Breviers«; sie brachten Belli nicht viel ein. Von der kleinen Auflage – 500 Exemplare – behielt sich die »Stamperia Camerale« 250, die andere Hälfte bekam der Autor. Von dem geringen Erlös mußte er den größten Teil als Trinkgelder (mancie) an Setzer, Drucker, Boten und Türhüter (uscieri) geben. Tizzani ist Belli immer ein treuer Freund geblieben: nach dessen Tod hat er an der ersten Veröffent-

*Monsignore Tizzani*

lichung einer Auswahl der römischen Sonette im Verlag Salvucci mitgewirkt. Seltsamer Widerspruch: einige Jahre vorher war Tizzani öffentlich dafür eingetreten, Dantes »Göttliche Komödie« auf den Index verbotener Bücher zu setzen, und nannte sie die »Teuflische Komödie«. Tizzani wurde später oberster Feldgeistlicher der Armee des Papstes Pius IX. und bekam den Ehrentitel »Patriarch von Antiochien«. Zu bescheidenem Ruhm als Schriftsteller kam er durch die Veröffentlichung anspruchsloser Reiseberichte aus Deutschland, Frankreich, Belgien und der Schweiz. Es ist wohl sein größtes Verdienst, der Nachwelt Bellis römische Sonette erhalten zu haben. Belli selbst hat 1849 beim Aufstand der Liberalen unter Mazzini und Garibaldi die in seinem Besitz gebliebenen Urschriften der Sonette verbrannt. Dabei wäre jetzt Gelegenheit gewesen, mitzutun und das Werk an die Öffentlichkeit zu bringen. Aber der Dichter war angewidert von den sich wild gebärdenden Revolutionären und ihren Gewaltakten. Er hatte sich die Freiheit ganz anders vorgestellt, in Recht und Ordnung.[3]

Als ihn 1840 die Sorgen bedrängten, war er wieder in päpstliche Dienste getreten und blieb fünf Jahre lang Abteilungsleiter in der Staatsschuldenverwaltung. Seinen Dienst hat er pünktlich und gewissenhaft getan, bis die Gesundheit ihn zwang, sich endgültig pensionieren zu lassen. Jetzt bekam er ein auskömmliches Ruhegehalt. Von seinen Dichtungen hätte er nicht leben können. Monsignore Tizzani und andere Freunde des Dichters – der Graf Neroni Cancelli, Filippo Biagini und Francesco Spada, sein späterer Biograph, – gaben 1840 Einfluß und Geld (109 Scudi) zur Veröffentlichung einer Anthologie von Gedichten in Hochsprache. 300 Seiten sollte der Band haben, die Zensur strich ihn auf 208 Seiten zusammen und gab die Druckerlaubnis für 500 Exemplare. Der Verkaufserlös deckte die Herstellungskosten, ein Honorar für den Dichter war nicht einkalkuliert, er bekam statt dessen fünf Exemplare als »Geschenk«.

3 dazu Noack »Das Deutschtum in Rom«, Bd. 1, S. 399.

Bis zum Schicksalsjahr 1837 hatte Belli etwa 1950 römische Sonette geschrieben, mit dem Tod seiner Frau versiegte der Strom. Nur einige dreißig schrieb der Dichter in den folgenden Jahren bis 1842; aus der Zeit von 1843 bis 1847 stammen schließlich fast 300. Das letzte der Reihe schrieb er am 21. Februar 1849, das einzige in zwei Jahren. Über 700 Gedichte in Hochsprache gab es bis dahin, das Werk von 45 Jahren, Sonette, Poesien in Quartetten, Terzetten und vielen anderen Strophenformen. Von 1850 bis zu seinem Tode schrieb er noch etwa 500 Gedichte. Alles, was er schrieb, hat er, von ganz wenigen Ausnahmen abgesehen, sorgfältig datiert, und alle Reinschriften stehen in zierlichen, klaren Buchstaben; zu allem gibt es die von ihm mit äußerster Akribie geführten alphabetischen Verzeichnisse, Korrektheit des gelernten Buchhalters.

2279 römische Sonette und etwa 1200 lyrische Dichtungen in verschiedenartiger Form hat Belli hinterlassen, daneben zahllose Zeitungsartikel, Aufzeichnungen, dramatische Versuche, Übersetzungen, Briefe und andere Prosa. Eine Gesamtausgabe der Gedichte in Hochsprache hat Robert Vighi 1975 herausgebracht. Neben den römischen Sonetten erscheint das Werk blaß und blutleer, »manieristisch und gekünstelt« (E. Siciliano). Es ist kein Zufall, daß Belli sein letztes römisches Sonett 1849 als Gruß an die geliebte Schwiegertochter geschrieben hat, in dem Jahr, das zu einem Wendepunkt seines Lebens wurde, und dessen einziger Lichtblick die Hochzeit Ciros mit Cristina Ferretti war. In jenem Februar war wieder eine »Römische Republik« ausgerufen worden, die in den wenigen Monaten ihrer Existenz nur Chaotisches anrichtete, und die Belli, dem ewigen Bürger, die allerletzten geheimen Hoffnungen auf eine neue, bessere Ordnung und auf ein neues Italien nahm. Der 1846 gewählte Papst Pius IX., der vor der Revolution hatte fliehen müssen, kehrte zurück und stellte die alte Ordnung des Kirchenstaats wieder her. Für Belli begann jener finstere, letzte Abschnitt seines Lebens, der ihm keine Ehre macht. Er wurde, wie Muscetta es nennt, zum gespenstischen Überlebenden seiner selbst. Noch einmal ordnete er in einer testamentarischen Verfügung von 1849 die Verbrennung der römischen Sonette an. Den Mut, es selbst zu tun, hatte er nicht. Die Kräfte waren dahin, verloren die Ideale, Hoffnungen hatten sich zerschlagen, Melancholie lastete auf ihm und Reue außerdem.

Er ist zerbrochen an der jahrelang geübten Praxis der »ehrlichen Verstellung« (Muscetta), zu der ihn die geistliche Gesellschaft zwang. Weil er kein Rebell war, hat er sich lange – gegen seine Überzeugung – zum Gehorchen nach außen gezwungen. In diesem Jahr 1849 sah er keinen Ausweg mehr: er zwang sich zum Gehorchen aus Überzeugung. Es ist symbolisch, daß dieser Mann 1850 Präsident der flauen Tiberiner wurde und wenig später jenen Schritt tat, den man nie von ihm erwartet hätte: er wurde Berater des als Theaterzensor fungierenden päpstlichen Gouverneurs.

Fromme Werke von ihm wurden veröffentlicht, so die in volkstümliche Sprache gesetzten »Litaneien der Seligen Jungfrau«, später die »Kirchlichen Hymnen«; davon durfte er 1856 Papst Pius in einer Privataudienz ein Exemplar überreichen, er selbst bekam von ihm eine goldene Medaille.

Seine letzten Lebensjahre verliefen nicht weniger bedeutungslos wie die all der Untertanen neben ihm, vor ihm und nach ihm. Nach einem Schlaganfall starb er am 21. Dezember 1863 in Rom, 72 Jahre und drei Monate alt.

Wären die römischen Sonette nach seinem Willen vernichtet worden, niemand spräche vielleicht mehr von Giuseppe Gioacchino Belli. Die jüngst erschienene Erstausgabe seiner Gedichte im reinen Italienisch macht allerdings an mancher Stelle nachdenklich. Man glaubt seinen deutschen Zeitgenossen Georg Herwegh zu hören, wenn man diese Verse Bellis aus dem Jahre 1855 liest:

> Satollar vuoi la fame dei viventi
> coi pranzi che faranno i pronipoti?

La tua dottrina avrà pochi credenti
e la giustizia tua pochi devoti:
e intanto cresceran l'ire frementi
del proletario che il coltello arroti
e non convinto del »tu pena, io godo«,
tenti co ferro suo tagliare il nodo.

Die leben und hungern, die machst du nicht satt
mit Braten, die einmal die Urenkel essen.
Das will niemand hören, der Hunger hat,
was Gerechtigkeit ist, hat noch keiner vergessen:
leeren Reden wird kein Proletarier trauen,
darum wetzt er sein Messer in stummer Wut,
dein »du leidest, ich lebe« gefällt ihm nicht gut,
und er wird mit dem Stahl den Knoten zerhauen.

*Bellis Sterbehaus*

Nach dem Tod Bellis hat Monsignore Tizzani die in seinem Besitz befindlichen Manuskripte nicht, wie vom Autor gewünscht, verbrannt, sie vielmehr an Ciro Belli ausgehändigt; mit ihm und engen Freunden des Dichters betrieb er auch die Herausgabe der römischen Sonette. Sie erschienen in den Jahren 1865/66 im Verlag Salviucci. Die Auswahl war mit Rücksicht auf die immer noch strenge Zensur getroffen, alle kritischen und heiklen Verse oder Ausdrücke waren verändert worden. Einige Beispiele nur: In »Das Leben des Mannes« waren die zu hart erscheinenden Plagen im Leben des Mannes durch »Kinder« und »gute Ratschläge« ersetzt, und die so pessimistische letzte Zeile lautete »Der Tod legt dich zur ewigen Ruhe«. In »Die Vorsehung« gab es keine Arschkriecher, dafür »schlechten Geschmack«, in »Die Pilgerfahrt zu den Krämerläden« saß nicht mehr Moses auf dem Thron, sondern »irgendwas aus Schmalz«, und Maria und Jesus ersetzte ein »Soldat zu Pferde«, in »Eine schöne römische Sitte« malten die Kinder nichts Obszönes, sondern zischende Raketen, in »Die Wüste« wollte der Erzähler sich nicht »kastrieren«, sondern »vierteilen« lassen, und in »Die Dinge der Schöpfung« las man die 4. bis zur 8. Zeile wörtlich so:

Gut ist der Hammel, besser ist das Lamm.
Gut ist die Medizin und wer sie lehrt,
Besser, wer sich für uns den Kopf zerbricht;
Gut ist Gehorsam, besser, wer regiert;
Gut schmeckt die Amsel, besser noch der Fink.

Hugo Schuchardt und Paul Heyse haben Belli aus dieser Salviucci-Ausgabe kennengelernt. Die erste vollständige Ausgabe aller römischen Sonette besorgte Luigi Morandi. Die sechs Bände erschienen 1886 bis 1889. Der verdienstvolle Philologe – er war der Erzieher des nachmaligen Königs Viktor Emanuel III. – hat allerdings den verhängnisvollen Fehler begangen, alle auch nur in etwa obszönen Sonette in einem, dem sechsten Band zusammenzufassen; jeder der ersten fünf kostete 1 Lira, der sechste dagegen 5 Lire. Damit wurde Belli auf Jahrzehnte zum pornographisch-derben Spaßvogel abgestempelt; man kaufte nur den letzten Band, den sechsten, »Il Sesto« genannt, der bis in die jüngste Zeit immer neue Auflagen erlebte. Noch heute kennen viele Italiener Belli nur aus dieser Ausgabe, und aus der zitieren sie am liebsten nur das, was sich schön zotig anhört, ohne Rücksicht auf den Zusammenhang. Erst die 1952 bei Mondadori erschienene Gesamtausgabe von Giorgio Vigolo brachte das Werk, wie es entstanden war, also in der durch des Autors Daten gegebenen Reihenfolge. So verfuhr auch Carlo Muscetta in seiner 1965 bei Feltrinelli erschienenen Gesamtausgabe; er verzichtete auf die komplizierte phonetische Schreibung des Romanesco und machte es lesbarer, auch für Römer (s. Seite 281). 1964/65 ist eine verbilligte Gesamtausgabe bei Avanzini & Torraca in Vigolos Schreibweise herausgekommen, die der Verlag Newton Compton Italiana 1972 neu herausbrachte.

Eine weitere Gesamtausgabe unter dem Titel »La plebe di Roma«, unterteilt nach Themen, gibt Roberto Vighi heraus. Die beiden ersten Bände sind 1962/63 erschienen; sie behandeln das private Leben. Die drei weiteren Bände werden Soziales, Religiöses und Politisches behandeln. Zahllose Anthologien, wertvolle wie unseriöse, sind herausgekommen, und es erscheinen immer noch neue.

*Belli in seinem 36. Jahr*

# ZEITTAFEL

1791 7. September: geboren in Rom, Vater Gaudenzio, Buchhalter in der päpstlichen Verwaltung, Mutter Luigia Mazio, aus einer in Roms Gesellschaft bekannten Juristenfamilie; seinen Rufnamen Giuseppe setzt er später zur Unterscheidung von allerlei Namensvettern den fünften Vornamen Gioacchino hinzu und nennt sich fortan G. G. Belli.

1792 Geburt des Bruders Carlo.

1798 Februar: die »Römische Republik« wird ausgerufen, eine der wenigen Auswirkungen der frz. Revolution; Papst Pius VI. wird nach Frankreich gebracht. Ein Vetter Gaudenzio Bellis, Gennaro Valentini, General der im Königreich Neapel und Sizilien herrschenden Bourbonen, wird im Hause Belli aufgenommen, dann in Rom von den Franzosen erschossen; Mutter Luigia flüchtet mit Giuseppe nach Neapel, wird aber dort des Verrats an Valentini beschuldigt; sie findet mit dem Sohn Zuflucht in einem Kloster; in Rom wird Vater Gaudenzio zum Feind der Republik erklärt und enteignet.

1799 August: Papst Pius VI. stirbt in Frankreich. Napoleon wird Erster Konsul. – Die Römische Republik bricht zusammen, das Papsttum kommt wieder an die Macht, noch ist der neue Papst nicht gewählt. Die Bellis kehren unter dem Schutz von Neapels Königin Karoline, Tochter Maria Theresias und Schwester der Marie-Antoinette, nach Rom zurück; Vater Gaudenzio wird rehabilitiert und erhält einen einträglichen Posten in der päpstlichen Verwaltung des Hafens Civitavecchia.

1800–02 Hier lebt die Familie in großem Wohlstand, den ein großer Kreis ständiger Gäste durchbringen hilft. Die Mutter liebt das, der Vater duldet es, Giuseppe leidet (er schreibt 1811 darüber); seine Schwester Flaminia kommt zur Welt. Giuseppe lernt Latein und Geographie. Eine finanzielle Spekulation des Vaters mißlingt, er verliert viel Geld. Eine Cholera-Epidemie sieht Gaudenzio als freiwilligen Krankenpfleger von Sträflingen, er steckt sich an und stirbt (25. März 1802). – 1800 ist Pius VII. neuer Papst geworden, sein Berater und Staatssekretär wird Kardinal Consalvi.

1803 die Witwe Belli kehrt mit ihren drei Kindern verarmt nach Rom zurück. Giuseppe besucht das von Weltgeistlichen geleitete »Collegio Romano« (dem heutigen Gymnasium entspr.).

1804 Napoleon wird Kaiser.

1805 Giuseppe schreibt sein erstes Gedicht in Hochsprache.

1806 Luigia Belli heiratet den zwölf Jahre jüngeren Michele Mitterpoch, Sohn eines deutschen Bäckers.

1807 Luigia stirbt, die Kinder kommen zu verschiedenen Verwandten, Giuseppe in das Haus eines Onkels; er bekommt von seinem Paten, dem Erzbischof Odescalchi, eine laufende Unterstützung. Er und Bruder Carlo kommen als Lehrlinge in die Buchhaltung des Fürsten Rospigliosi, später in die Kirchlichen Archive.

1808 Französische Truppen rücken erneut in Rom ein.

1809 Juli: Papst Pius VII. wird gefangengenommen und nach Fontainebleau gebracht; Napoleon erklärt die weltliche Herrschaft des Papsttums für beendet; zum 2. Mal seit 1798 hört der Kirchenstaat auf zu bestehen; der nördliche Teil fällt ans Königreich Italien, der südliche mit Rom an Frankreich. – Giuseppe wird von der neuen französischen Verwaltung in die Domänenverwaltung versetzt.

1810 er wird mit einer kleinen Pension vom Verwaltungsdienst beurlaubt und zieht in das Haus seines Freundes Filippo Ricci. Er wird Sekretär des Fürstens Poniatowski, Ex-General, Bruder des polnischen Königs, in Rom als Kunstsammler lebend.

1811 der zwanzigjährige Belli schreibt seinem Freund Ricci einen langen Brief und überschreibt ihn »Mein Leben«; er beschreibt darin die Ereignisse in seinem Leben, seine Entwicklung, Fehler, Neigungen und Gedanken.

1812 er gibt die Tätigkeit im Hause Poniatowski auf; es wird vermutet, daß er nicht diplomatisch genug war, um bei Intrigen mitzuspielen; im übrigen war ein Skandal um Caterina Benlloch, die Frau des Fürsten, voraufgegangen. – Kapuzinerpater Ludovico Micara, später Kardinal und Ordensgeneral, beschafft Belli Wohnung in einem Kämmerchen des Kapuzinerklosters an der heutigen Via Veneto. Belli studiert Mathematik und Naturwissenschaften und fristet sein Leben als Kopist und Hauslehrer in den Fächern Geographie und Rechnen. Er hat literarische und gesellschaftliche Ambitionen und wird Mitglied der »Accademia degli Elleni«. – Sein Bruder Carlo stirbt.

1813 Einige Mitglieder der Akademie der Hellenen, darunter Belli, treten aus und gründen die »Accademia Tiberina«. – In seiner französischen Gefangenschaft unterliegt Papst Pius VII. dem Druck und verzichtet auf die weltliche Herrschaft,

1814 aber Frankreich, dessen General Murat den Kirchenstaat besetzt hält, muß nach militärischen und politischen Niederlagen aufgeben: der Papst kehrt nach Rom zurück, der Kirchenstaat wird im früheren Umfang wieder errichtet (Restauration). Napoleon dankt zum ersten Mal ab. Staatssekretär Consalvi hebt die von Napoleon eingeführten Gesetze und Reformen auf, liberale und nationale Strömungen werden unterdrückt. Belli feiert die Rückkehr des Papstes mit einem Festgedicht in der Accademia Tiberina; die Tiberiner glauben, eine neue Zeit der Freiheit sei angebrochen.

1815 Belli arbeitet mit seinem Freund, dem Librettisten Ferretti, zusammen und übersetzt französische Operntexte. – Der Kirchenstaat wird immer mehr zum Polizeistaat, die Zensur ist strenger als je zuvor. – Napoleon dankt endgültig ab.

1816 August: Belli wird Leiter eines Büros im fiskalischen Registeramt. – 12. September: er heiratet Maria Conti, Witwe des Grafen Pichi, und zieht zu ihr in den Palazzo Poli. – Er läßt ein Gedichtwerk über die Pest in Florenz (1348) drucken.

1817 das erste Kind wird geboren, es stirbt. – Er reist nach Venedig, Rovigo und einige Male nach Ferrara, wo er Gast seines späteren Freundes, Graf Tomaso Gnoli, ist. – Er schreibt ein erstes Gedicht im Romanesco.

1820 er macht Geschäftsreisen zur Verwaltung des Vermögens seiner Frau nach Spoleto und Terni und kommt in Ripatransone in das Haus des Grafen Neroni Cancelli, der ihm lebenslanger Freund wird.

1821 er lernt in Rom die Marchesina Vincenza (Cencia) Roberti aus Morrovalle kennen. – 5. Mai: Napoleon stirbt auf St. Helena.

1822 erste vieler späterer Reisen nach Morrovalle (ca. 50 km südl. v. Ancona); er beginnt das Liederbuch *(canzoniere)* für Cencia.

1823 er fängt mit der Übersetzung von Voltaires »Henriade« an. – Reise nach Neapel. – Papst Pius VII. stirbt, Leo XII. wird Nachfolger, er entläßt Consalvi, unterdrückt aber weiter gewaltsam liberale und nationale Ideen.

1824 Belli beginnt im April sein »Zibaldone«, die Sammlung von Gedanken, Stichworten oder Sujets, die er erst nach 1840 mit der Notiz Nr. 4525 abschließen wird. – Der Sohn Ciro wird geboren. – Reise nach Florenz und Bologna.

1825 zweite Reise nach Florenz.

1826 im Dezember läßt er sich wegen schwacher Gesundheit vom öffentlichen Dienst beurlauben.

1827 Juli–September: erste Reise nach Mailand; er lernt die Dialektgedichte von Carlo Porta kennen. Er beginnt seine Reisetagebücher in französischer Sprache und schreibt für die Mailänder Freunde die ersten beiden Sonette im Romanesco. – Die Schwester Flaminia geht ins Kloster.

1828 er tritt aus der Accademia Tiberina aus, weil ihm dort die Liebedienerei und die Jagd nach Protektion mißfällt. – Zweite Reise nach Mailand September bis November, Fortsetzung der Reisetagebücher. Im Zibaldone notiert er sich Stellen und Stichworte aus Manzonis Roman »Die Verlobten« und aus Boccaccios »Decamerone«. Er studiert den Mailänder Dialekt, um Porta zu verstehen. Er schreibt ein paar Sonette im Romanesco.

1829 dritte Reise nach Mailand von August bis November, Fortsetzung und Abschluß der Reisetagebücher. Weitere Sonette im Romanesco, es gibt seit 1827 etwa zehn.
Papst Leo XII. stirbt, Nachfolger wird Pius VIII.

1830 zwischen Mai und Oktober macht er Geschäftsreisen nach Pesaro. Mit engen Freunden gründet er die »Literaturgesellschaft« mit liberalen Tendenzen. Es beginnt die intensive Arbeit an den Sonetten, die sich immer weiter steigern wird. – Papst Pius VIII. stirbt.

1831 Gregor XVI. wird Papst und unterdrückt alle freiheitlichen Ideen, politisches und wirtschaftliches Chaos nehmen zu. Belli erkrankt schwer, erholt sich in Veroli, dann in Morrovalle, hier entstehen in wenigen Wochen etwa 50 Sonette. Er schreibt den ersten Entwurf zu einer Einführung in das Gesamtwerk, das er jetzt vor sich sieht.

1832 im Oktober kommt der Sohn Ciro ins »Fromme Kolleg der Weisheit« (ein Gymnasium) nach Perugia, der Vater begleitet ihn, es ist die erste vieler folgender Reisen dorthin. Ciro wird neun Jahre in Perugia bleiben.

1834 im Dezember weitet Belli seine bisherige journalistische Tätigkeit aus und wird ständiger freier Mitarbeiter für Feuilleton und Kritiken der römischen Wochenzeitung »Lo Spigolatore«.

1835 er lernt seine zweite unglückliche Liebe kennen, die Schauspielerin Amalia Bettini; im Oktober erscheint das einzige jemals zu Lebzeiten Bellis mit dessen Einverständnis veröffentlichte Sonett im Romanesco »Vater und Tochter« zu Ehren der Bettini.

1836 nach Beendigung des Gastspiels, im Februar, nach dem Karneval, verläßt die Bettini Rom, Belli wird sie nie wiedersehen. Im August stellt »Lo Spigolatore« sein Erscheinen ein.

1837 am 2. Juli stirbt seine Frau, als er beim Sohn in Perugia ist. Er ist mittellos und muß den Palazzo Poli verlassen. Am 29. August verfügt er in einem Testament, die röm. Sonette seien nach seinem Tod zu verbrennen. – Er bietet sich als Makler an, unterrichtet Schüler in Privatstunden.

1838 er tritt wieder in die Accademia Tiberina ein, wird deren Sekretär.

1839 er übergibt dem Freunde Mons. Tizzani die bis dahin fertigen Sonette zur Aufbewahrung: er soll sie nach Bellis Tod verbrennen. Tizzani und Freunde sorgen für Druck von Gedichten in Hochsprache, die Zensur streicht ein Drittel.

1840 Belli wird wieder päpstlicher Angestellter und arbeitet in der Staatlichen Schuldenverwaltung. – Ciro studiert Jura in Rom.

1841 die Schwester Flaminia stirbt im Kloster.

1842 Tizzani gibt die Sonette zurück, versehentlich behält er 121, die 1892 entdeckt und erst 1944 veröffentlicht werden.

1845 Belli wird in Ehren und mit Pension aus dem öffentlichen Dienst entlassen.

1846 Papst Gregor XVI. stirbt, Pius IX. wird Nachfolger, er gewährt politische Amnestie und mehr Pressefreiheit. Das römische Sonett »Ein Hundeleben« erscheint ohne Namensnennung des Autors und ohne dessen Wissen in Lausanne; vier weitere erscheinen in gleicher Weise im Ausland.

1848 im November flieht der Papst wegen politischer Unruhen nach Gaeta, nachdem er seinem Staat eine Verfassung gegeben hat.

1849 im Februar wird wieder eine »Römische Republik« ausgerufen. Der Papst ruft Frankreich, Österreich und den König von Neapel um Hilfe an; Rom, verteidigt von Garibaldi, fällt im Juli, die

*Belli in seinem 50. Jahr*

Kardinäle übernehmen wieder die weltliche Herrschaft. – Im April heiratet Ciro Cristina Ferretti, er ist jetzt Richter. Belli schreibt sein letztes römisches Sonett.

1850 der Papst kommt im April wieder nach Rom und setzt das harte Regiment der Kardinäle fort. – Belli wird Präsident der Accademie Tiberina.

1852–53 er wird Berater des päpstlichen Theaterzensors; seine Gedichtfassung der »Litaneien der Heiligen Jungfrau« (in Hochsprache) wird gedruckt.

1855 Belli gibt Tizzani die Sonette erneut.

1856 es erscheinen seine »Geistlichen Hymnen des römischen Breviers« in Gedichtform und Hochsprache; er wird vom Papst in Audienz empfangen und erhält ein Exemplar und eine Goldmedaille.

1859 Ciros Frau Cristina stirbt. – Trotz steigenden Drucks verweigert der Papst alle Reformen.

1860 die Romagna, der nördliche Teil des Kirchenstaats, erhebt sich gegen den Kirchenstaat und unterstellt sich dem Frankreich verbündeten Sardinien.

1862 etwa 20 römische Sonette erscheinen in Florenz, ohne Namen und Wissen des Autors; als Erscheinungsort ist Paris angegeben.

1863 Belli erliegt am 21. Dezember einem Schlaganfall.

1865 Ciro, Tizzani und andere Freunde besorgen die bei Salviucci erscheinende erste Ausgabe von etwa 800 Sonetten in »gesäuberter« Fassung; durch sie wird Belli auch bei den deutschen Romanisten und bei Heyse bekannt.

1866 Ciro stirbt.

1870 Der Kirchenstaat hört auf zu bestehen, Rom wird Hauptstadt eines geeinten Italiens. Wenige Monate später gibt Luigi Morandi in Florenz 200 römische Sonette heraus, 1886 erscheinen bei ihm sämtliche bis dahin vorhandenen (es fehlen noch 121) römischen Sonette in Originalfassung und in sechs Bänden.

# QUELLENHINWEISE

Über vierhundert Bücher und Aufsätze haben dem Herausgeber vorgelegen, etwa achtzig davon waren Reiseberichte meist deutscher Autoren, vorwiegend erschienen in den Jahren zwischen 1825 und 1850. Ausgewertet sind ferner sämtliche Jahrgänge der Allgemeinen Zeitung Augsburg von 1830 bis 1850. Nur die Quellen sind hier aufgeführt, die dem Herausgeber als besonders wichtig erschienen.

*Quellen*
*in italienischer Sprache*

Bellis Originalmanuskripte befinden sich zum größten Teil in Roms National-Bibliothek (römische Sonette, Reisetagebücher, Zibaldone, Briefe u.a.)

Das zum 100. Todestag Bellis von der Stadt Rom herausgegebene Sammelwerk »Studi Belliani«, Rom 1965, war dem Herausgeber eine unentbehrliche Hilfe, zugleich sein Ausgangspunkt.

Übersetzung und Anmerkungen stützen sich auf

G. G. Belli: »I sonetti«, 3 Bde., Mondadori, Rom 1952, und
G. G. Belli: »Tutti i sonetti romaneschi«, 5 Bde., Avanzini e Torraca, Rom 1964,
auch Newton Compton, Rom 1972
G. G. Belli: »Le lettere«, 2 Bde., Mailand 1961
G. G. Belli: »I sonetti«, 4 Bde., Feltrinelli, Mailand 1965

Abeni – Bertazzoli – De Michelis – Gibellini: Belli oltre frontiera, Rom 1983
F. Chiappini – U. Rolandi: Vocabolario Romanesco, Rom 1945
E. Colombi: Bibliografia di G. G. Belli dal 1813–1866, Rom 1958
L. C. Farini: Lo Stato Romano dell'anno 1815–1850, Florenz 1853
D. Gnoli: »G. G. Belli e i suoi scritti inediti«, Florenz 1878; Bologna 1883
G. Janni: Belli e la sua epoca, 3 Bde., Mailand 1967
R. de Cesare: Roma e lo Stato del Papa, Mailand 1970
A. Chigi: Il tempo del Papa – Re, Mailand 1966
W. T. Elwert: G. G. Belli come osservatore di fenomeni linguistici, Brescia 1969

P. Gibellini: »Le varianti autografe dei sonetti romaneschi di G. G. Belli«, Florenz 1973
P. Gibellini: »La Bibbia del Belli«, Mailand 1974
P. Gibellini: »Il coltello e la corona«, Rom 1979
L. Jannattoni: »Il ›primo‹ Belli«, Rom 1959
Letture Belliane, Istituto di Studi Romani:
»I. Sonetti degli anni 1828–30«
»II. Sonetti del 1831«, Bulzoni ed., Rom 1981–82
M. T. Lanza: G. G. Belli, in La letteratura Italiana, Rom–Bari 1975
M. Mazzocchi Alemanni, G. G. Belli Lettere a Cencia, 2 Bde., Rom 1973–1974
A. Moravia: Cento sonetti di G. G. Belli, Mailand 1944
C. Muscetta: Cultura e poesia di G. G. Belli, Mailand 1961
D. Olckers O. S. B.: Alcune poesie in dialetto romanesco di G. G. Belli, München 1878
G. Orioli: G. G. Belli Lettere Giornali Zibaldone, Turin 1962
P. P. Pasolini: Vorwort zu L. Sciascia, Il fiore della poesia romanesca, Caltanisetta 1953
E. Ponti: Roma-visioni storiche di un secolo fa, Rom 1925
R. Vighi: »Roma del Belli«, Rom 1962
R. Vighi: »Belli romanesco: l'introduzione, gli appunti, le prose, le poesie minori«, Rom 1966
R. Vighi: Metrica ed arte nei sonetti del Belli, Rom 1975
R. Vighi: Tempi vecchi e tempi novi, Rom 1974
R. Vighi: Belli Italiano, 3 Bde., Rom 1975
R. Vighi: Le Romanesche del Belli, Rom 1977
G. Vigolo: Il genio del Belli, 2 Bde., Mailand 1963
G. Vigolo – P. Gibellini: G. G. Belli – Sonetti, Mailand 1978

### *Quellen*
### *in deutscher Sprache*

Friederike Brun: Römisches Leben, Leipzig 1833
W. T. Elwert: Die mundartliche Kunstdichtung Italiens; in: Archiv für das Studium der neueren Sprache, LXXV, S. 177–198; LXXVI, S. 29–42, 1939
Franz Freiherr von Gaudy: Mein Römerzug, Berlin 1836
Ferdinand Gregorovius: Römische Tagebücher, Stutgart 1892

Ferdinand Gregorovius: Wanderjahre in Italien, 5 Bde., 1856–1877
Paul Heyse: G. G. Belli, ein römischer Dialektdichter, in »Deutsche Rundschau«, Berlin Okt., Nov., Dez. 1878 in »Drei Satirendichter«, Berlin 1889
Paul Heyse: G. G. Belli noch einmal, in »Deutsche Rundschau« Berlin Sept. 1893
Paul Heyse: Italienische Dichter, Stuttgart–Berlin 1905
Ferdinand von Kölle: Rom im Jahre 1833, Stuttgart 1834
Wolfgang Menzel: Reise nach Italien im Frühjahr 1835, Stuttgart 1835
Wilhelm Müller: Rom, Römer, Römerinnen, Bremen 1856
Friedrich Noack: Das Deutschtum in Rom, 2 Bde., Aalen 1974
Leopold von Ranke: Die röm. Päpste in den letzten vier Jahrhunderten, München 1938
A. von Reumont: Römische Briefe an einen Florentiner, Leipzig 1844
C. F. von Rumohr: Drey Reisen nach Italien, Leipzig 1832
R. Schramm: Italienische Skizzen, Leipzig 1890
Hugo Schuchardt: G. G. Belli und die römische Satire, in Beilage zur Augsburger Allgemeinen Zeitung, Nr. 164–167, 1871, in Romanisches und Keltisches, Berlin 1886, und in Ritornell und Terzine, Halle 1875
Levin Schücking: Eine Römerfahrt, Koblenz 1848
Josef Schuhmann: G. G. Belli, ein röm. Dialektdichter, München 26.12.1889 in Akademische Monatshefte; in Nord und Süd, Breslau Mai 1891; in Vierteljahresschrift für Volkswirtschaft, Politik und Kulturgeschichte, Berlin Oktober 1890
E. Speckter: Briefe eines deutschen Künstlers aus Italien, 2 Bde., Hamburg 1846
Stendhal: Römische Spaziergänge, Jena 1910
H. Stieglitz: Erinnerungen an Rom und den Kirchenstaat, Leipzig 1848
Franz Tellenbach: Der römische Dialekt nach den Sonetten von G.G. Belli, Zürich 1909
Karl Vossler: G. G. Belli und die römische Dialektdichtung, Neue Heidelberger Jahrbücher 1898
A. Zacher: Narrenspiegel der Ewigen Stadt, Leipzig 1906

## *Quellen in anderen Sprachen*


Anthony Burgess: ABBA ABBA, London 1977

Eleanor Clark: Rome and a villa, London 1954

Francis Darbousset: G. G. Belli Sonnets Romains, Gourdargues 1975

Adrianus Hendrik Luidjens: Sonnetten van Giuseppe Gioachino Belli, Rotterdam 1978

Harold Norse: Translations from G. G. Belli, in The Hudson Review, Spring 1956

Hans W. Sotheby: Belli's sonnets in the roman dialect, in Fortnightly Review, London Febr. 1874

Frances Eleanor Trollope: The homes and haunts of Italian poets, London 1871, und in Belgravia, London 1880


## *Abkürzungen*

| | | |
|---|---|---|
| AZ | = | Allgemeine Zeitung Augsburg im Verlag Cotta, Stuttgart und Tübingen |
| Heimeran | = | Giuseppe Gioachino Belli, Die Wahrheit packt dich... München: Heimeran 1978 |
| MK | = | Meyers Konversationslexikon von 1905 |
| St. B. | = | Studi Belliani |

# ALPHABETISCHES VERZEICHNIS DER SONETTE

## VERZEICHNIS DER ABBILDUNGEN

*Seite 4:* Dieses am meisten verbreitete Portrait Bellis malte der römische Künstler Guglielmo De Sanctis in Pastell nach dem Tode des Dichters; es heißt, das Foto habe ihm als Vorlage gedient.

*Seite 30:* In der Osteria. B. Pinelli zeichnete die Szene beim Wirt Zi Pasquale = Onkel Pasquale. Das Original befindet sich im Thorwaldsen-Museum in Kopenhagen.

*Seite 45:* Heimfahrt vom Oktoberfest auf dem Testaccio. Aquarell von Achille Pinelli.

*Seite 85:* Bettler. Das Aquarell von B. Pinelli befindet sich in der Galerie der Uffizien in Florenz.

*Seite 95 und 99:* Der unterirdische Friedhof vom guten Tod am Tiber, wie ihn Belli noch gesehen und beschrieben hat; er war allerdings zu seiner Zeit um das Dreifache größer und fiel später den Anlagen der Befestigung des Tiberufers (Lungotevere) zum Opfer. Schädel und Knochen stammen von Toten, die die Erzbruderschaft aus der römischen Campagna holte und – auf ihre Weise – bestattete. Der Leuchter ist aus nichts anderem als Fuß- und Fingerknochen der Toten zusammengesetzt. (Foto Rock)

*Seite 107:* Das Foto des heutigen Forum Romanum entstand zwischen 1850 und 1859. Das Forum hieß (und war) damals noch Campo Vaccino = Viehweide, und sein Niveau lag drei bis vier Meter höher als heute; die Ausgrabungen hatten kaum begonnen.

*Seite 109:* Zuchthäusler in Ketten, »galeotti«, bei Ausgrabungsarbeiten. Aquarell von A. J. B. Thomas.

*Seite 121:* Angehörige einer Totenbrüderschaft bei der Vorbereitung eines Leichenzugs. Die Vermummung der Brüder und die Zeremonien sind jahrhundertelang gleich geblieben. Das Foto stammt von den Brüdern Primoli und ist vermutlich um 1888 entstanden, ihre große Sammlung von über 13.000 Fotos befindet sich in Rom. Der Vater der Brüder war der Graf Pietro Primoli, der 1850 die Fürstin Carlotta Bonaparte heiratete, die Tochter des Fürsten von Canino, Bruder Kaiser Napoleons.

*Seite 126:* Piazza Navona im August 1865. Seit dem 17. Jahrhundert war das Sommervergnügen üblich, 1867 fand es zum letzten Mal statt. Mit Sicherheit kann man sagen, daß das Foto den Platz so zeigt, wie ihn Belli in jedem August seines Lebens gesehen hat.

*Seite 128:* Der Bock, das gehaßte »cavalletto«. Aquarell von A. J. B. Thomas.

*Seite 148:* Der Petersplatz Ostern 1869. Unter dem weißen Sonnensegel die Loggia, von der aus der Papst den Segen erteilt. Der Fotograf stand auf dem Dach des Palazzo Rusticucci, der den Petersplatz zum Tiber hin abschloß. Er wurde abgerissen, als Mussolini 1936 nach den Lateranverträgen die Via della Conciliazione (Straße der Versöhnung) durchbrechen ließ.

*Seite 182:* Päpstliche Soldaten und Gardisten stellten sich 1860 dem Fotografen, um die Büste ihres Oberbefehlshabers, Papst Pius' IX., geschart.

Oben, v.l.n.r.: Schweizer – Nobelgardist – Palatiner – Gendarm.

Unten: Artillerist – Zöllner – Infanterist – Zuave – Jäger – Feuerwehrmann – Dragoner. Die Zuaven waren eine Art Fremdenlegion, die Soldaten mußten allerdings katholischen Glaubens sein.

*Seite 189:* Pferderennen beim Karneval in der Via del Corso. Zeichnung von B. Pinelli.

*Seite 191:* Das Sonett »Meine Schwiegertochter« ganz in der Handschrift des Dichters, die häufig verschiedenen Duktus zeigt.

*Seite 193:* Bellis Reinschrift des Sonetts »Eine schöne römische Sitte«, in der Monsignore Tizzani, wie man annimmt, für die erste Ausgabe bei Salviucci gewisse »schmutzige« Ausdrükke verändert hat; die achte Zeile lautet im Original, wörtlich übersetzt, so: Schweinische Wörter, offene Fotzen, Schwänze;

Tizzanis Zeile lautet: O l'urtima scappata de li razzi = oder wie wir zuletzt Raketen fliegen ließen.

*Seite 198:* Bellis Reinschrift des Sonetts »Die Schönheit«.

*Seite 201:* Auf dem Wäschezettel hat Belli sich Reimwörter notiert, einige auf oro endend, andere auf eo; oben stehen – neben den Zahlen – sieben Stichwörter, links – senkrecht – eine Zeile für ein Sonett; sie lautet in Übersetzung: Sind die Hebräer Christen? Nein, 's sind Juden.

Belli meint das, wie aus verschiedenen seiner Fußnoten ersichtlich, satirisch und polemisch: nach der damals herrschenden Ansicht waren nur die Christen Menschen, die übrigen nicht; man teilte sie in Türken, Juden oder Ketzer ein. Zu den Ketzern gehörten auch die Protestanten.

*Seite 208:* Gespräch zwischen Nachbarinnen. Aquarell von A. J. B. Thomas.

*Seite 232:* »Letzter Tag des Karnevals 1833« nannte Achille Pinelli, Sohn des Bartolomeo, sein Aquarell. Es war der Abend der »moccoletti«.

*Seite 237:* Frauen streiten sich nahe Piazza Barberini in der Gasse, die später zur heutigen Via del Tritone erweitert wurde. Das Tor im Hintergrund war der damalige Eingang zum Palazzo Barberini, der heute von Via Quattro Fontane zugänglich ist. B. Pinelli zeichnete die Szene 1830. In dem Mann, der den Streit schlichten will, hat Pinelli sich selbst dargestellt; nie war er ohne seine Dogge, einen Molosser.

*Seite 241:* Im Karneval bietet ein Kavalier der maskierten Dame eine Blume an. Aquarell von A. J. B. Thomas.

*Seite 251:* Piazza Barberini 1847. Das hohe Haus hinter Berninis Brunnen steht, wenig verändert, noch heute an der Ecke der Via Sistina. Die schmale Straße im Hintergrund stieß nach etwa 800 Metern auf den Palazzo Poli; sie wurde später zur heutigen Via del Tritone erweitert. Am Fuß des Eckhauses erkennt man Berninis Bienenbrunnen, der später an die Ecke Via Veneto–Via San Basilio verlegt wurde.

*Seite 253:* Szene vor dem Kapuzinerkloster nahe Piazza

Barberini. Der Uhrturm ist verschwunden, die »Via delli Capuccini« heißt heute Via Veneto, Aquarell von B. Pinelli.

*Seite 259:* Hinrichtung eines Unbekannten im Jahre 1865. Die Guillotine stand auf einem kleinen Platz an der Via dei Cerchi nahe bei der Piazza della Bocca della Verità. Zu Bellis Lebzeiten dürfte sich das Schauspiel kaum anders geboten haben. Nirgendwo fehlten die Hunde, auch hier nicht (unteres re. Viertel).

*Seite 299:* Mariuccia Conti, Bellis Gattin. Es ist eine Bleistiftzeichnung von Pierre-Nicolas Tiolier aus dem Jahre 1809. Das Original befindet sich heute im Besitz der Erben, der Familie Marolla. Die – undeutlich erkennbaren – Zeilen am Fuß des Bildes stammen von Bellis Hand; sie lauten in Übersetzung: Verstorben am 2. Juli 1837, Opfer ihrer Mühen und der Großzügigkeit ihres Herzens.

*Seite 301:* In sein Reisetagebuch vom Jahre 1828 zeichnete Belli den Furlo-Paß. Er reiste damals zum zweiten Mal nach Mailand und passierte die Stelle am 13. September 1828. Vor der Erbauung der Eisenbahn Rom–Ancona führte hier die Via Flaminia die Reisenden über den Apennin.

*Seite 303:* Entwurf Bellis zu einem Genfer Denkmal für den von ihm verehrten Rousseau; er zeichnete ihn 1830 in sein »Zibaldone«. Eine seiner Anmerkungen (links unten) lautet: Über den Begriff ›Überzeugung‹ sagt Madame Necker in ihren »Mélanges«: Ein Mann muß seine Überzeugung zu vertreten wissen, eine Frau sich ihr beugen; diese Sentenz hat Madame de Staël-Holstein zum Motto ihres sechsbändigen Romans »Delphine« gewählt...

*Seite 305:* Giacomo Ferretti, 1784–1852, der Vater von Bellis Schwiegertochter Cristina. Portrait von 1835 Adeodato Malatesta.

*Seite 306:* Cristina Belli, geb. Ferretti, 1822–1859, mit ihrer Tochter Teresa, Bellis Enkelin. Aquarell von Angelo Balestra.

*Seite 308:* Die Marchesina Vincenza Roberti, 1800–1883. Der Maler ist unbekannt.

*Seite 309:* Der Palazzo Poli kurz vor der Zerstörung. Das über 100 Meter lange Gebäude erstreckte sich vom Trevibrunnen bis über die heutige Via del Tritone hinaus in Richtung auf die Piazza San Silvestro. Beim Durchbruch der Via del Tritone mußte der nördliche Teil abgerissen werden, ein kleiner Teil der Südseite ist erhalten und stützt die westliche Rückwand des Trevibrunnens an der Via Poli. Belli lebte mit seiner Frau im zweiten Stock des nicht mehr existierenden Nordflügels von 1816–1837; hier entstanden 1957 der 2281 römischen Sonette. Im ersten Stock wohnte die Prinzessin Zenaide Wolkonski, in deren Salon Belli die russischen Dichter Wiasemski und Gogol traf. Zur Zeit, als Belli hier lebte, waren die Straßen um das Haus noch nicht gepflastert; bei schlechtem Wetter versank man im Schlamm, wie es Belli 1834 in seinem Sonett »La fanga de Roma« (Roms Straßendreck) beschreibt.

*Seite 311:* Monsignore Vincenzo Tizzani, 1809–1892, nach einem Ölgemälde von Francesco Capretti.

*Seite 315:* Bellis Sterbehaus Via delle Stimmate 24. Hier lebte er von 1849 bis 1863. Das Haus gehörte dem Onkel Cristina Ferrettis, die hier nach ihrer Verheiratung mit Bellis Sohn Ciro wohnte. Hier starben auch 1859 Cristina und 1866 Ciro. Das Haus wurde abgerissen, als der Corso Vittorio Emanuele entstand und zum Largo Argentina durchgebrochen wurde.

*Seite 316:* Das Portrait ist eine Bleistiftzeichnung von Carlo de Paris. Es entstand 1827 während Bellis erstem Besuch in Mailand. Der Dichter schenkte das Bild der Vincenza Roberti; es befindet sich heute im Besitz der Erben Roberti in Mailand.

*Seite 318:* G. G. Belli im Alter von 50 Jahren. Dieses einzige existierende Foto des Dichters ist eine Daguerreotypie aus dem Jahre 1841. Das neue Verfahren hatte F. Arago erst 1839 in Paris vorgestellt.

*Belli – Illustrationen – Autografen*

Sämtliche Originale befinden sich in der »Biblioteca Nazionale Centrale Vittorio Emanuele II.« in Rom.

*Zeichnungen, Aquarelle etc.*

*Urhebervermerk:* Die nicht anders bezeichneten Werke stammen aus dem »Gabinetto Comunale delle Stampe« in Rom.

*Fotos*

*Urhebervermerk:* Die Fotos stammen bis auf zwei (Rock) aus der Sammlung Armando Ravaglioli und aus dem »Archivio Fotografico Comunale« in Rom.

# NAMENREGISTER

# INHALT

*Romane, Erzählungen, Prosa*

Hans Christian Andersen. Glückspeter
Mit Scherenschnitten von Alfred Thon. it 643

Bettina von Arnim. Bettina von Arnims Armenbuch
Herausgegeben von Werner Vordtriede. it 541
– Dies Buch gehört dem König
Herausgegeben von Ilse Staff. it 666
– Die Günderode
Mit einem Essay von Christa Wolf. it 702

Apuleius. Der goldene Esel
Mit Illustrationen von Max Klinger zu »Amor und Psyche«. Aus dem Lateinischen von August Rode. Mit einem Nachwort von Wilhelm Haupt. it 146

Jane Austen. Emma
Aus dem Englischen von Charlotte Gräfin von Klinckowstroem. it 511

Honoré de Balzac. Die Frau von dreißig Jahren
Deutsch von W. Blochwitz. it 460
– Das Mädchen mit den Goldaugen
Aus dem Französischen von Ernst Hardt. Vorwort Hugo von Hofmannsthal. Illustrationen Marcus Behmer. it 60

Joseph Bédier. Tristan und Isolde
Roman. Deutsch von Rudolf G. Binding. Mit Holzschnitten von 1484. it 387

Harriet Beecher-Stowe. Onkel Toms Hütte
In der Bearbeitung einer alten Übersetzung herausgegeben und mit einem Nachwort versehen von Wieland Herzfelde. Mit 27 Holzschnitten von George Cruikshank aus der englischen Ausgabe von 1852. it 272

Ambrose Bierce. Aus dem Wörterbuch des Teufels
Auswahl, Übersetzung und Nachwort von Dieter E. Zimmer. it 440
– Mein Lieblingsmord
Erzählungen. Aus dem Amerikanischen von G. Günther. it 39

Die Blümlein des heiligen Franziskus von Assisi
Aus dem Italienischen nach der Ausgabe der Tipografia Metastasio, Assisi 1901, von Rudolf G. Binding. Mit Initialen von Carl Weidemeyer. it 48

*Romane, Erzählungen, Prosa*

Blumenschatten hinter dem Vorhang. Von Ting Yao Kang. Aus dem Chinesischen übertragen und mit einem Nachwort versehen von Franz Kuhn. Mit 18 Holzschnitten. it 744

Giovanni di Boccaccio. Das Dekameron
Hundert Novellen. Ungekürzte Ausgabe. Aus dem Italienischen von Albert Wesselski und mit einer Einleitung versehen von André Jolles. Mit venezianischen Holzschnitten. Zwei Bände. it 7/8

Hermann Bote. Ein kurzweiliges Buch von Till Eulenspiegel aus dem Lande Braunschweig. Wie er sein Leben vollbracht hat. Sechsundneunzig seiner Geschichten.
Herausgegeben, in die Sprache unserer Zeit übertragen und mit Anmerkungen versehen von Siegfried H. Sichtermann. Mit zeitgenössischen Illustrationen. it 336

Clemens Brentano. Gedichte, Erzählungen, Briefe
Herausgegeben von Hans Magnus Enzensberger. it 557

Emily Brontë. Die Sturmhöhe
Aus dem Englischen von Grete Rambach. it 141

Giordano Bruno. Das Aschermittwochsmahl
Übersetzt von Ferdinand Fellmann. Mit einer Einleitung von Hans Blumenberg. it 548

Gottfried August Bürger. Wunderbare Reisen zu Wasser und zu Lande. Feldzüge und lustige Abenteuer des Freiherrn von Münchhausen
Mit Holzschnitten von Gustave Doré. it 207

Hans Carossa. Eine Kindheit. it 295
– Verwandlungen einer Jugend. it 296

Lewis Carroll. Geschichten mit Knoten
Herausgegeben und übersetzt von W. E. Richartz. Mit Illustrationen von Arthur B. Frost. it 302
– Alice im Wunderland
Mit 42 Illustrationen von John Tenniel. Übersetzt und mit einem Nachwort versehen von Christian Enzensberger. it 42
– Alice hinter den Spiegeln
Mit Illustrationen von John Tenniel. Übersetzt von Christian Enzensberger. it 97

*Romane, Erzählungen, Prosa*

Lewis Carroll. Briefe an kleine Mädchen
Aus dem Englischen übersetzt und herausgegeben von Klaus Reichert. Mit Fotografien des Autors. it 172

Miguel de Cervantes Saavedra. Der scharfsinnige Ritter Don Quixote von der Mancha
Mit einem Essay von Iwan Turgenjew und einem Nachwort von André Jolles. Mit Illustrationen von Gustave Doré. 3 Bände. it 109

Adelbert von Chamisso. Peter Schlemihls wundersame Geschichte
Nachwort von Thomas Mann. Illustriert von Emil Preetorius. it 27

Matthias Claudius. Der Wandsbecker Bote
Mit einem Vorwort von Peter Suhrkamp und einem Nachwort von Hermann Hesse. it 130

James Fenimore Cooper. Die Lederstrumpferzählungen
In der Bearbeitung der Übersetzung von E. Kolb durch Rudolf Drescher. Mit Illustrationen von O. C. Darley. Vollständige Ausgabe. 5 Bände in Kassette.
Der Wildtöter · Der letzte Mohikaner · Der Pfadfinder · Die Ansiedler · Die Prärie. – it 760

Alphonse Daudet. Montagsgeschichten
Aus dem Französischen von Eva Meyer. it 649
– Briefe aus meiner Mühle
Aus dem Französischen von Alice Seiffert. Mit Illustrationen. it 446
– Tartarin von Tarascon. Die wunderbaren Abenteuer des Tartarin von Tarascon. Mit Zeichnungen von Emil Preetorius. it 84

Daniel Defoe. Moll Flanders. Herausgegeben und mit einem Essay versehen von Norbert Kohl. it 707
– Robinson Crusoe. Mit Illustrationen von Ludwig Richter. it 41

Deutsche Künstlernovellen des 19. Jahrhunderts
Herausgegeben von Jochen Schmidt. it 656

Charles Dickens. David Copperfield. Mit Illustrationen von Phiz. it 468
– Große Erwartungen. Aus dem Englischen von Margit Meyer. Mit Illustrationen von F. W. Pailthorpe. it 667
– Der Raritätenladen. Aus dem Englischen von Leo Feld. Mit Illustrationen von Cruikshank u.a. it 716